国家中等职业教育改革发展示范学校建设系列教材

素 质 拓 展

主　编　杨林钟

副主编　张建坤　李　晓

参　编　莫静宁　陈建津　杨　莹

　　　　覃钰凯　李　俊　刘娴琳

　　　　韦秀美　文筱荟　梁　亮

中国商务出版社

图书在版编目（CIP）数据

素质拓展／杨林钟主编. —北京：中国商务出版
社，2018.5
国家中等职业教育改革发展示范学校建设系列教材
ISBN 978-7-5103-2400-0

Ⅰ.①素…　Ⅱ.①杨…　Ⅲ.①素质教育—中等专业学
校—教材　Ⅳ.①G711

中国版本图书馆 CIP 数据核字（2018）第 097156 号

素质拓展
SUZHI TUOZHAN

主　编　杨林钟

出　　　版：中国商务出版社
地　　　址：北京市东城区安定门外大街东后巷 28 号　　邮　　编：100710
责任部门：国际经济与贸易事业部（010-64269744　gjjm@ cctpress.com）
责任编辑：张永生

总 发 行：中国商务出版社发行部（010-64266119　64515150）
网　　址：http://www.cctpress.com
邮　　箱：cctp@ cctpress.com

印　　刷：北京建宏印刷有限公司
开　　本：787 毫米×1092 毫米　1/16
印　　张：19.25　　　　　　字　　数：298 千字
版　　次：2018 年 5 月第 1 版　　印　　次：2018 年 5 月第 1 次印刷
书　　号：ISBN 978-7-5103-2400-0
定　　价：49.00 元

国家中等职业教育改革发展示范学校
建设系列教材

编委会

主　任　覃炳忻

副主任　林小岗　黄强新　李远来

编　委　（排名不分先后）
　　　　杨林钟　刘继周　覃一平　杨莉荪
　　　　李　晓　刘娴琳　李　俊　吕永红
　　　　梁玉环

前　言

　　《素质拓展》教材非传统意义上的教材，它虽然主要面对职业院校学生编写，但是，同样适用于普通中学、高校学生，以及企业开展员工内训，名称称之为素质拓展，实际上更准确地说这本书即是我们常说的拓展训练，更是针对受训者基本职业素质上的补缺，是现行学校教育、课堂教学的重要补充，以培养学生"良好的团队精神、积极进取的人生态度、和谐互助的人际关系、积极阳光的职业形象、坚忍不拔的职业品德"为目标。它可以是培训导师的工具书，也可以是学生学习的教材。

　　可用于各学校普遍开展的《岗前培训》项目，也可以用于班主任主题班会，指导学生社团组织开展学生素质拓展活动，学校学生教育、管理部门开展培训活动，企业开展职工内部培训等。

　　一、编写思路

　　本书主要以企业职业素养为标准，针对各型各类学校学生素质补缺、素质拓展来编写，以学生入校、学习到离校参加顶岗实习的时间为经线，以各阶段横向开展的项目为纬线展开。针对本教材使用者的特点，编者将其首先设计为一本"有趣的"书，基本不讲理论，只教方法，体验过程提升理念，以学生喜闻乐见的方式出现；其次，是一本"可用的"书，书中我们"手把手"地教会学生如何开展素质拓展的各种方法、技巧及工作程序，让他们即使老师不在时，也能拿着书本，按照教材的指导一步一步地完成素质拓展的组织培训工作，并且有所体验，同时，它又是导师开展培训的工具书；最后，是一本"够用的"的书，它虽然简单、易操作，同时它又有理念提升，让导师引导学生在体验过后学会思考，学会借鉴、引申，为学生今后的职业生涯成长服务。

因此，它从素质拓展的认知开始，到初入校园的素质转变、在校期间的素质拓展训练、顶岗实习前的素质拓展训练，最后到反传销反网络诈骗等方面系统地推出了各种生动有趣、操作简便的项目活动。

二、主要特色

1. 以需定教，教材内容选择及编排体现"职业性"。本教材以职业院校学生在职业素质上的欠缺为突破点，以活动项目的方式有针对性地编写。

2. 在导师的引导下通过团队竞赛活动的方式，开展体验式学习。本教材通过前后分段式的设计，使其既是培训导师的工具书，也是学生自我学习的引导书，主要内容均以活动项目的方式展开，让学生在"玩"中完成素质的补缺和拓展。

3. 课前角色扮演案例的运用生动了教材形式，有助于活动的展开。本教材每个模块前都设计了一个课前角色扮演案例，以生动的方式说明了本模块的主要内容，同时，也可以是培训导师开展训练的有效材料。

4. 设计了专门的深度分析板块方便培训导师指导学生。由于这是一个师生共用教材，为了让学生在培训中有更深的自我体会，所以把理念提升的内容单独设计了一个深度分析的板块放在了书的最后，方便培训导师在做活动时参考。

三、教学建议

本教材虽然每个模块、每个活动都给出的设定时间，但是，需要说明的是，该时间只是在假定每个培训班级分成四个团队，每个团队大约 10 人的基础上给定的，实际使用时应该根据每次培训的实际团队数、人数调整。

1. 各位导师可以根据受训学员的实际情况任意选择活动，组合开展培训。

2. 每个活动我们给出的只是建议时间，如果在实际开展过程中觉得效果不够，可以增加培训时间。

3. 深度分析是对指导老师的帮助，建议不要提前提醒受训者学习，以免影响培训效果。

4. 课前角色扮演案例可以作为培训学习的一个训练内容。

四、编写分工

本教材由广西商业学校的杨林钟担任主编，张建坤、李晓担任副主编。其中，杨林钟负责教材编写总体设计，拟定编写大纲，负责"李涛和张玫的故事"、导入模块、模块二项目四的编写；张建坤负责模块一项目四、模块二项目一活动一至三、模块四项目一的编写；李晓负责模块三项目一、项目二的编写，模块四项目二的编写；莫静宁负责模块一项目一、模块三项目三活动五至八的编写；文筱荟负责模块一项目三的编写；杨莹负责模块二项目一活动四至七的编写；陈建津负责模块一项目二的编写；覃钰凯负责模块二项目二活动一至四的编写；韦秀美负责模块二项目二活动五至八的编写；刘娴琳负责模块三项目三活动九至十二的编写；李俊负责模块二项目三、模块三项目三活动一至四的编写；梁亮老师负责全书插图。全书由杨林钟负责统稿、定稿，张建坤、李晓协助审稿。

由于编者水平有限，不足之处在所难免，欢迎有关专业人士和广大读者批评指正。

编者

2018 年 4 月

目　录

导入　素质拓展认知

【知识目标】

学员通过学习理解素质、职业素质概念、特点和要求。

【能力目标】

学员通过学习能够分清素质与职业素质异同，能够分析它们的特点以及对自己的要求。

【理念目标】

学员通过学习能够认识到良好的素质与职业素质对自己的重要性，能够领会素质拓展活动对自己的重要性。

【课前角色扮演案例导入】

李涛和张玫的故事（预）素质有多重要

李涛和张玫是老乡，都来自于一个边远的山区小镇，同时就读于一所职业学校，李涛比张玫高一年级，在校时读的是汽车维修专业，张玫听人介绍认为今后汽车行业随着人们生活水平的不断提高会有大的需求，就读了汽车整车与配件营销专业。今天是他们毕业几年后第一次老乡聚会，李涛和张玫把同在一个城市工作的学弟学妹召集在一起聚一聚，他们有读各种专业的，烹饪、营销、电子商务、工艺美术、数控、酒店等，毕业后就业于各行各业。

聚会上大家除了现在的工作外，不由得聊起了在校时的一些趣事。

李涛："张玫，你还记得吗？我们在校时要跳少数民族的竹竿舞吗？"

张玫："怎么不记得，大家开始时连打竹竿节奏都打不好，跳的时候经常被夹住，好狼狈哦！"

李涛："学期末的时候，我们班还和你们班比赛了呢，好像是你们赢了。"

张玫："没错。现在想起来还挺好玩的，我还记得怎么跳呢，上次我们公司搞活动我还专门教大家，大家也玩得很开心。"

"我们的新生入学体验训练也是挺有意思的，团队精神训练时我们那个组好困难哦，一直无法完成，我们都快崩溃了，但大家还是坚持下来了，现在回想起来，我能够面对工作中的许多困难还跟当时的经历分不开呢。"

"是呀，我们当时还组织了成人节、技能节、自信节，好多的节日。"

"礼仪训练对我们也很重要呀，还有，感恩活动上大家都哭得稀里哗啦的。"

"你们营销班的每周还要开晨会呢，穿着笔挺的制服，让我们这些工科男好美慕。"

"我们这几个是去年刚毕业的，我觉得岗前训练也是挺有用的，老师让我们体验了如何在职场上处理各种问题，还有就是防范传销和诈骗。"

"小五上次不是差点被拉进传销组织嘛，幸好他及时发现。"

聚会上大家你一言我一语的愉快地回忆着当时在校时的点点滴滴，一是感觉时间过得快，二是觉得很多理论上知识工作后可能都用不上了，而那些素质锻炼活动给大家的影响却是终身的。

问题一　何为素质

一、素质为何方神圣

我们在公共场合经常看到有人对一个随便丢垃圾的人评论说："这人真没素质。"我们也会对一位说话语言粗俗或者大声喧哗的人在心中暗自评价："这人素质低下。"在公司中我们会对一位工作努力但能力欠缺的人惋惜地议论："这小伙子挺努力的，可惜就是素质差些。"

素质、素质！素质到底是什么？为什么我们常常把它挂在嘴边？

我们常说的素质主要是指一个人在社会生活中思想与行为的具体表现，它是个人的才智、能力和内在涵养的综合表现。

二、素质有什么特点

人的综合素质是多方面的，形成过程复杂的，相互交叉影响的，主要表现为以下几个主要特点：

（一）先天性

人的某些素质是与生俱来的，比如说身体的健康程度，及家族遗传的惯性思维能力和对事物的洞察能力，智商、情商层次高低，有的人天生善跑，有的人记忆能力超群等等。

（二）后天性

人的素质虽然有很多是先天基础所决定的，但是，不可否认的是人的最终素质却是后天习得的结果。

（三）多样性

人的基本素质是丰富多彩的，概括起来有三类八种，即自然素质、心理素质和社会素质。

八种素质是指政治素质、思想素质、道德素质、业务素质、审美素质、劳技素质、身体素质、心理素质。

（四）发展性

人的素质随着后天环境变化以及学习、锻炼的结果，会不断地发展变化，这种变化与发展可以正向的也可能是逆向的，关键是主人处于怎样的环境及拥有怎样的学习心态。

（五）稳定性

人的素质一旦形成就具有内在的相对稳定的特征，所以，人的素质是以人的先天禀赋为基质，在后天环境和教育影响下形成并发展起来的内在的、相对稳定的身心组织结构及质量水平。

（六）内在外显性

人的素质是一个人自身的知识、见识、思想、观念、技术、身体健康状况等内在的东西，但是却常常通过人的语言、动作、行为、衣着、处世方法等外在地表现出来，所以我们也就能从这些方面看出一个人的素质高低好坏。

比如，一个有高学历且就职于大公司的外表穿着时尚的女经理，却常常忍不住在超市中乘着工作人员不注意偷拿小件物品，这就说明这位女经理要不然有心理疾病，要不然就是有贪图小便宜损人利己的坏习惯。

三、素质冰山模型

我们前面说过素质是内在外显的，这像一座冰山一样表露在外可能只是冰山的一角，更多的是隐藏在海平面以下不为人所见。

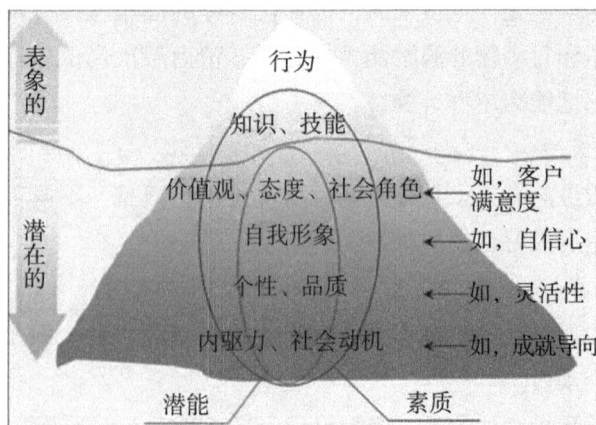

（资料来源：百度网站）

问题二　职业素质有什么要求

一、职业素质是素质的儿子吗

要说明这个问题首先得弄清楚职业素质与素质之间的关系。职业素质是劳动者对社会职业了解与适应能力的一种综合体现，其主要表现在职业兴趣、职业能力、职业个性及职业情况等方面。

可以说职业素质是在人的基本素质基础上，根据职业特性发展出来的，也就是说如果一个人的基本素质低下，不可能有更高的职业素质。

比如说一个平时喜欢睡懒觉，做事拖拖拉拉、不守时的人，不可能在岗位上是一个遵纪守时、做事严谨的职业人。

二、职业素质有什么特殊要求

个人的职业素质除了我们通常强调的：有勇气，积极主动承担责任，有持续的学习欲望和良好的学习习惯，永不言败、坚忍不拔的意志，良好的组织和协调能力，善于处理好人际关系，拥有良好的个人品质（有责任感，敬业精神；自重，有自信心；有社会责任感，集体责任感；自律，能正确评价自己，有自制力；正直、诚实、遵守社会道德行为准则）等这些基本的素质要求外，根据每个职业的不同，对以下能力特别注重：

（一）团队合作与人脉管理能力

能够作为集体的一员参与工作；向别人传授新技术；诚心为顾客服务并使之满意；坚持以理服人并积极提出建议；调整利益以求妥协；能与背景不同的人共事。

职业人工作过程中不是单一的个体，激烈的市场竞争及高密度、高压力下的工作只有团队合作才能取得最终胜利。因此，职业人的合作与团队管理能力在人的基本素质之上需要更多地锻炼并显现出来，学会与他人的合作并知道如何管理好自己的团队很重要。

（二）项目管理能力

除了常规工作外，工作常常是以一个个的项目呈现的，职业人应该具有较高的项目管理能力，根据项目的总体目标合理利用与支配各类资源。时间——选择有意义的行为，合理分配时间，计划并掌握工作进展；资金——制定经费预算并随时做必要调整；设备——获取、储存与分配利用各种设备；人力——合理分配工作，评估工作表现。

（三）与人沟通能力

良好的沟通是高效工作的基本条件，职业人应该具备较强的口语、书面语、网络语及肢体语沟通能力。

（四）思维决策能力

（1）思维能力。创造性思维，能有新想法；考虑各项因素以做出最佳决定；发现并解决问题；根据符号、图像进行思维分析；学习并掌握新技术；分析事物规律并运用规律解决问题。

（2）综合与系统分析能力。理解社会体系及技术体系，辨别趋势，能对现行体系提出修改建议或设计替代的新体系。

（3）决策能力。通过系统分析与判断，职业人要善于根据自己的目标要求，做出利益最大化决策。

（五）应变创新能力

市场与工作环境在不断地变化，而且这种变化只会越来越激烈，一个优秀的职业人应该能够敏锐地观察到这种改变，并迅速地调整自己以适应这种变化。要具备获取信息并利用信息的能力，学会获取信息和评估、分析与传播信息，使用计算机处理信息，以及运用特种技术的能力。要知道如何选出适用的技术及设备，理解并掌握操作设备的手段、程序；维护设备并处理各种问题，包括计算机设备及相关技术。更要具备创新能力，只有在工作中不断地创新才能开拓市场，在竞争中占据有利地位。

（六）影响与驱动能力

处于组织（企业）上层、中层、下层的不同职位，对人员能力素质要求差别很大。领导层要求很强的决策能力和丰富的管理知识；管理层要求很强的管理能力和一定的决策能力；监督层要求较强的管理能力和丰富的操作知识；操作层要求很强的操作知识和能力。

中高层员工更多地需要学会如何影响其他员工及驱动工作的开展，工作及与人沟通中要有激情和煽动性，而低层员工则更多要学会如何感受影响并响应这种驱动。

问题三　我为什么要有这些素质

良好的团队精神和积极进取的人生态度，是现代人应有的基本素质，也是现代人人格特质的两大核心内涵。在现代社会，人类的智慧和技能只有在这种人格力量的驾驭下，才会迸发出耀眼的光芒。

人作为社会人在整个生命成长过程中不是单一的个体，他与周围的一切发生着千丝万缕的联系，如果只是一个单一的个人，具备不具备什么样的素质可能只关乎自己的生死，但是，作为一个社会人，拥有这些基本素质和职业素质就具有重要的意义。

一、个人幸福成长的需要

一个人的成长过程其实就是他们综合素质的培养过程，婴幼儿时期我们更多地是感受外面的世界，被动地接受家庭及周围一切的影响，青年时期我们开始有越来越独立的思考，成年后我们会根据自己的需要有目的地接受，良好的思想品格、行为习惯有助于感受家庭的关爱与温暖，有助于我们获得别人的尊重与帮助，有助于我们获得学校、工作单位与社会的认可，从而有利于我们幸福地成长。

二、个人职业发展的需要

优秀的企业需要高素质人才，一个优秀的人才也只有在优秀的企业才能发挥最大作用。一个人要在职业上有良好的发展，拥有良好的职业素质是基本条件，一个能够正确认识自己并欣赏自己，有自信的人才能够激发出自己更大的潜能，一个知道如何尊重他人的人会得到别人更多的尊重，从而得到更多的发展机会，一个知道团队重要性的人才能够通过团队合作获得成功，一个知道如何处理工作岗位基本问题的人才能够在工作中得心应手。

三、个人家庭幸福的需要

我们在现实生活中常常可以看到，一个高素质的人更容易获得高质量的家庭生活，拥有良好品格及行为习惯的两个人更容易组建一个幸福的家庭，而这样的人将会有更高的职业素养，以至于他们在职业生涯中更容易获得成功，职业上的成功反之促进他们有更好的生活条件，形成一种良性的循环及螺旋上升。

四、个人生命传承的需要

拥有良好素养的家庭成员不容质疑地会培养出更优秀的后代，他们良好的个人品格、气质、行为、习惯，会在家庭生活中影响到后代的成长，一个人的成功很多时候是来源于他原生家庭的影响，一个拥有良好素质的原生家庭会对后代有更好地传承。古语中"忠厚传家久，诗书继世长"表达的就是类似意思。

问题四　素质拓展真能帮助到我吗

这个问题的答案是肯定的。因为每个人最开始都是一张"白纸"，不具备任何的能力与素质，这些我们赖以生存和发展的能力和素质大都是后天习得的，但是，因为各种主、客观因素的影响，每个人对素质与能力的习得结果却不一样，有的好一些有的差一些，但是，每个人的素质都是有提高的必要的，特别是成长中的青少年。而且本书所说的并非通常意义上的素质拓展，而是根据每个人在生活和工作上的素质能力欠缺的全面补充。

一、通常意义上的素质拓展

（一）起源

通常意义上的素质拓展，又称拓展训练、外展训练（Outward bound），原意为一艘小船驶离平静的港湾，义无反顾地投向未知的旅程，去迎接一次次挑战，去战胜一个个困难。素质拓展暨外展训练强调安全第一，提倡环境保护，其宣言是：激发自尊，关心他人，服务社会，放眼世界。

原意上的素质拓展起源于国外风行了几十年的户外体验式训练，通过设计独特的富有思想性、挑战性和趣味性的户外活动，培训人们积极进取的人生态度和团队合作精神，是一种现代人和现代组织全新的学习方法和训练方式。

这种训练起源于英国，最初是为了训练年轻海员在海上的生存能力和舰船触礁后的生存技巧，使他们的身体和意志都得到锻炼，后来，这种独特创意和训练方式逐渐被推广开来，训练对象由海员扩大到军人、学生、工商业人员等群体，训练目标由单纯的体能、生存训练扩展到人格训练、管理训练等。利用崇山峻岭、湖海大川等自然环境，通过创意独特的专业户外体验式培训课程，帮助企业和组织激发成员的潜力，增加团队活力、创造力和凝聚力，达到提升团队战斗力的目的。拓展训练课程以培养合作意识与进取精神为宗旨，崇尚自然与环保。

（二）拓展训练课程

拓展训练课程由多个单一相互联系或独立的项目组成，这些项目使一个团队（小组）作为整体面对各种挑战。这些项目的目的在于，促进团队成员之间的相互作用，在团队需要提高信任、支持、人际关系来克服某种困难时，这种活动极为有效。进行的活动是一系列相关或不相关的事件，在进行过程中有许多障碍，经历的每一个事件都要进行讲解，使小组逐渐接近最终目标。

素质拓展课程一般分为个人挑战、领导关系挑战两类。

（三）拓展训练课程的特点

投入为先：拓展训练的所有项目都以体能活动为引导，引发出认知活动、情感活动、意志活动和交往活动，有明确的操作过程，要求学员全情投入才能获得最大价值。

挑战自我：拓展训练的项目都具有一定的难度，表现在心理素质的考验上，需要学员向自己的能力极限挑战，跨越"心理极限"。

熔炼团队：体验团队的伟大力量，增强团队成员的责任心与参与意识，树立相互配合，相互支持的团队精神和群体合作意识。

高峰体验：在克服困难，顺利完成训练项目要求以后，学员能够体会到发自内心的胜利感和自豪感，获得人生难得的高峰体验。

自我教育：培训师只会在训练前把课程的内容、目的、要求以及必要的安全注意事项向学员讲清楚，活动中一般不进行讲述，也不参与讨论，充分尊重学员的主体地位和主观能动性。

通过素质拓展训练，参训者在如下方面有显著的提高：认识自身潜能，增强自信心，改善自身形象；克服心理惰性，磨炼战胜困难的毅力；启发想象力与创造力，提高解决问题的能力；认识群体的作用，增进集体的参与意识与责任心；改善人际关系，学会关心，更为融洽地与群体合作。

二、全面素质拓展

本书所提素质拓展是专门针对青少年，特别是职业学校在校学生，是针对目前学校教育以及中小学学生成长在素质方面欠缺的补充，比通常意义上的素质拓展更全面，也更聚焦。

（一）强调基本的团队合作认知和优秀团队打造

我国高中（中职）、大学（高职）阶段的青少年，由于长期处于应付考试忙于学习这样一种环境，而且多数是独生子女，对于团队合作没有清晰的认识和体验。本书中通过导入式的团队认识、团队活动，让受训者认识到什么才叫团队？如何具有团队精神？如何开展基本的团队合作？体会到团队合作的好处。

认知了基本的团队合作还不够，还需要通过一系列的活动让团队及团队成员的问题得以充分暴露，让他们认识并感受到普通团队与优秀团队的差距，并通过一次次的团队精神锤炼将团队以及其中的每个人推向卓越。

（二）重视陌生环境的融入能力培养

针对中职、高职、普通院校学生毕业进入新的环境，如何认识一个全新的学习、生活和工作环境，本书设计了认知城市、认知职业、认知学校、认知职业教育等一系列活动。

（三）引发感恩的美好情绪

通过暗夜牵手、人海分离、人生感悟等一系列活动激发受训者的感恩情愫，让他们体会到感恩是人的基本品格，是个人成长的基本条件，是创造美好家庭生活和工作氛围的基本要素，让他们知道如何表达感恩。

（四）关注青少年的自我认知激发自信力

目前，我国青少年的自我认知缺乏是一个比较严重的问题，对个人的生活与学习状态，自己的人生目标，实现目标的途径，缺乏基本的认知与激情，也就是常人所说的"做什么都没有兴趣，也提不起劲"，由于长期不被赞美和认可，许多人缺乏自信，也认识不到自己的优点和长处，本书安排了调适心理和自信与魅力展示项目的一系列活动对参与者进行有效地训练。

（五）注意职业礼仪和职业素养的培养

职业礼仪和职业素养在工作中很重要，是职场交往的基本条件，但是职业礼仪和职业素养只有在具备个人基本的公共品德的基础上讲才有意义，因此，本书在训练与培养职业礼仪与职业素养之前，专门设计安排了大量的公共基础素养培训活动。

（六）顶岗实习问题解决及安全防范

青年少年学生从中职、高职、大学出来后都将面临到企业实践、实习的问题，特别是中职和高职院校学生，顶岗实习是一个非常重要的学习过程，但是很多学生，特别是年龄偏小的中职学生却十分缺乏处理工作岗位上各种问题的能力，本书专门精选了十多个典型问题进行有针对性地训练解决。

同时，在当今如何教会青少年朋友防范传销和网络诈骗也是素质拓展的重要内容之一。

【课程小结】

本节课程是全书的导入部分，重点讲清楚了什么是素质，什么是职业素质以及素质拓展等基本概念，认识到素质的特点，职业素质的基本要求，素质与职业素质对人的重要性，区别了通常意义上的素质拓展与本书所讲的全面素质拓展，说明了全面素质拓展的作用。

【素质箴言】

（1）生命分为两种：一种叫做有限的身在，一种叫做无限的行魂。

（2）所有的种子都蕴藏着生命，所有的生命都拥有如花绽放的尊严。

（3）黑夜给我黑色的眼睛，我却用它来寻找光明。

（4）可以输，但不能屈服。

（5）每天进步一点点就是成功的开始。

（6）成功就比失败多坚持一分钟。

（7）生命不是一场赛跑，而是一步一个脚印，人生从来没有来不及的开始。

（8）唯一应该超越的人是昨天的自己。

【实际应用】

（1）你觉得人的素质包括哪些内容？

（2）你认为自己需要在哪些素质上特别需要锻炼？你希望怎样锻炼？

模块一 初入校园的素质转变

【知识目标】

认知职业、职业教育与专业；认知团队。

【能力目标】

增强语言的组织能力，能够清楚地表达自己的思想；突破自己，增强与人沟通、合作的能力。

【理念目标】

使学员正确认识自己的优点，促进学员自信心和自尊心的成长；增强学员间的相互信任和理解，学会欣赏他人；懂得感恩，学会关心爱护身边的亲人。

【课前角色扮演案例导入】

李涛和张玫的故事（一）我从农村来

李涛和张玫家都在边远农村，只不过张玫家是在一个镇上，而李涛的家则在大山里，他们两个直到读高中前连县城都没有去过，更不要大城市，所以当他们这次因为读书终于走出大山来到现在这个城市的时候，一切都是新的，很多地方感到不太适应。

班里大多数是城市里的孩子，由于交流不畅，习惯也不太一样，他们两个显得有些孤僻，不喜欢与其他同学说话。只有他们两个在一起时偶尔

聊一两句。

李涛:"城市里的车真多,而且开得好快,上周末我上街过马路时由于不习惯走斑马线,差点被一辆车给撞了。"

张玫:"是呀,路上行走要看红绿灯。而且感觉城市人的生活节奏快好多,他们在上班的时走路都是快快的,说话也快。"

李涛:"在饭堂吃完饭要自己放好餐盘,我原来都不知道,被学生会检查的同学提醒了才得知。你知道你的专业具体是学什么的吗?"

张玫:"我只知道是跟卖汽车有关,太具体的我也说不清楚,也不知道怎么学。"

同学小 A:"张玫,明天轮到你们那个组扫清洁区了,记得不?"

张玫:"好的,我记得的。"

同学小 E、小 T:"李涛,别在这闷着了,走,踢球去。"

李涛:"不了,你们去吧,我不会。"

项目一 认知城市与职业教育

活动一 认知城市

一、活动概要

现在很多人由于外出求学、工作,经常会去到一个新的城市,面对陌生的环境，年轻的你难免会有一点不适应，特别是很多读职业院校的学生都来自边远乡镇农村，去过最大的地方可能是他们当地的县城。要想有好的发展，就要快速融入，主动去了解这个新的城市。

二、活动目标

乘坐城市公交或轨道交通去认知你所在的这座城市：

（1）利用手机或地图了解所在城市的行政划分、人口、经济等情况。

（2）乘坐公共交通工具找到城市的火车站或汽车站，分别列出所乘交通工具的名称（来回路线）、途经的三条主干道名称和十条线路的火车或汽车线路（包括车次、时间、起点站、途经所在城市的时间、终点站）。

（3）乘坐公共交通工具去到城市的主要景点或标志性建筑，列出所乘交通工具的名称（来回路线）、途经的三条主干道名称，并能对所到之处用语言进行口头描述。

（4）学会利用班会进行分享总结。

二、活动材料及设备工具

（1）准备一些一块钱的零钱。

（2）手机下载好百度地图（其他地图亦可）并开通流量。

（3）没有手机的学生可以提前购买好一张当地地图。

三、活动时间

8 小时。

四、活动内容及过程组织

（1）按团队人数进行分组，每组 5 人，男女搭配，选出一人当组长，对小组成员进行分工，各司其职。

（2）提前三天对各小组进行任务分配，便于各小组有足够时间做好出行计划，导师在过程中要给予指导。

（3）导师在学生出发前，要对各小组的路线进行确认，交代各项安全出行注意事项。

（4）用手机拍下沿途的景色，在原路返回去时，可以坐在公交车另一边靠窗户的地方，欣赏周围的风景。

（5）到达目的地时，各小组用手机拍下五张以上不同角度任务点照片及成员合影，班会时与其他同学们一起分享。

五、心得分享

（1）你认为在这次认知城市中最困难的是什么？

（2）本次活动给你的最大感受是什么？

（3）你认为城市与农村有什么区别？

（4）你认为适应城市生活对你来说最大的挑战是什么？

活动二　认知职业

一、活动概要

导师通过一系列活动让学员体会到什么是职业，职业有什么特点及要求。

你认识下面图片中的这些职业吗？

二、活动目标

让一个初中或高中毕业选择职业院校的学生，从象牙塔中走出来，认识到将来要从事的职业及规划自己的职业生涯是一件不容易的事，但也是一件必须完成的工作。通过本活动力争达到如下目标：

（1）体验什么叫职业。

（2）完成《中学生职业兴趣测试》，认识自己的职业兴趣倾向性，找到各自更适合的工作领域。

（3）较为准确地了解自身的个体特点和职业特点之间的匹配关系。

三、活动材料及设备工具

（1）活动材料：授课白板、活页纸、打印测试材料、PPT活动说明。

（2）设备工具：计时表、计算器、多媒体。

附：打印测试材料

中学生职业兴趣测试

请你仔细阅读下面的问题，对于每项活动，如果你的回答是肯定的话，则在"是"一栏中打"钩"；如果你的回答是否定的话，则在"否"一栏中打"钩"。最后把"是"一栏的回答次数相加，填入"总计次数"一栏中。

一、测试内容

第一组

1. 你喜欢自己动手修理收音机、自行车、缝纫机、钟表、电线开关一类器具吗？ □是□否

2. 你对自己家里使用的电扇、电熨斗、缝纫机等器具的质量和性能了解吗？ □是□否

3. 你喜欢动手做小型的模型（诸如滑翔机、汽车、轮船、建筑模型等）吗？ □是□否

4. 你喜欢与数字、图表打交道（诸如记账、制表、制图）一类的工作吗？ □是□否

5. 你喜欢制作工艺品、装饰品和衣服吗？ □是□否

总计次数：_____

第二组

1. 你喜欢给别人买东西当顾问吗？ □是□否

2. 你热衷于参加集体活动吗？ □是□否

3. 你喜欢接触不同类型的人吗？ □是□否

4. 你喜欢拜访别人、爱与人讨论各种问题吗？ □是□否

5. 你喜欢在会议上积极发言吗？ □是□否

总计次数：_____

第三组

1. 你喜欢没有干扰地、有规则地从事日常工作吗？ □是□否

2. 你喜欢对任何事情都预先作周密的安排吗？ □是□否

3. 你善于查阅字典、辞典和资料索引吗？ □是□否

4. 你喜欢按固定的程序有条不紊地工作吗？ □是□否

5. 你喜欢把事物分类和归档的工作吗？ □是□否

总计次数：_____

第四组

1. 你喜欢倾听别人的难处并乐于帮助别人解决困难吗？ □是□否

2. 你愿意为残疾人服务吗？ □是□否

3. 在日常生活中，你愿意给人们提供帮助吗？ □是□否

4. 你喜欢向别人传授知识和经验吗？ □是□否

5. 你喜欢防病治病和照顾病人的工作吗？ □是□否

总计次数：_____

第五组

1. 你喜欢主持班级集体活动吗？ □是□否

2. 你喜欢接近领导和导师吗？ □是□否

3. 你喜欢在人多时当众发表自己的观点和意见吗？ □是□否

4. 如果导师不在时，你能主动维持班里学习和生活的正常秩序吗？

□是□否

5. 你具有强烈的责任感和工作魄力吗？ □是□否

总计次数：_____

第六组

1. 你特别爱读文学著作中对人内心世界的细致描写吗？ □是 □否

2. 你喜欢听人们谈论他们的活动和想法吗？ □是□否

3. 你喜欢观察和研究人的心理和行为吗？ □是□否

4. 你喜欢阅读有关领导人物、政治家、科学家等名人传记吗？

□是□否

5. 你很想了解世界各国的政治和经济制度吗？ □是□否

总计次数：_____

第七组

1. 你喜欢参观技术展览会或收听（收看）技术新消息的节目吗？

□是□否

2. 你喜欢阅读科技杂志，诸如《我们爱科学》《科学 24 小时》《科学动态》吗？ □是□否

3. 你想了解生机勃勃的大自然的奥秘吗？ □是□否

4. 你想了解使用科学精密仪器和电子仪器的工作吗？　□是□否

5. 你喜欢复杂的绘图和设计工作吗？　□是□否

总计次数：＿＿＿＿＿＿＿＿

第八组

1. 你想设计一种新的发型或服装吗？　□是□否

2. 你喜欢创作画吗？　□是□否

3. 你尝试着写小说或编剧吗？　□是□否

4. 你很想参加学校宣传队或演出小组吗？　□是□否

5. 你爱用新方法、新途径来解决问题吗？　□是□否

总计次数：＿＿＿＿＿＿＿＿

第九组

1. 你喜欢操作机器吗？　□是□否

2. 你很羡慕机械类工程师的工作吗？　□是□否

3. 你想了解机器的构造和工作性能吗？　□是□否

4. 你喜欢交通驾驶一类的工作吗？　□是□否

5. 你喜欢参观和研究新的机器设备吗？　□是□否

总计次数：＿＿＿＿＿＿＿＿

第十组

1. 你喜欢从事具体的工作吗？　□是□否

2. 你喜欢做很快就看到产品的工作吗？　□是□否

3. 你喜欢做让别人看到效果的工作吗？　□是□否

4. 你喜欢做那种时间短，但可以做得很好的工作吗？　□是□否

5. 你喜欢做有形的事情（诸如编织、烧饭等）而不喜欢抽象的活动吗？

□是□否

总计次数：＿＿＿＿＿＿＿＿

二、统计方法

根据对每组问题回答"是"的总次数，填下表。

组别	兴趣类型序号	回答"是"的总次数
第一组	兴趣类型1	
第二组	兴趣类型2	
第三组	兴趣类型3	
第四组	兴趣类型4	
第五组	兴趣类型5	
第六组	兴趣类型6	
第七组	兴趣类型7	
第八组	兴趣类型8	
第九组	兴趣类型9	
第十组	兴趣类型10	

四、活动时间

120分钟。

五、活动内容及过程组织

1. 活动的准备及要求

导师需要提前准备好职业测试材料并打印好，在活动开始前发给每个学员。

2. 活动的内容

（1）活动资料分发。

（2）活动资料填写。

（3）讨论与分享。

（4）点评与激励。

3. 活动的过程组织

第一步：导师将提前打印好的以上测试材料发给每一位学员，要求学员按要求填写并统计完毕。时间：40分钟。

第二步：每个学员根据各自测试数据分析自己。分析过程如下：

通过上组训练，找出你的兴趣类型，在答"是"的总次数一栏中，得分越高，相应的兴趣类型就越符合你的职业兴趣特点；得分越低，相应的兴趣类型越不符合你的职业兴趣的特点。然后对照各种兴趣类型所对应的职业，给你的职业生涯定位。时间：40分钟。

第三步：讨论与分享。每个学员讨论并回答什么是职业？职业有什么特点？自己适合什么样的职业？如果需要改变，自己改变哪些方面可以更好地拥有职业上的发展？等等。时间：40分钟。

第四步：点评与激励。导师根据各位学员在活动过程中的表现给予加分激励。

六、心得分享

（1）经过测试，你的兴趣类型是否符合你所选择的专业？

（2）你对以后的职业有什么想法？

（3）你认为怎样才算是一个优秀的职业人？

（4）你认为一个好的职场环境是怎样的？

活动三 认知职业教育与专业

一、活动概要

通过本项活动，在导师的引导下学员能够正确地认知职业教育与专业的概念，以及两者之间有什么联系和区别。

1. 认知什么是职业教育？

是指对受教育者实施可从事某种职业或生产劳动所必需的职业知识、技能和职业道德的教育，包括职业学校教育和职业培训，"工学结合、校企合作、顶岗实习"的模式，成了我国职业学校，尤其是中职学校毕业生高就业率的秘诀。

2. 认知什么是专业？

是指人类社会科学技术进步、生产实践中，用来描述职业生涯某一阶段某一人群，用来谋生，长时期从事的具体业务作业规范。

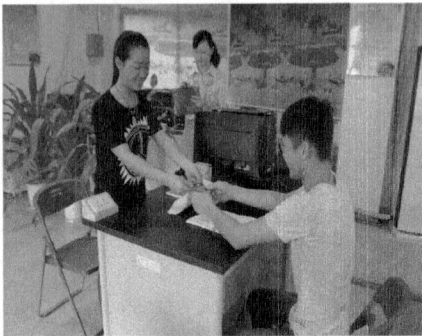

二、活动目标

通过讨论与分享让学员能够清楚回答出以下问题：

（1）你在本专业中希望学到什么课程？

（2）你的专业就业方向是什么？

（3）你所学的专业需要你具备哪些素质？

（4）职业教育学习的核心是什么？

三、活动材料及设备工具

白板一块，白板笔10支，大白纸若干。

四、活动时间

60分钟。

五、活动内容及过程组织

1. 活动的准备及要求

导师需要提前准备好相关职业与专业的图片资料并制作成PPT。

2. 活动的内容

（1）活动分组。

（2）讨论与分享。

（3）总结与归纳。

（4）激励。

第一步：按团队人数进行分组，每组 5 人，共 8 组，每组选出一人当组长。时间：10 分钟。

第二步：对上述问题进行分析讨论，共同探索学习，寻找解决方案，各组把答案写在白纸上，并派出一人进行讲述，答得有道理的给团队加分。时间：30 分钟。

第三步：导师对各组的答案进行引导、分析、归纳和总结。时间：10 分钟。

第四步：导师给予在活动过程中表现优异的学员进行加分激励。时间：10 分钟。

六、心得分享

（1）你认为学习过程中的最大困难是什么？

（2）为了提升专业素质除了课程学习外你还会加强什么？

（3）你理解的职业教育是什么？

（4）请找到你所学专业与对应职业岗位的连接点？

项目二 融入团队

活动一 相互认识

一、活动概要

学员在导师的指导下，以团队为单位，在规定的时间内，主动地将自己介绍给团队的成员，并认识、接受、善待团队的每一个成员；在活动中，主动地将自己的长处表现出来，让团队其他人能够看见，能够接受，能够认同。

二、活动目标

（1）能以归零、积极、乐观的心态参加团队的活动，敢于表达自己的观点和想法。

（2）能接受新的团队，善待团队的每一个成员，与同伴一同参加并完成活动。

（3）活动中，学会微笑，主动学习、沟通，能够发现他人的至少一个优点。

（4）活动中，能主动地将自己的长处表现出来。

三、活动材料及设备工具

（1）活动材料：授课白板、"优点与缺点"表格、水性笔。

（2）设备工具：计时表、音响设备。

四、活动时间

180分钟（其中分享30分钟，如果分享时间增加，则总时间相应增加）。

五、活动内容及过程组织

1. 活动的准备及要求

活动正式开始前，导师应对学员进行心态的疏导，因为积极的心态可使人快乐、进取，有朝气，有精神，消极的心态则使人沮丧、难过，没有主动性。

提出要求：

（1）首先要有"空杯的心态"。在新的环境中，一切都是新的，不管过去是成功或者失败，都要重新开始。在职场上真正经得起风雨的人，是那些有真才实学又具有"空杯心态"的人。

（2）其次要有"包容的心态"。在新的环境中，你的同事也许与你有不同的喜好，有不同的做事风格，你也应该去包容和接受。

（3）再次要有"给予的心态"。要索取，首先学会给予。没有给予，你就不可能索取。活动中，要给予你的同伴以关怀和帮助。

2. 活动内容

（1）热场游戏——面对面的介绍。

（2）活动分组。

（3）活动游戏——我是谁。

（4）活动游戏——人椅。

（5）活动游戏——优点与缺点。

（6）活动分享与激励。

3. 活动的过程组织

第一步：导师指导进行热场游戏——面对面的介绍。

将所有人排成两个同心圆，随着歌声，同心圆的内圈按顺时针方向转动，同心圆的外圈按逆时针方向转动，歌声一停，面对面的人，彼此握手寒暄并相互自我介绍。歌声再起时，游戏继续进行。时间：10分钟。

第二步：活动分组。

学员围成一个圆圈，导师根据学员人数，以每组人数不超过10人的原则，按照1，2，3，4，1，2，3，4，……报数方式分成4个小组，各组选出组长（负责人），讨论确定组名、组歌和本组的口号，按序号将本组成员的名字写在大白纸上。时间：10分钟。

第三步：活动游戏——我是谁。

导师利用白板等说明本次活动的方法与要求，并确认学员已经领会。时间：5分钟。

团队的每个人在教室周围找一个能够代表自己个性特征或表达自己身份的物件（包括教室内、教室外、只要可以获得的），并把它带到课堂来。时间：15分钟。

每个参加者在团队成员面前，展示他/她所选的物件并解释其所表达的含义（例如：我选了一块石头，因为它坚硬、光滑、色彩丰富、古老等）。时间：10分钟（每人1分钟）。

讨论问题（时间20分钟）：

（1）你从其他参与者身上学到了什么？

（2）为什么你在各式各样的物品中选择此类物品？解释其特征。

（3）你对其他参加者的了解达到何种程度？

第四步：活动游戏——人椅。

导师利用白板等说明本次活动的方法与要求，并确认学员已经领会。时间：5分钟。

每组学员围成一圈，将双手放在前面一位学员的双肩上，听从导师的指令，缓缓地坐在身后学员的大腿上，坐下后，导师再给予指令，让学员喊出相应的口号（例如"齐心协力、勇往直前"）或者唱出本组的组歌。坚持最长时间不松垮的小组获胜。时间：15分钟。（注：导师须根据学员的身体情况，决定将活动分成几次完成。）

讨论问题（时间20分钟）：

（1）在游戏过程中，自己的精神状态是否发生变化？身体和声音是否也相继出现变化？

（2）在发现自己出现以上变化时，是否及时加以调整？

（3）是否有依赖思想，认为自己的松懈对团队影响不大？最后出现什么情况？

（4）要在竞争中取胜，有什么是相当重要的？

第五步：活动游戏——优点与缺点。

导师利用白板等说明本次活动的方法与要求，并确认学员已经领会。时间：5分钟。

这是一项保密的活动，没有人被告知是谁写的他的优点与缺点的内容！每位学员在无任何威胁的情况下，对本组其他人（包括学员本人）的优点与缺点进行点评（也就是说，你喜欢或不喜欢某人的哪一方面）。按团队成员序号将意见填写在"优点与缺点"表格上，至少写出一条喜欢或不喜欢。由组长收集每张答卷，混合一起并对每个人念出写给他们的意见，组长必须首先要从自己的名字念起。时间：15分钟。

讨论问题（时间20分钟）：

（1）所有的意见都正确吗？

（2）有没有互相矛盾的意见？

（3）现在是否有人不愿意别人和自己同在一组？

第六步：活动分享与激励。

集体分享。各组队员以自动自发原则，上台分享自己参与活动的过程及感受。本次活动导师可以根据自己设定的目标要求，制定激励政策。激励手段除了团队奖励积分外，还可以设立完成任务的个人加分、小组加分，分享加分，或者是奖励小礼品等。时间30分钟。

六、心得分享

（1）哪位组员的自我介绍让你印象深刻，为什么？

（2）活动中，你发现了本组成员的哪些优点？

（3）活动中，你发现了自己的哪些方面有待提高的？

（4）活动中，你给予了同伴哪些帮助？

（5）本次活动给你的最大感受是什么？

活动二 行为表现

一、活动概要

学员在导师的指导下，以团队为单位，在规定的时间内，通过合理分工，团结协作，共同完成"板鞋竞速""车轮滚滚"两个游戏，来增进学员间的相互信任和理解，使每一个成员更快、更好地融入团队。

二、活动目标

（1）培养团队精神，学员能够团结一致，密切合作，克服困难。

（2）培养计划、组织、协调能力，学员会分析任务，分配任务，会协调关系。

（3）培养服从指挥、一丝不苟的工作态度，服从团队的安排，认真完成自己的工作。

（4）增强学员间的相互信任和理解，团队有向心力、凝聚力。

三、活动材料及设备工具

（1）活动材料：授课白板、白板笔、积分表。

（2）设备工具：计时表、发令枪、（三人）板鞋、废报纸、透明胶。

四、活动时间

180 分钟（分享 30 分钟，如果分享时间增加，则总时间相应增加）。

五、活动内容及过程组织

1. 活动的准备及要求

活动正式开始前，导师应组织学员准备器材，进行鼓励并提出要求：

（1）注意安全。

（2）服从指挥。

（3）合理分工，团结协作。

2. 活动内容

（1）活动分组。

（2）热场游戏——火车赛跑。

（3）活动游戏——板鞋竞速。

（4）活动游戏——车轮滚滚。

（5）活动分享与激励。

3. 活动的过程组织

第一步：活动分组。

学员围成一个圆圈，导师根据学员人数，以每组人数不超过 10 人的原则，按照 1，2，3，4，1，2，3，4，……报数方式分成 4 个小组，各组选出组长（负责人），讨论确定组名、组歌和本组的口号，按序号将本组成员的名字写在大白纸上。时间：10 分钟。

第二步：热场游戏——火车赛跑。

导师进行示范讲解本次活动的方法与要求，并确认学员已经领会。时间：5 分钟。

方法：10 人一组，前边的人左手抬起后边的人的左腿脚踝，右手搭在前边的人的右肩形成小火车，最后一名学员也要单脚跳步前进，不能双脚着地。场地上划好起跑线和终点线，其距离为 30 米（15 米往返），游戏开始时，各组从起跑线出发，跳步前进，绕过障碍物回到起点，最先到达起点的为胜。按时间计名次，按名次计分。

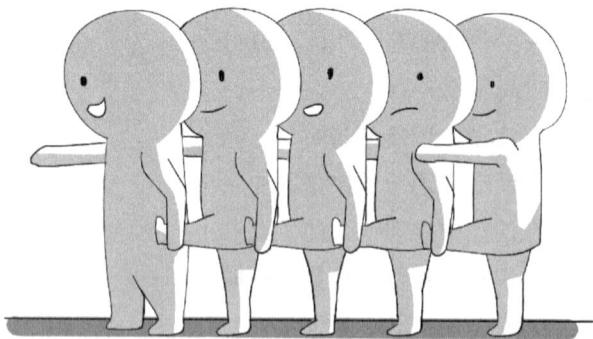

规则：（1）游戏过程中学员必须跳步前进，不允许松手（一直保持抬起后边的人的左腿），以防止出现断裂现象，队伍断裂必须重新组织好，从起点重新开始游戏。如果不重新组织，继续前进，则成绩视为无效，计为0分；（2）以各组最后一名学员通过终点线为准；（3）比赛过程中，参赛队必须在规定的赛道进行比赛，不许串道，犯规一次加时2秒，依次累加；（4）第一名计5分，第二名计3分，第三名计2分，第四名计1分。

各组组织进行游戏体验和参赛人员安排。时间：15分钟。

导师组织比赛，登记成绩。时间：10分钟。

第三步：活动游戏——板鞋竞速。

导师利用板鞋进行示范讲解本次活动的方法与要求，并确认学员已经领会。时间：5分钟。

方法：3人一组，后边的人双手搭在前边的人的肩上，双脚套入板鞋。场地上划好起跑线和终点线，其距离为50米，游戏开始时，各组从起跑线出发，双脚交替前进，任何一侧的板鞋到达终点线前沿的为完成。以完成时间记录成绩，时间少者名次在前。

规则：（1）每组两副板鞋，每组往返两次，同一人不能连续往返。游戏过程中，三名学员双脚必须套入板鞋中，不允许松脱。途中若板鞋松脱，必须在松脱处套好板鞋后，重新开始游戏。如果不按规则继续前进，成绩视为无效，计为0分；（2）比赛过程中，参赛队必须在规定的赛道进行比赛，不许串道，犯规一次加时2秒，依次累加；（3）第一名计5分，第二名计3分,第三名计2分,第四名计1分。

各组组织进行游戏体验和参赛人员安排。时间:15分钟。

导师组织比赛,登记成绩。时间:20分钟。

讨论问题(时间10分钟):

(1)你能否在活动中积极参与?

(2)你能否在活动中给予同伴帮助?

(3)你能否在活动中发现他人的优点?

(4)本队的组织和竞赛还存在什么问题?

第四步:活动游戏——车轮滚滚。

导师利用废报纸和透明胶带等说明本次活动的方法与要求,并确认学员已经领会。时间:5分钟。

方法:10人一组,利用报纸和胶带制作一个可以容纳全体团队成员的封闭式大圆环,将圆环立起来全队成员站到圆环内,边走边滚动大圆环。场地上划好起跑线和终点线,其距离为30米,游戏开始时,各组从起跑线出发,全队成员站到圆环上边走边滚动大圆环,最后一名成员通过终点线后沿的为完成。以完成时间记录成绩,时间少者名次在前。

规则:(1)游戏过程中,封闭式大圆环不允许松脱。途中大圆环松脱,必须在原地修补完成后,重新开始游戏。如果不在原地修补,继续前进,则成绩将视为无效,计为0分;(2)比赛过程中,参赛队必须在规定的赛道进行比赛,不许串道,犯规一次加时2秒,依次累加;(3)第一名计5分,第二名计3分,第三名计2分,第四名计1分。

各组组织进行游戏体验和参赛人员安排。时间:25分钟。

导师组织比赛,登记成绩。时间:20分钟。

讨论问题(时间10分钟):

(1)你在活动中负责了哪项工作?有何体会?

(2)你在活动中给予同伴哪些帮助?

(3)本队的组织和竞赛还存在什么问题?

第五步:活动分享与激励。

集体分享。各组队员以自动自发原则,上台分享自己参与活动的过程及感受。本次活动,导师可以根据自己设定的目标要求,制定激励政策。

激励手段除了活动积分外，还可以设立完成任务的个人加分、小组加分、分享加分，或者是奖励小礼品等。时间：30分钟。

六、心得分享

（1）你从其他参与者身上学到了什么？
（2）本队的组织和竞赛存在什么问题？
（3）活动中，你发现了自己的哪些方面有待提高的？
（4）你从比赛想到了什么？
（5）本次活动给你的最大感受是什么？

项目三 调适心理

活动一 寻人大作战

一、活动概要

学员在导师的指导下填写"寻人信息卡"，并在规定的时间内，根据"寻人信息卡"上的信息，找到具有该特征的人，通过简单沟通，获得对方的认可并得到对方签名。

二、活动目标

活动的任务目标是每个学员根据"寻人信息卡"，尽可能多地获得别人的签名。通过此活动达到以下目的：
（1）使学员学会主动交往，主动结识新朋友。
（2）学员在交往中学会介绍自己、了解他人，并发现彼此共同的兴趣爱好。
（3）学会克服与陌生人交往的恐惧心理，锻炼自己的口才。

三、活动材料及设备工具

（1）活动材料：授课白板、卡纸"寻人信息卡"。

（2）设备工具：计时表、音箱、话筒。

四、活动时间

80分钟。活动分为两个部分，一是活动时间，二是分享时间，预计80分钟。（其中活动时间为30~40分钟，分享40~50分钟，两部分用时可根据实际活动情况作调整）

五、活动内容及过程组织

1. 活动的准备及要求

（1）活动正式开始前，导师应对学员进行成功的心理引导，鼓励大家努力突破自己。

（2）要求"寻人信息卡"上的每一个项目的签名数没有上限，但每个项目至少要获得一个签名。

（3）项目签名人必须符合相应信息，不得找相识的人凑数。

（4）活动过程中如有疑问或争议，需报告导师。

2. 活动内容

（1）活动热场游戏——壹元伍角。

（2）活动分组。

（3）正式活动——寻人大作战。

（4）活动分享。

（5）点评与激励。

3. 活动的过程组织

第一步：导师指导学员进行热场游戏——壹元伍角。

所有学员按一男一女分隔开围成一个大圈，男生代表1元，女生代表5角，主持人说开始时，大家手拉手围着走圈。导师在圈外大声说出一个金额，参加者在最短的时间内找到朋友抱在一起组成组织者要求的金额。例如：听到口令"三元五角"，可以的组合为：三个男生+一个女生；两个男生+三个女生；一个男生加 5 个女生；7 个女生。没有找到朋友和组合数字不正确的遭到淘汰，剩余人数为 5 时结束热场游戏。时间：10 分钟。

第二步：导师采取随机方式分组，组员轮流 1 至 8 循环报数，相同号数的成员成为一组，并选出一个组长。时间：5 分钟。

第三步：进行正式活动——"寻人大作战"。

我叫＿＿，＿＿月出生。 1 2 3 4 5	我的爱好是＿＿＿＿。 1 2 3 4 5	我最喜欢的运动是＿＿。 1 2 3 4 5
我最喜欢的动物是＿＿。 1 2 3 4 5	我的优点是＿＿＿＿。 1 2 3 4 5	我喜欢＿＿＿＿的朋友。 1 2 3 4 5

学员先填写"寻人信息卡"的本人信息部分，接着，导师发布口令，开始寻人，学员开始寻找跟自己信息一样的朋友，通过简单沟通，并获得其签名。(例如：我的爱好是听音乐，我必须通过与其他同学的沟通交流、对照对方的信息卡，知道其爱好是否也是听音乐，若是，则可获得对方的签名，则其中一个项目完成，完成卡上的六个项目，则算任务完成。) 时间为：20 分钟。

第四步：组内分享。活动结束，学生回到组内，成员分享自己的签名情况。时间：10 分钟。

第五步：集体分享。导师先请每个小组获得签名最多的学员分享自己寻人的过程和感受。请没有完成签名任务的学员分享自己没有完成的原因。时间：15 分钟。

第六步：重新分组分享。自由发言，任何想要分享自己感受的学员都可以告诉大家自己的感悟及收获。导师梳理信息，重新分组，具有同一特征的人成为一组，组员之间进行深度的相互介绍与交流。时间：10 分钟。

第七步：奖励与惩罚激励。导师根据自己设定的目标要求，制定奖励与惩罚措施。奖励手段是加分或赠送小礼品；惩罚措施则为团队减分或个人表演节目。时间：10分钟。

六、心得分享

（1）你为什么没能完成任务？

（2）本次活动你认为最难的地方在哪里？

（3）本次活动给你最大的感受是什么？

（4）通过本次活动，你打算今后如何去结交新朋友？

活动二 戴高帽

一、活动概要

学员分小组，在规定时间内合力做一项帽子，越高越好。做好帽子后，每个成员分别用便利贴写出其他每一个成员的优点（内在外在的优点都可以，但必须是经过认真思考的）。写完后，小组成员分别带上"高帽"，接受其他组员真诚的表扬。非带高帽的成员轮流将自己写的便利贴大声读出，然后将便利贴送给接受表扬的学员。按此步骤重复，直到每个成员都接受完表扬。

二、活动目标

活动的任务目标是每个学员戴上小组共同制作的"高帽"，接受他人的赞美。通过此活动达到以下目的：

（1）使学员正确认识自己的优点，促进学员自信心和自尊心的成长。

（2）通过活动来团结成员之间的氛围，提高自我探索和探索他人的能力。

（3）使学员学会发现别人的优点与长处，促进学员之间的交往。

三、活动材料及设备工具

（1）活动材料：授课白板、彩色卡纸、胶水、剪刀、便利贴。

（2）设备工具：计时表、音箱、话筒。

四、活动时间

160 分钟（其中活动时间为 100 分钟，分享 60 分钟，两部分用时可根据实际活动情况作调整）。

五、活动内容及过程组织

1. 活动的准备及要求

（1）制作的帽子一定要尽可能高，越高越好。

（2）制作帽子时，小组成员必须全员都参与。

（3）赞美他人时，一定要真诚，不能开玩笑。

（4）一定要确保小组每个人都按流程接受了其他人的赞美。

2. 活动内容

（1）活动热场游戏——"松鼠与大树"。

（2）活动分组。

（3）正式活动——"戴高帽"。

（4）活动分享。

3. 活动的过程组织

第一步：导师指导学员进行热场游戏——"松鼠与大树"。时间：10 分钟。

（1）所有成员围成一圈，并 1~3 报数。

（2）3 人一组，其中报数 1 为松鼠，报数 2 和 3 的均为大树。

（3）两个大树把手搭在对方的肩膀上，松鼠躲在大树下。

当带领者喊"着火了"，松鼠不动，大树必须与其他组的大树重新组合；

当带领者喊"猎人来了"，大树不动，松鼠寻找新的大树；

当带领者喊"地震了"，则所有的人都必须重新组合。

（4）每次活动中没有找到组合或者大树的成员，表演节目。

第二步：导师采取随机方式分组，组员轮流 1 至 8 循环报数，相同号数的成员成为一组，并选出一个组长。时间 5 分钟。

第三步：进行正式活动——"戴高帽"，时间：70 分钟。

步骤如下：

（1）导师分发彩色卡纸、胶水、剪刀、便利贴等活动材料；

（2）小组内进行高帽制作，尽量将帽子做高并美化；

（3）帽子做好后，小组派代表进行帽子展示，评选出帽子做得最高、最好的小组；

（4）学员拿出便利贴，思考并写出小组其他成员的优点，写得越多越好；

（5）小组成员轮流戴高帽接受成员的真诚赞美。

第四步：赞美结束，每个学员整理自己得到的赞美便利贴，看看自己都有哪些优点。时间：15 分钟。

第五步：导师总结活动中学员们表现好的地方和存在的不足。时间：10 分钟。

第六步：每个小组派一个代表分享自己在制作高帽的过程中有什么感受。时间：10 分钟。

第七步：每个小组派一个代表分享自己戴着高帽接受赞美的过程中有什么感悟和收获。时间：15 分钟。

第八步：自由发言，任何想要分享自己感受的同学都可以告诉大家自己的感悟及收获。时间：15 分钟。

第九步：奖励与惩罚。导师根据自己设定的目标要求，制定奖励与惩罚措施。奖励手段是加分或赠送小礼品；惩罚措施则为团队减分或个人表演节目。时间：10 分钟。

六、心得分享

（1）在小组合力制作高帽时，你充当什么角色？

（2）是否想过你有那么多优点，哪些是你之前没有发觉的？

（3）本次活动给你最大的感受是什么？

（4）通过本次活动，在你自信心的树立方面有什么帮助？

（5）通过本次活动，你打算今后如何去挖掘别人的优点，从而更好地与他人交往？

项目四　感恩父母

活动一　暗夜牵手

一、活动概要

让一半学员的眼睛被蒙上眼罩，在搭档的引领下爬坡涉水，完全将自己的生命交到了同伴的手上。当然，这些朝夕相处的兄弟姐妹们自然不会辜负对方的信任，或背或抱，齐心协力，在长达四十分钟的"生命之旅"后，所有选手都毫发无损地回到了原地。

二、活动目标

让我们怀着感恩的心一路前行。感恩犹如心灵的泉水，源源不断，它滋润心田，免于干涸，它让生命充满生机，洋溢朝气，遍洒阳光，感受生活的美好的幸福，它来自我们的心灵。

（1）感悟沟通协作的重要性，资源整合；

（2）换位思考、助人助己；

（3）感恩的心是人生的助推器，爱是一切的动力；

（4）体验非常状态下的生活，学会关心他人，感受关心和被关心的幸福，激发生命中至诚至善至美的爱心；

（5）在拓展的过程中，让大家用身体去感觉信任，体验帮助别人后的快乐；

（6）让学员愿意融入团队，愿意相信团队的力量；

（7）提升团队凝聚力，工作中愿意协同作战帮助别人；

（8）自我突破，并在突破后灌输全新团队信念。

三、活动用具及场地要求

（1）活动用具：眼罩、手电筒、话筒和音响设备。背景音乐：《神秘园》《烛光里的妈妈》《父亲》《感恩的心》、班得瑞大自然音乐等。

（2）场地要求：教室和户外，活动前计划好行进线路，并且设计一些需要上坡、下坡、弯腰或者绕弯的障碍。教室要有窗帘，能够遮挡外面的光线。

四、活动时间

120分钟（其中行程安排不少于40分钟。活动安排在晚上开展效果较好）。

五、活动内容及过程组织

第一步：导师讲解活动规则并示范。时间：5分钟。

将所有队员按2人一组分组，每组的两名学员分别扮演引导者和被引导者（盲人）两种角色，被引导者（盲人）需要戴上眼罩，然后在导师和助教的引导下体验一段不平凡的旅程，引导者必须运用适当的肢体动作引领"盲人"前进直到结束，全程引导者和被引导者不许讲话。

第二步：分组进行活动，助教辅助。时间：45分钟。

（1）分组：导师将所有队员按2人一组分组。

（2）戴眼罩：每组选出一名队员戴上眼罩。

（3）向队员们介绍项目目标和规则，详细说明注意点。

①项目过程中，蒙上眼睛的队员不得将眼罩摘下。

②没有蒙上眼罩的队员不得开口提醒队友。

③项目进行过程中，要保障队友的安全。

④参加项目的队员必须按照导师的指示来进行。

⑤队员必须按照指定的线路来进行，不得擅自更改线路。

（4）宣布开始：当所有队员明白项目规则后，导师宣布项目开始。

引导语：

各位同学，让我们今天去体验去感受一段不平凡的旅程，请静静地听好……

假如有一天不幸真的降临，我失去了光明，再也无法感受这大千世界了，这是一个残酷的事实，我，是否有勇气踏上这注定艰难的生命旅途。

你只有在摸索中度过了，眼前什么都看不见，但是你没有任何的选择，只有在摸索中生活。突然，有一天我们听不到，也无法说话了，不幸将我们重重地摔进了一个无声的世界。今后，人生道路还很漫长，我们是否有勇气踏上这条漫长的人生路，好在我们并不孤独，还有一位朋友，还有一双温暖的手，我能感受到他的手是多么的有力，面对未来漫漫长路，唯有互相搀扶，互相关爱，一路相拥而去，不知道前面会遇到什么？

现在请拉着身边这个同伴的手，不能松开，不能发出任何声音。

请引导者拉着你身边伙伴的手，带领你的伙伴往外面走。

眼前的这双手是我们唯一的依靠，因为我什么都看不见，我无法用语言表达。但是没有关系，这一切并不重要，重要的是我们将彼此细心地呵护，一起相互搀扶，感受那一段生命之旅。

（5）导师和助教引导学员由教室里面走出教室外面，按计划路线行走一段崎岖坎坷路程，然后返回教室。项目进行全程中，导师和助教需随时跟随，保障队员的安全，在一些危险的障碍处，必须有助教在。

第三步：导师带领学员冥想，通过游戏关联人生。时间：40分钟。

回来后（坐下让助教帮所有学员戴上眼罩，在教室四上蜡烛，关闭教室电灯）"返回"解说词：

下面的活动，不需要用语言来表达，所以请所有的朋友保持沉默，你只需要用心去体验、去感受。请各位闭上眼睛，没有我的允许，请不要睁开。

现在，请把心平静下来，选择一个舒适的姿势；双腿平放分开，双手放在膝盖或大腿上，轻轻地闭上双眼，放松自己的身体。（班得瑞大自然音乐）深深地吸一口气，慢慢地呼出，感觉非常舒畅，再来一次，深深地吸气，慢慢呼出，感觉你的身体已经完全放松下来了。经过这一段黑暗中的旅途，你感觉有一些累了，好好休息一下，将你的全身心放松，深深吸气……呼气……你现在感觉非常舒服，好轻松，好畅快，你已经好久没有这样放松过了。（音效：海浪声）

现在，让我们彻底放松一下，享受一段美好的精神之旅。听着轻松的音乐，幻想着来到了一个美丽的海滩，大海一望无际，蔚蓝的天空上，朵朵白云在飘动，偶尔有海鸥飞过。想象着自己慢慢地躺下来，躺下来，躺在暖暖的海难上，听到阵阵的涛声，海鸥的叫声，任凭阵阵的海风轻轻地吹拂着，海水轻轻地击打着你，轻轻地拥着你，随着这舒适的节奏，你轻轻地荡漾起来，荡漾起来，感觉非常地舒服，非常地舒服。现在，请将你身上所有的负累和压力全部卸下来，在这大自然当中自由地行走，一起回头看看自己走过的人生路。

（背景音乐：《Adagio：神秘园》循环播放）亲爱的伙伴，回想刚才我们一路的坎坷，上坡，下坡，钻过丛林，跳过壕沟，多少次跌倒，又爬起来，多少次在障碍面前不得不弯腰，低头，甚至跪下，多少次我们曾经想放弃，逃避那影响我们的心中的黑暗，因为恐惧用黑暗作为武器，来蒙蔽我们的思维，就像沉入无尽的深渊，等待我们的只是无穷无尽的黑沉沉，无穷无尽的沟壑，无穷无尽的困难。我们跌跌撞撞，四处碰壁，路在何方，希望在哪里？内心深处不由地产生迷茫、孤独、艰苦跋涉的感觉？甚至绝望。幸运的是，每当我们想放弃的时候，总有一股坚强的力量在引导着我们，身边总有一只有力的手在搀扶着我们前进，在我们跌倒的时候，我们身边的同伴总是能及时拉住我们……你还记得你下坡滑下去的时候，是谁用他的双手紧紧拉住你吗？这一路上你没有碰伤，没有摔倒，多亏有一双温暖的手一直紧握着你呀，尽管你看不到，但是你的心变得格外明亮；尽管他不曾对你说一句话，但是你却分明感受到来自对方的扶持、关爱和保护——他总是把最好的路让给你走，而把最危险、最艰难的地方留给自己。如果因为一时的疏忽使伙伴碰伤的时候，他会为自己没有尽到责任而歉疚很久。因为伙伴细心地呵护，我们可以顺利地跨越重重障碍，最终我们走过来了，坚持过来了，我们经历千辛万苦，我们胜利到达了目的地。

现在让我们静下心来，轻轻手拉着手，再次回味一下刚才那一段生命之旅，有什么感受，有没有感动，有没有感悟，当你被蒙上眼睛的一刹那间，眼前一片漆黑的时候，你在想些什么？经历了这段非比寻常的生命历程你有没有一些感受？

在这短短的数十分钟，就如同人生的缩影。在你的人生旅途中，曾经有过许多重要的人，或许是你的妈妈、爸爸、导师、同学、朋友……甚至可能是一些连名字都叫不上来的、不曾谋面的人。但是你却知道，他们是你生命中最挚情的朋友和亲人，他会紧紧地牵着你的手，一起走过人生的坎坎坷坷、风风雨雨。

生命总有一些可以感动自己的事，生命中总有许多我们的贵人，就像身旁这位同伴一样。同伴的这双手，是那么温暖，那么有力，一路上陪着我们，是那样似曾相识。

这双手，让我想起了儿时的伙伴：

想想你小时候的样子，想想从小和你一起玩泥巴，在地上打滚的同伴，他们现在在哪里？还好吗？还记得小学你的同桌是谁吗？你前面坐的是谁？你后面坐的又是谁？还有毕业照你站在第几排？第几位？还记得你日记本上的小秘密吗？还记得你青春涌动的时候，朦胧中的白雪公主或是白马王子吗？有些幸福，有一些甜蜜，又有一些拘谨。丝丝扣扣，永生难忘。

这双手，使我想到我身边的同学：

想想宇宙有多大，我们幸运地同在太阳系，同在一个地球上，同在一个中国，同在一个省，同在一座城市，同在一所学校，同在一个班相遇、相识、相知……这难道不是一种缘分吗？今天在座的诸位，想一想你之所以是今天的你，有今天的成绩，人生的旅途上，有多少人帮助过你吗？就像刚才我们一路走来，想一想是谁一直在默默无闻地引领你前进？想一想是谁在关键的时候扶你一把？想一想是谁一直在小心地呵护你，不让你有一点点的受伤……就像身边这位同伴，其实像身边这位同伴一样帮助过你的人还有很多很多，今天我们也许看不到谁帮助过你，只能在心里感谢他们，而平时你是否都记得那些曾经帮助过你的人呢？

这双手，就像朋友的手：

当我有了烦恼，第一个想到的就是朋友，已经记不清楚，当我感到无助的时候，朋友多少次向我伸出过援助的手；朋友给我的欢乐，朋友帮助我度过孤独。我的朋友如果遇到困境，我也会向他伸出这双援助的手。

这双手，就像导师的手：

在我年幼无知的时候，导师的手把我呵护，让我慢慢成长，从初中到高中，有许多的作业，导师写评语是那样的细心，一个错别字都给我挑出来。导师的行为让我从小认识到什么叫做敬业精神。导师，是你让我明白了什么叫作无私的奉献。即使远在千里之外，一旦我有求于导师，只要能解答的问题，导师一定尽最大的努力满足我的求知愿望。导师，您是我智慧的引路人，是您给了我智慧，给了我力量，是你带领着我找到了打开知识宝库的钥匙。是您带领我寻找到成功的方法，您使我成为一个有文化的，对社会有用的人。

（音乐：《烛光里的妈妈》）

这双手，就像爸爸妈妈的手：是那么的温暖，那么的有力。

你还知道在你姗姗学步时，爸爸妈妈在一旁紧张保护的神情吗？每次摔倒，爸爸妈妈总是用有力的双手把你轻轻地扶起来。你还记得在你受伤害、受委屈的时候，用温暖的怀抱搂着你，抚摸你的头，永远激励你鼓励你，轻声安慰你的她吗？在这一刻，在妈妈的怀抱里的这一刻，你还记得抬起头，仰望自己妈妈的样子吗？在孩子的心目中，妈妈曾经是世界上最年轻、最美丽的女人啊！多少岁月无情的冲刷，多少身心倾注的夜晚，妈妈的容颜渐渐地衰老，皱纹爬上原本光滑的额头，满头的青丝渐渐变成白发。啊！亲爱的同学，你曾注意到，妈妈拿着她年轻时候的照片，细细端详，沉浸在对往昔时光的追忆之中，却不愿被别人看到的情形吗？

（音乐：《父亲》）

如果说母亲的爱如水一样温柔，那父亲的爱就是如山一般宽广，小时候父亲的手宽大而温暖，小时候父亲的背结实而有力；今天的父亲他是什么样子，父亲依然留着你记忆中的发型，穿着你熟悉的衣服，父亲一步一步向你走来，你看到了什么，曾经的父亲骑着自行车带你走过千山万水，而今天当你父亲一步步向你走近的时候，你是否看到父亲的脊梁不再挺拔，你是否看到了曾经把你高高举过头顶的父亲，今天他再举也举不起你了，当父亲一步步向你走近，你是否留意了，何时开始父亲的头上长出了白发；你是否留意了，何时开始，父亲深夜里开始咳嗽，他的身体一天不如一天了。作为儿女，你有多久没有去留意和关注过他们，这个憨厚的父亲不善表达，你是否记得，每次你回家的时候，爸爸总是早早地在车站等你，当他接到你的时候，没有过多语言，只是为你背过行囊，拍拍你的肩；还记得你每次回家的时候，父亲总是把你爱吃的水果洗干净了，端到你面前。那就是父亲的爱，你记得吗？你忘了，今天父亲说你两句，你不想听，甩手就挂电话，摔门就可以走，你是否留意了你的动作使坚强的父亲竟然流下了泪水，因为他难过，他不相信这曾经在他肩上长大的儿女，今天不再那么听他的话了……

亲爱的伙伴们！也许你觉得这一切离你太遥远了，可是亲爱的的朋友们请你静下心来想想，今天他们过得好吗，母亲的身体好吗，父亲的身体好吗，他们怕你担心，从来不肯告诉你，可是你都忘记了，想想你自己，你变了，总找各种理由不愿意刻苦读书，你过一个生日可以花掉几百，可你知道吗，儿的生日，娘的苦日，当你举杯庆祝生日时，你是否知道这一刻母亲是在生死关头生下了你啊。亲爱的同学们，你人生的一幕幕，你想起了多少……

如果你今天失去了你的青春，失去了你的美貌，失去了你现有的财富，甚至你变成了一个残疾，你们是否想过，谁会收留你们，只有你的父母，哪怕他们只能拉一个破板车，把你拖回家，他们也会告诉你孩子，有爸妈在，没事的。我们有一口气就有你一口吃的，如果你需要换一个肾，父亲会说看看我的行吗，把我的给孩子，母亲会说看看我行吗，只要延续孩子的生命，我们什么都可以给他，多少父母为了儿女而下跪祈求，多少父母为了儿女而把自己的心摘出来给他们，可今天在座的各位，掐指算算，父母还能跟我们多少年，终将有一天，他们会离我们而去，你知道吗？如果你今天回到家，还能叫一声妈，那是多么幸福，如果你回到家，还能叫一声爸，那是多么幸福，因为他们永远不会离开你，不会抛弃你，别人行吗？今天多少人，功成名就，他们却没有了爱的权利，他们只能在清明节的时候去跪到父母的坟前哭喊着：爸，我来看您来了，妈，我来看您来了。爸，我今天过得好了，如果当年儿子有今天的本事，我一定能看好您的病，爸，今天儿子买大房子了，多想您能起来跟我享享福，我带来了您爱喝的酒，起来收吧。妈，今天儿子买了房子，车子了，可是您不能跟我分享，妈，起来收吧，儿子给您送钱来了，无情的风将纸灰吹向了天空，他们再也起不来，再也听不到，只能天各一方，你们知道吗？父母终将有一天会离你们而去，亲爱的朋友，爱父母不能等，孝敬父母不能等，对他们表达你们的爱也不能等，如果有一天他们离开了，他们都无法感受，无法分享你的幸福快乐……树欲静而风不止，子欲养而亲不在啊！

第四步：学员分享。时间：20分钟。

导师：下面开始分享，有需要发言的同学请举手，所有同学分享完毕不可以鼓掌。

1. 在你的生命中有哪些帮助过你的人给你留下了深刻的印象？

2. 在你的亲人中间谁对你最好？

3. 通过今天这一次体验活动，你对身边这一位伙伴是不是有了一个新的认识？

4. 对于那些曾经帮助过我们的人，今天我们可以用怎样的表达方式我们的感激之情？未来又该用怎样的行动回报他们？

第五步：导师点评。时间：10分钟。

（播放歌曲《感恩的心》）

我想，我们早就应该学会什么叫感恩了，因为这个世界上，有太多的人曾经给我们太多的恩惠。

（让学员摘除眼罩，慢慢打开教室电灯，让学员眼睛慢慢适应。在歌曲《感恩的心》的伴奏下带领学员边唱边做手语操）

感恩我们的父母，赐予我们生命，哺育我们成长；

感恩我们的导师，赐予我们知识和智慧；

感恩我们的同学和朋友，赐予我们友谊和快乐；

感恩我们的班、组长，为我们无私的奉献；

感恩我们的对手，让我们不断提醒自己要更加优秀；

感谢身边的所有的人，因为缘分我们让走在了一起，因为有你们我的世界充满希望。

六、心得分享

（1）你从这个活动得到的最大感受是什么？

（2）当你在黑暗中牵着对方的手时是什么感觉？

（3）我们应该对那些在"黑暗中牵着我们的手的人"做些什么？

活动二　人海分离

一、活动概要

让所有学员的眼睛蒙上眼罩，体验一次在黑暗中寻找亲人，然后失而复得的感受。

二、活动目标

亲情是珍贵的，拥有亲情是幸福的，珍惜亲情更是难能可贵的。人生短暂，来去匆匆，"子欲孝而亲不在，恩欲报而人已去"者常留千古恨！趁年轻、趁现在好好珍惜亲情。

（1）感受孤独的惶恐，学会与人建立联系；

（2）感悟亲情、友情的可贵，不要等到失去时才去珍惜；

（3）学会感恩：感恩的心是人生的助推器，爱是一切的动力。你对生活的状况以及别人的行为要求越少，你就越容易快快乐乐地过日子；

（4）珍惜亲情，体验非常状态下的生活，学会关爱亲人，给亲人支持。感受关心和被关心的幸福，激发生命中至诚至善至美的爱心；

（5）自我突破，并在突破后灌输全新团队信念。

三、活动用具及场地要求

（1）活动用具：眼罩、话筒和音响设备，背景音乐：《有多少爱可以重来》《思念》《天亮了》《你快回来》《征服天堂（士兵突击）》、下雨、打雷的音效等。

（2）场地要求：教室。教室要有窗帘，能够遮挡外面的光线。

四、活动时间

120 分钟（活动建议安排在晚上开展效果较好）。

五、活动内容及过程组织

第一步：导师讲解活动规则并示范。时间：5 分钟。

将所有队员按 2 人一组分组，每组的两名学员都需要戴上眼罩扮演盲人，然后被导师和助教打乱位置，做一次失去亲人，然后失而复得的体验。体验者必须尽力寻找自己的同伴，直到导师说结束，全程不许讲话。

第二步：分组进行活动，助教辅助。时间：80 分钟。

（1）分组：按 2 人一组分组，所有队员在现场寻找一位最熟悉的伙伴作为自己生命中的贵人。

（2）发眼罩：给所有队员发眼罩。

（3）向队员们介绍项目目标和规则，详细说明注意点。

①在我们这个活动开始前，各位需要把身上的贵重物品和首饰取下，放在一旁，包括手机（调到静音）、手表、手链、戒指等，（3分钟时间回到原位）接下来这个活动大家不能讲话也不能笑，要保持静态，嘴里不能发出任何声音，能不能做到？

②在整个活动中，大家要全身心地投入，只有你投入得越深，你的收获才会越大。

③游戏开始后，在没得到导师的指令前，任何人不得取下眼罩和发出声音，要求做到言行一致，为自己的承诺负责。

④参加项目的队员必须按照导师的指示来进行项目。

⑤项目进行过程中，导师和助教要保障学员的安全。

（4）宣布开始：当所有队员明白项目规则后，导师宣布项目开始。

①在教室的四个角点燃蜡烛，然后把教室的灯关闭，开场音乐《神秘园》。

导师引导语：

各位同学，请走到你身边这位亲人的面前，面对面站在一起，拉起对方的双手，找个最舒服的姿势面对面地坐下，看着对方的眼睛，不要说话，默默地看他的眼睛。

现在，坐在你面前的这个人是谁？是你的亲人，还是你的朋友？如果坐在你面前的这个人，与你交往并不深，那么从现在开始愿意把他当成你朋友的，请轻轻地点一点头，他将陪伴你走完这余下的一生，你愿意把对方当作你生命中的贵人吗？如果愿意的话，请轻轻地点一点头？如果对方有一天成为了你的领导，你愿意全力以赴帮助他吗，如果有一天你面前的这位，需要帮助，你愿意帮助他吗？愿意的话，请点一点头，紧紧握着他的手，请记住这双温暖的手，认真地看看，这双充满爱的双手，请记住他，接下来将我们的双手搭在对方的肩膀上，用我们的眼神告诉对方，在我的成长过程中，我需要你的帮助，然后给对方一个拥抱。

好的，请再次握住他的手，请你好好地打量眼前的这个人，请你好好地看着这位朋友的眼睛，请你借助于这位好朋友的眼睛去联想你生活中最爱的人是谁？在你的生活中给予你许多帮助、支持的人是谁？给予过你许多良好建议的朋友又是谁？如果，这一刻，他就在你的面前，你将用什么样的眼神去看他，你将用什么心态去支持他，你将对他讲些什么？你会怎样地来注视着他？请你好好看看他的长相、他的发型、他的衣着、他最大的特点是什么？他给你最深的印象是什么？你们是什么时候认识的？在什么样的环境认识的？什么样的场合认识的？还记得都说了些什么吗？也许他已经离开了你，也许他已经离开了这个地方，离开了这个城市，也可能他还在你的生活圈子附近默默地关心着你，默默地注视着你。你还记得那双手吗？在你生命艰难无助的时候，是这双手帮你走过最无助的日子，这双手也许很柔弱，但每每支持你的时候，却表现得很坚强。

下面请大家把眼罩戴好，尽量戴得看不到一点光（助教检查）。

好，慢慢地站起来，把手放开，在接下来的整个过程中，不允许说话，可以做到不说话的请点点头？

每个人把双手交叉放在胸前，掌心向内，对，就是这样，左转一圈，向前一小步，右转一圈，向前一小步，开始走动起来，让自己去感受在茫茫人海中独自行走的感觉。不要停，慢慢地走。

②（音效：小雨声1分钟）四处走动起来，不要停。你茫然地走在人海中，这是一座陌生的城市，人人都在为了自己想要的生活，匆忙地奋斗着，人们都只看见了自己和自己想要的，人们不愿意与别人去交流，人与人之间是冷漠的、孤独的。你想想你初次来到这座城市的时候，你初次来到咱们学校的时候，你有好多的梦想，你有好多奇妙的想法，你有好多想要建立的关系，可是你感到人们都不愿意理你，你一个人拖着这样疲惫的身体在黑暗中无助地摸索着。你累了、你太累了、累得好想睡上三天三夜。你感到孤独、害怕、迷茫……（音效：狂风大雨）你很想念家，很想念亲人，你曾经都想过要放弃，可是一想到你离开家时的梦还有好远，你想到亲人信任你、鼓励你的眼神，你就又一次地对自己说，我要改变，我不能这样下去，我要改变，我不能这样下去。于是你开始试着去与人建立联系，遇到挫折，你能坚持，遇到了困难，还在坚持，失败了，可以再来。

③（音乐：《天亮了》）

在人海茫茫中，你试着建立人际关系，你试着将手伸出去与人建立关系，人多么想与所有人建立关系呀，可是，有时候，别人是愿意的，有时候，别人不愿意，给了你拒绝，（助教打学员的手），给了你冷漠的表情，有些人根本不接受你，让你更加地难受，他们怎么会这样呀？对呀，他们怎么会这样呀？当你遇到一次又一次的困难，一次又一次的拒绝，你试着把自己的手缩了回来，你开始诅咒，你开始抱怨不公，你想索取更多的同情，你想算了，自己要以牙还牙，你也变得冷漠，你也变得麻木，你也变得不再付出，你的心也越来越麻木，你可能拒绝去感受身边的一切，可每当夜深人静的时候，你的感受又是怎样的呢？只有自己知道。你还是不是能坚持主动伸出双手去接受别人，所有人都去与别人握手，去建立关系。

④（音乐：《你快回来》）

这一次，请你不要拒绝任何一只伸到你面前的手。伸出你的双手去与一双双更加渴望我们有共同的目标、共同的理想的人们一起握手，为什么我们要经历过这么多冷漠我们才能变得能付出一些了，其实，生活中好多好多关心我们的人，我们平常真的很少这样去感激，这样发自内心地去表达，我们不是不会这些简单的表达方式，而是我们的心被蒙蔽了，我们不再去珍惜了。而这一刻，我们想起了好多好多生活中的贵人，导师的一句赞赏，同学的一句鼓励，家人的一句信任，这些其实都值得我们这样去表达的。只是，我们真的把这些最原始的悸动尘封了起来，我们不愿意，总认为那是他们应该的，这是我们应该获得的。

其实，人与人之间是非常简单的，就是用你的心去感受他的心，用你的生命去感染另一个人的生命，在每个人的心底都是渴望被人理解被人接受的，每个人都希望得到爱与关怀的。

⑤（音乐：《有多少爱可以重来》循环播放）

好，请接下来去找你生命中的贵人吧！你将用什么样的心态去寻找？可能你又要遇见挫折了。你将如何来面对？现在开始去找到你的伙伴，也许你忘了他身上的特征，可是已经迟了，你已经失去了这些你本该记得的，本该珍惜的，你都在平时疏忽了，现在后悔已经迟了，你找再多借口都已经没用了，现在最紧迫的，就是找回你的友谊，找回你的亲情，也许那就是你的父亲母亲，也许那是你的好朋友，现在唯一的一个机会就是你要在 1 分钟内找到他，否则，你将永远失去他，你这样不慌不忙地能找到吗？你总是对他不在意，认为他并不重要，很多时候你总是以为他给你的关心和爱是理所当然的，是永远不会失去的，根本不用理会的，可是你终于还是失去了他，当时你的感受是怎样的，很多时候你拼命地去寻找，可能你得到了，可是回过头你又失去了什么？

有时候你找到了，可是，不知什么原因又使你们分开了，（助教再将人分开）其实生活本就是变化无常的，你为什么没有紧紧握住它的手呢？总要到失去才知道他的可贵，才后悔当初自己没有尽全力！这么容易就分开了，你知道什么叫珍惜吗？

你还要这样漫不经心地度过多少时光，在你不经意之间你已经失去多少应该珍惜的机会，失去了多少曾经关心和爱护你的亲人和朋友，他们现在在哪里，有的是不是已经离开了你，离开了这个世界，你甚至没有机会对他说一声"对不起"，就这样永远地失去他了，总以为这世上你有很多的机会，可是很多机会失去了就永远不会再回来，很多事情改变了就不可能再回到从前。

此刻，这个搭档就是你生命中最重要的人，你再不尽全力你就真地又要失去他了，再给你最后一次机会，否则，你真的就要永远地失去他了……

如果找到的，请站在原地不要动，举起你们的手，不要摘眼罩。

（成功找到 10 个人后）如果你感觉无法找到他，如果你感觉太难了，如果你感觉太累了、或者是就根本不想找。你可以放弃，不去找他、那样会很轻松、举起你的手就可以了。

（剩下 10 个人找不到同伴的时候）你那么轻易地就放弃了、当你放弃的时候、你有没有想过，你的亲人还在努力地、疯狂地寻找着你，因为他不能放弃你，他知道你需要他，就算剩最后一丝希望，他也要找到你，可是你却已经放弃了他……"不是、不是、还不是，我的亲人你在哪？就算找到天涯海角我也要找到你。"他满头的汗水、顾不上擦，他还在寻找、拼命地找。放弃吧！你根本就找不到他了，他已经放弃了你，找下去也是白费力气，既然他那么狠心，你还找他干什么，太累了，太难了，这根本就找不到，怎么可能找的到？放弃吧。

如果找到了你的伙伴，请握住他的手、高高举过头顶、（不要摘眼罩）助教将他们带到一旁，坐下来。

第三步：学员分享。时间：25分钟。

导师说：（当所有人都坐下）好了，或许有的人没有找到亲人，这不要紧，你可以坐下来体验一下失去的孤独。再次静下心来，回忆一下这段找寻的历程。请问在刚才的过程中，拥有的突然失去，失去的又突然找回来。当找到的那一刻我们想，这下，我可要紧紧地抓住眼前的这双手了。感恩的心态是一个人一生中最关键的功力之一。蓦然回首，眼前这双手是唯一的依靠。没有找到的心里的那分孤独我想现在正在品味吧？当你拥有的时候，你一定要好好地珍惜哦。

有一个人啊，当他到中年时，经常是一年、几年难得探望乡下的父母，有一天，突然传来噩耗，年迈的双亲在几天时间相继离开了人世，再也看不到双亲了，由于忙于事务，没来得及见上双亲最后的一面。他悲痛欲绝，来到父母的灵前失声痛哭，并在灵碑上写下：树欲静而风不止，子欲孝而亲不待。他想报答父母，可父母已不再了，失去的已经难以追回了。

好，现在开始分享。

（1）有亲人在身边和没有亲人在身边是不是有不一样的感受？

（2）谁是你生命中最不愿意失去的亲人？

（3）对你的亲人有没有过什么遗憾？

（4）我们有没有对那些曾经帮助过我们的人表示过我们感激之情？如果没有，假如现在还有机会你会怎么做？

（5）对于那些曾经帮助过我们的人，我们将来应该用怎样的行动回报他们？

第四步：导师点评。时间：20分钟。

（音乐：《征服天堂（士兵突击）》）

导师引导语：

人都是有感情的，我们要懂得感恩，懂得珍惜。

感恩我们的父母，赐予我们生命，哺育我们成长；感恩我们的导师，赐予我们知识和智慧；感恩我们的同学和朋友，赐予我们友谊和快乐；感谢身边所有的人，因为缘分让我们走在了一起，因为有你们我的世界充满希望。

请珍惜你现在拥有的一切，不要等到失去的时候才知道它的珍贵。

今天，我们在这里经历了一段坎坷的历程，对感恩有了更新的理解。其实感恩有时是最简单不过的事：一个微笑，一声谢谢，一个善意的举动……都只不过是举手之劳，只要心存感激，做起来并不难。你会因此发现，在生活中值得我们感谢的事情实在是太多了！怀有一颗感恩的心，我们会更加幸福快乐，会深切懂得：你为这个世界付出了多少，这个世界也会回报给你多少。

好，现在让我们轻轻地摘下眼罩，慢慢睁开眼睛，看着身边的这个人，他（她）是你的同学，朋友，请用欣赏的目光注视着（她）她。你们同处在一个班级，非常熟悉，那么通过这这次体验，相信大家的心走得更近。中华民族是一个羞涩的民族，我们不善于用拥抱、用语言来表达自己的爱，其实我们每个人对同事都有感激之情，过去他对你的帮助、支持，你早已铭记在心，只是没有机会表达。现在，我们给大家提供一个表达的机会，请你们敞开心扉，用感恩的心、欣赏的语言，对你遇到的每一位伙伴给予真诚的赞美和真心的感谢，感谢他对你的帮助，对你的支持。

六、心得分享

（1）你从这个活动得到的最大感悟是什么？
（2）人生之中聚聚散散我们应该怎样做？
（3）你是如何理解活动当中的一些特定情境的？

活动三 人生感悟

一、活动概要

让学员每个人和团队都分别朗诵下面这段有关感恩的文字，并进行读后分享。

二、活动目标

通过个人与集体的朗读活动让感恩内化于心外化于形。

三、活动用具及场地要求

（1）活动用具：打印好的文字材料、PPT 投影、话筒和音响设备，轻音乐背景音效等。

（2）场地要求：教室。教室要有窗帘，能够遮挡外面的光线。

四、活动时间

80 分钟。

五、活动内容及过程组织

第一步：导师要求团队中的每个人朗读并感受以下文字。时间：20 分钟。

所谓"山感恩石，方成其高峻；海感恩溪，方成其博大；天感恩地，方成其壮阔"，做人，要有一颗感恩的心，这不仅是每个人都应有的道德准则，也是做人的起码的修养，更是一种责任意识、自立意识、自尊意识和健全人格的体现。

"感恩"是一种认同。这种认同应该是从我们的心灵里的一种认同。我们生活在大自然里，大自然给予我们的恩赐太多。没有大自然谁也活不下去，这是最简单的道理。对太阳的"感恩"，那是对温暖的领悟。对蓝天的"感恩"，那是我们对蓝得一无所有的纯净的一种认可。对草原的"感恩"，那是我们对"野火烧不尽，春风吹又生"的叹服。对大海的"感恩"，那是我们对兼收并蓄的一种倾听。

"感恩"是一种回报。我们从母亲的子宫里走出，而后母亲用乳汁将我们哺育，而更伟大的是母亲从不希望她得到什么。就像太阳每天都会把她的温暖给予我们，从不要求回报，但是我们必须明白"感恩"。

"感恩"是一种钦佩。这种钦佩应该是从我们血管里喷涌出的一种钦佩。

　　"感恩"之心，就是对世间所有人所有事物给予自己的帮助表示感激，铭记在心。

　　"感恩"之心，就是我们每个人生活中不可或缺的阳光雨露，一刻也不能少。无论你是何等的尊贵，或是怎样地看待卑微；无论你生活在何地何处，或是你有着怎样特别的生活经历，只要你胸中常常怀着一颗感恩的心，随之而来的，就必然会是不断地涌动诸如温暖、自信、坚定、善良等这些美好的处世品格。自然而然地，你的生活中便有了一处处动人的风景。

　　"感恩"是一种对恩惠心存感激的表示，是每一位不忘他人恩情的人萦绕心间的情感。学会感恩，是为了擦亮蒙尘的心灵而不致麻木；学会感恩，是为了将无以为报的点滴付出永铭于心，譬如感恩于为我们的成长付出毕生心血的父母双亲。

　　"感恩"是一种处世哲学，是生活中的大智慧。感恩可以消解内心所有积怨，感恩可以涤荡世间一切尘埃。人生在世，不可能一帆风顺，种种失败、无奈都需要我们勇敢地面对、豁达地处理。

　　"感恩"是一种生活态度，是一种品德，是一片肺腑之言。如果人与人之间缺乏感恩之心，必然会导致人际关系的冷淡，所以，每个人都应该学会"感恩"，这对于现在的孩子来说尤其重要。因为，现在的孩子都是家庭的中心，他们只知有自己，不知爱别人。所以，要让他们学会"感恩"，其实就是让他们学会懂得尊重他人。对他人的帮助时时怀有感激之心，感恩教育让孩子知道每个人都在享受着别人通过付出给自己带来的快乐的生活。当孩子们感谢他人的善行时，第一反应常常是今后自己也应该这样做，这就给孩子一种行为上的暗示，让他们从小知道爱别人、帮助别人。

　　"感恩"是一个人与生俱来的本性，是一个人不可磨灭的良知，也是现代社会成功人士健康性格的表现，一个连感恩都不知晓的人必定是拥有一颗冷酷绝情的心。在人生的道路上，随时都会产生令人动容的感恩之事。且不说家庭中的，就是日常生活中、工作中、学习中所遇之事所遇之人给予的点点滴滴的关心与帮助，都值得我们用心去铭记，铭记那无私的人性之美和不图回报的惠助之恩。感恩不仅仅是为了报恩，因为有些恩泽是我们无法回报的，有些恩情更不是等量回报就能一笔还清的，唯有用纯真的心灵去感动去铭刻去永记，才能真正对得起给你恩惠的人。

"感恩"是尊重的基础。在道德价值的坐标体系中，坐标的原点是"我"，我与他人，我与社会，我与自然，一切的关系都是由主体"我"而发射。尊重是以自尊为起点，尊重他人、社会、自然、知识，在自己与他人、社会相互尊重以及对自然和谐共处中追求生命的意义，展现、发展自己独立人格。感恩是一切良好非智力因素的精神底色，感恩是学会做人的支点；感恩让世界这样多彩，感恩让我们如此美丽！

感恩是发自内心的。俗话说"滴水之恩，当涌泉相报。"更何况父母，亲友为你付出的不仅仅是"一滴水"，而是一片汪洋大海。

感恩父母，是他们给予我生命，给了我一个温暖的家；感恩导师，是他们给我传授知识，学会了做人；感恩好友、同学，是他们让我在寂寞时不感到孤独，让我感到了快乐；感恩所有帮助过我的人，是他们让我品味到了人间的温暖真情，是他们让我懂得了什么叫做爱；感恩世界，感恩所有美好的事物……

第二步：团队在队长的带领下集体配合朗读并感受以上文字。时间：20分钟。

第三步：全体培训学员在导师的引导下一起朗读并感受以上文字。时间：20分钟。

第四步：分享感受。导师引导大家集体讨论并分享各自感受。时间：20分钟。

六、心得分享

（1）在个人诵读时你自己的情绪有什么样的变化？
（2）在集体的朗诵时你自己的情绪又有什么样的变化？
（3）你观察到团队其他成员有什么样的变化？
（4）如何把感恩内化于心外化于形？

【课程小结】

职校生刚入学校，来到一个陌生的环境，学校要多组织一些活动，帮助新生尽快适应职校生活。

通过项目一的活动，帮助新生尽快了解新学校，了解学校所处的这座城市，懂得什么是职业，什么是专业，以及职业教育的特点，在导师指导下，根据自己的兴趣爱好、性格特点，选择适合自己发展的专业。

通过项目二的活动，帮助学员克服对陌生人的恐惧心理，增强与人沟通、合作的能力，尽快融入团队。

通过项目三的活动，帮助学员正确认识自己的优点，促进学员自信心和自尊心的成长，同时增强学员之间的相互信任和理解，学会欣赏他人、赞美他人。

通过项目四的活动，让学员用身体去感觉信任，体验帮助别人后的快乐，激发生命中至诚至善至美的爱心，学会关心他人，感恩父母，从而激发学生为回报父母而刻苦学习的动力。感恩的心是人生的助推器，爱是一切的动力。

【素质箴言】

国际 21 世纪教育委员会向联合国教科文组织提交的经典报告《学习——内在的财富》中指出：21 世纪的教育应围绕四种学习加以安排：即学会求知——掌握认识世界的工具（请注意，这里的"求知"并非仅指学到知识，更主要是指学到掌握知识的方法）；学会做事——学会在一定的环境中工作；学会共处——培养在人类活动中的参与和合作精神；学会做人——以适应和改变自己共处的环境。

（1）学习是劳动，是充满思想的劳动。——乌申斯基

（2）青年最主要的任务是学习。——朱德

（3）知识就是力量。——培根

（4）积财千万不如薄技在身。

手艺是活宝，走遍天下饿不倒。

千重要，万重要，一技之长最重要。（南斯拉夫）

（5）一寸光阴一寸金，寸金难买寸光阴。

（6）能用众力，则无敌于天下矣；能用众智，则无畏于圣人矣。

——孙权

（7）五人团结一只虎，十人团结一条龙，百人团结像泰山。

——邓中夏

（8）人们在一起可以做出单独一个人所不能做出的事业；智慧+双手+力量结合在一起，几乎是万能的。——［美］韦伯斯特

（9）凡是经过考验的朋友，就应该把他们紧紧地团结在你的周围。——［英］莎士比亚

（10）人，要拥有一颗感恩的心，学会接纳别人，也要学会认识自己。在感恩中，我们会变得豁达；在感恩中，我们会懂得理解。

人活于世，短短几十载，活一世就要有一世的修行，做人，要懂得感恩，没有什么是理所当然的，也没有什么人就是理应为我们付出的，即便是我们的父母。学会感恩，用感恩的心去感动那些真正为我们付出的人，用真挚的感情去回报那些一直为我们奉献的人，世道轮回，因果循环，行善积善，才可得善，遇善。

【实际应用】

模块一建议在新生入学第一周组织开展。而两次感恩培训活动建议分开进行。

新生入学一段时间以后建议组织一次感恩拓展培训活动。第一次的感恩教育有励志的意义，可以激发学员们珍惜时间，刻苦学习，感恩父母的热情。

第二次感恩拓展培训活动在学习期间、离校顶岗实习以前开展，是对第一次感恩培训活动的巩固。第二次的感恩培训活动，要联想到导师、同学、朋友，以及所有关心帮助过我们的人，包括我们的对手（敌人），它能够让学员更加尊重导师，团结同学，改善人与人之间的关系。

模块二 在学校期间的素质拓展训练

【知识目标】

认知团队及团队的重要性；认知礼仪及礼仪的重要性；认知晨会（班组会）及其意义。

【能力目标】

学会分析任务，组织实施、会协调关系；能够很好地与人沟通，处理分歧；能够按照礼仪要求规范自己的行为；能够为自己设计一个理想形象。

【理念目标】

培养团队精神，学员能够团结一致，密切合作，克服困难；培养服从指挥、一丝不苟的工作态度；增强对队友的信任和责任感，以及为集体荣誉不断拼搏的精神；能够接纳自己，自信地认识自己的优点和缺点。

【课前角色扮演案例导入】

李涛和张玫的故事（二）对着镜子照照自己

转眼已经进校一个月了，刚到校的新鲜劲已过，迎来的是各种各样的课程和训练。

今天是主题班会课，班主任老师让大家根据这段时间的学习训练和参观，以照镜子的方式谈谈自己或别人身上还有哪些与一个优秀的职业人不一致的东西。

李涛："我感觉我还有些懒散，时间观念也不强，偶尔有迟到的现象。"

张玫："我不够热情主动，做事情也没有自信，在一些公开场合常常不敢主动表达自己的想法。李涛，你还有一点，就是个人卫生做得不够好。"

同学小 C："不错，你的袜子好久都不洗，穿了就丢在那里，味道臭死了。不过，我也做得不够好，有时只顾着自己高兴，很少管宿舍和班里的事情。"

同学小 D："礼仪是我们共同欠缺的，好多礼仪知识我们都似懂非懂，以后是要闹大笑话的。"

班长小 S："我要学会更好地团结大家，我们班需要更强的凝聚力，一个有团队精神的班级体才会有魅力。"

一节主题班会课就在大家你一言我一语地述说中很快过去了，通过"照镜子"同学们找到了自己的不足。

项目一　团队精神锤炼

活动一　团队展示

一、活动概要

将所有学员分为 N 个小组，每组人数 10~15 人，各小组按导师要求组成团队，完成团队设置与展示设计，现场展示团队。

二、活动目标

(1) 通过完成团队展示，懂得团队合作的重要性。
(2) 通过完成团队展示，实现队员之间的磨合。
(3) 通过本次分组，为后面的一系列拓展训练作好准备。

三、活动用具及场地要求

(1) 活动用具：黑板或者大白板一块，大白纸 5 张，彩色白板笔 5 支，透明胶 1 个，音响和话筒各一个，一段集合用的的士高音乐。
(2) 场地要求：开阔的场地一块，室内室外均可。

四、活动时间

120 分钟。

五、活动内容及过程组织

1. 活动的准备及要求

(1) 为保证后面活动能够顺利进行，活动正式开始前导师应对学员提出培训要求，鼓励学员积极参与，强调投入越多才会收获越多。

(2) 和学员共同约定：自学遵守纪律，约束自己的行为；将手机调为静音状态，并远离自己；勇于接受挑战，坚持完成学习任务；维护环境的清洁；培训进行期间不做任何与培训无关的事情；未经许可不得擅自进入或者离开培训场地。

(3) 让每一个学员都庄严宣誓："我：立志挑战自己，严格遵守训练营的纪律，约束自我行为，服从训练营老师，一切行动听指挥！——宣誓人×××。"

(4) 为了增强活动的趣味性，活跃培训气氛，约定三个特殊的语言：一是当培训老师问大家："学员们现在感觉怎么样？"的时候，学员们齐声回答："好！很好！非常好！"音量要求一声高过一声；二是当培训老师想让培训场面安静下来的时候，就大声地说："最高境界——？"学员们听到后大声回答："静悄悄!"然后马上安静下来听老师说话;三是使用一段迪士高音乐作为集合音乐,休息结束或者每次培训开始前,学员们一听到这段音乐便马上集合,由队长清点人数,并报告老师,然后开始接受培训。

2. 活动内容

(1) 认识团队及团队的重要性。

(2) 活动分组。

(3) 团队建设。

(4) 团队展示练习。

(5) 团队展示。

(6) 活动分享。

3. 活动的过程组织

第一步:认识团队及团队的重要性。时间:10 分钟。

通过一则古老的寓言故事让学员们认识团队的重要性:

在非洲的草原上如果见到羚羊在奔跑,那一定是狮子来了;如果见到狮子在躲避,那就是象群发怒了;如果见到成百上千的狮子和大象集体逃命的壮观景象……那是什么来了? 答案是"蚂蚁军团"。

团队的力量——蚂蚁是何等的渺小微弱,任何人都可以随意处置它,但它的团队,就连兽中之王也要退避三舍。从这个古老的寓言人们可以得到启示:个体弱小,没有关系,与伙伴精诚协作,就能变得强大。

什么是团队? 团队即是一种为了实现某种共同的目标而由相互协作的个体组成的工作群体。

第二步:活动分组。时间:10 分钟。

分组方法:培训老师根据学员人数,以每组人数 10~15 人为原则,分为 N 个小组。学员围成一个圆圈,如果分为 4 个组,那么按照 1,2,3,4,1,2,3,4,……方式报数,然后根据自己的报数分别组成 1,2,3,4 队。

第三步:选队长。时间:10 分钟。

让每个小组推选两人分别担任团队队长和副队长。

第四步:讨论团队文化。时间:30 分钟。

队长组织团队成员给自己的团队起一个响亮的队名,制定一句行动口号，挑选一首歌曲作为队歌，在需要的时候齐呼口号或演唱队歌以鼓舞士气。

给每个团队分发一张大白纸，用于制作团队海报。各团队在大白纸上画自己团队的标志，写上团队名称、口号等，也可将全体队员的名字写在大白纸上。

培训老师在黑板或者大白板上画评分表，让各团队在表格上分别写上自己团队的名称、队长姓名、行动口号。

第五步：团队展示练习。时间：30 分钟。

各团队制定一个团队展示方案，然后由队长组织练习。时间 40 分钟。

第六步：团队展示。时间：10 分钟。

进行团队展示比赛。展示内容包括：介绍团队名称、标识、口号、队歌、队长、队员等。

采取团队之间互相打分的方式进行评比，评比的项目有队列是否整齐？声音是否响亮？配合是否默契？每个队员是否都了解了自己团队的文化——队名、口号、队歌等？队员的精神面貌如何？够不够自信？团队展示是否有创意？采用 10 分制，满分 10 分，6 分及格。

在黑板或者大白板的评分表上分别记录各团队给其他团队的评分数值。

第七步：讨论与分享。各团队间就前面的活动以及各队的表现进行讨论与分享。

（精彩的发言可以为自己的团队加分）。时间：20 分钟。

六、心得分享

（1）你认为哪个团队表现最好？好在哪里？他们有哪些方面值得我们学习？

（2）你认为自己的团队现在是否已经是一支优秀的团队？有哪些方面还可以做得更好？

（3）在自己的团队挑选队长的时候，你有没有毛遂自荐？为什么？

（4）你在团队活动过程中参与了多少？有哪些收获？

（5）你认为一个优秀的团队应该是怎样的？

活动二　共挑重担

一、活动概要

共挑重担又称为齐眉棍拓展游戏，是一个看似简单，但操作并不简单的互动游戏，通过这个游戏还可以让大家懂得团队合作中的重点，是一个很不错的素质拓展游戏。

1. 让小组成员站成相对的两列或并排一列亦可，将轻质塑料棍放在每个人的双手上，让小组成员全部将双手举到自己眉头的位置。

2. 在保证每个人的手都在轻质塑料棍下面的情况下将轻质塑料棍完全水平地往下移动。一旦有人的手离开轻质塑料棍或轻质塑料棍没有水平往下移动，任务就算失败。

二、活动目标

让学员通过活动能够理解帕金森定律；在团队工作中学会不抱怨、不指责，认识到"照顾好自己就是对团队最大的贡献"；让队员在工作中学会相互配合，相互协作。懂得统一的指挥加上所有队员的共同努力对于团队成功起着至关重要的作用。

三、活动用具及场地要求

（1）活动用具：3米长棍子（木棍、竹棍、空心金属棍，要轻）。
（2）场地要求：开阔的场地一块，室内室外均可。

四、活动时间

120分钟。

五、活动内容及过程组织

1. 活动的准备及要求

将所有学员分为N个小组，每组人数10~15人。如果开展其他活动已经对学员进行过分组，那么此项工作可以忽略。

2. 活动内容

（1）学习活动规则。

（2）活动练习。

（3）接受检验。

（4）活动分享。

3. 活动的过程组织

第一步：导师讲解活动规则并示范。时间：5分钟。

（1）参与者站成两列，且两队面对面；

（2）每个人将双手举起，与额头齐平，每个手只伸出一个食指；

（3）在两列之间放上细直棍，所有参与者用食指在下面托起直棍，然后缓慢下降，最终将直棍放在地上；

（4）其间，所有人的食指不能与直棍脱离，必须时刻紧贴直棍，否则游戏失败，需要重新开始。

第二步：活动练习。时间：60分钟。

让全体学员按活动规则进行尝试和练习。

第三步：接受检验。时间：30分钟。

如果有团队在练习过程中认为挑战成功，可以主动申请培训老师检验。如果在规定的时间内没有团队申请检验，或者没有哪个团队取得成功，都需要接受检验。

第四步：活动分享（精彩的发言可以为自己的团队加分）。时间：25分钟。

六、心得分享

（1）你们成功了吗？在活动过程中你听到什么？看到什么？有何感受？

（2）当别人因为手指离杆而导致你的团队重新来过的时候，你的感受如何？当失误者是自己时，又有何感受？

（3）你觉得这根杆子像什么？而整个过程又像什么？

（4）在生活中有无类似感受？

（5）这项活动给我们的启发是什么？

（6）你认为成功团队的特征有哪些？不成功团队的特征又有哪些？

活动三　翻树叶

一、活动概要

拓展训练翻叶子是现代组织提高团队协作能力和生存能力的一种训练方式，其创意来自于诺亚方舟典故。世界末日来临了，蚂蚁之家抓住了飘浮在水面上的能拯救它们的最后一片叶子，它们聚集在上面，但叶子表面沾满了毒液，它们必须在保证自己不掉到水里的情况下把叶子翻过来，否则又将面临另一次生命的威胁。

二、活动目标

（1）提高学员开放能力，打破学员间的隔阂。

（2）培养全体学员的协作能力和团队精神。

（3）培养学员时间管理和应对危机的能力。

（4）培养危机意识和解决问题的能力。

（5）提升对自己的认识和团队的作用的认识。

（6）提高安全意识，培养乐观心态。

三、活动用具及场地要求

（1）活动用具：1.5米见方的塑胶帆布多张，保证每个团队一张。眼罩。

（2）场地要求：开阔的场地一块，室内室外均可。

四、活动时间

90分钟。

五、活动内容及过程组织

1. 活动的准备及要求

将所有学员分为N个小组，每组人数10~15人。如果开展其他活动已经对学员进行过分组，那么此项工作可以忽略。

2. 活动内容

（1）学习活动规则。

（2）活动练习。

（3）接受检验。

（4）活动分享。

3. 活动的过程组织

第一步：导师讲解活动规则并示范。时间：5分钟。

（1）每个团队成员除了指挥员外都蒙住双眼站在塑胶帆布上面。

（2）将整块塑胶帆布完整地翻过来，并完全展开展平。

（3）任何人的脚或其他部位蹚到地面就算失败。

（4）包括指挥员在内，任何人发出声音就算失败。指挥员只能用肢体语言告诉队员如何移动。

第二步：活动练习。时间：45分钟。

每个团队推选一名指挥员，然后按照活动规则开展练习。

第三步：团队竞赛。时间：15分钟。

所有团队同时接受检验，用时最短者为胜。完成挑战任务的团队由指挥员举手示意，由培训老师宣布是否挑战成功。挑战失败的团队可以申请重新挑战的机会。

按完成挑战任务的先后顺序，分别加 50 分、30 分、20 分、10 分。

第四步：活动分享。首先在团队中讨论分享，然后再在全体参训者中抢答分享自己的感受（精彩的发言可以为自己的团队加分）。时间：25分钟。

六、心得分享

（1）你们团队是如何办到的？在活动过程中你听到什么？有何感受？

（2）当别人因为身体碰触到地面而导致你的团队重新来过的时候，你的感受如何？当失误者是自己时，又有何感受？

（3）各位觉得叶子像什么？而整个过程又像什么？

（4）在生活中有无类似感受？

（5）从过程中你学到什么？

活动四　心电图

一、活动概要

活动分小组进行，每小组排成一竖排，由第一个人到导师处拿到数字或词语，其余人背对导师及第一名队员，全程要求不能出声依次从前往后只能通过动作传递信息，最后一个学员将获取的信息告知导师，用时最短且信息准确的队伍获胜，信息传递错误的小组将在规定时间内重新传递信息直至信息对为止。

二、活动目标

（1）培养学员遵守规则的意识。

（2）通过限制语言和道具的使用，让学员在平时生活学习工作中学会控制自己的欲望。

（3）培养学员理解准确传达信息的重要性。

三、活动材料及设备工具

（1）活动材料：白纸、水性笔、计时器。

（2）设备工具：无。

四、活动时间

80分钟（项目准备阶段5分钟，项目实施阶段40分钟，分享总结35分钟）。

五、活动内容及过程组织

1. 活动前准备

（1）所有人分成4组，每组大约10人，尽量做到平均分配。

（2）小组讨论进行顺序排列。

（3）强调规则。

2. 活动内容

（1）导师讲解规则。

（2）项目实施。

（3）活动分享。

（4）活动激励。

3. 活动过程组织

第一步：导师讲解规则：每队排成竖排，每组之间间隔一定距离；除了第一名队员之外，所有队员均背对导师；第一名队员从导师处得到信息之后，回到队伍，用手拍第二位队员肩膀，第二位队员回头接收信息，传达完毕后，第一位队员回头站好，由第二位队员拍第三位队员肩膀，依次按此方式到最后一位队员；只能用动作或手势进行信息传递，不说话或发出任何声音。不能借助任何道具；用时最短且信息准确的小组获胜。时间：5分钟。

第二步：项目实施。时间：40分钟。

①导师准备3~4个数字和词语。可由易到难。如93.56、10001、桃花等类似数字和词语的组合。

②活动开始后，由导师进行计时。

③导师和助教监督各小组，不能犯规，一旦违反规定的小组，立刻取消本轮资格。

第三步：活动分享。时间：30分钟。

①小组分享。各组在组长的主持下总结每位成员完成任务的情况，分享活动给自己带来的理念及态度提升。

②集体分享。各组队员以自动自发原则，上台分享自己参与任务的过程及感受。

第四步：活动激励。时间：5分钟。

本次活动导师可以根据自己设定的目标要求，制定激励政策。激励手段除了进餐安排外，还可以设立完成任务的个人加分、小组加分、分享加分，或者是奖励小礼品等。

六、心得分享

（1）当你不能说话时，你是什么感受？

（2）在学习生活工作中，当别人不理解你的意图的时候，你是怎么做的？

（3）如何准确传递信息？

（4）本次活动给你最大的感受是什么？

活动五　超越极限

一、活动概要

这是一个挑战团队协作的游戏，要求每个小组挑选出组里两名成员负责按高度拉好绳子，其余成员手拉手围成圈共同越过高度约1米的绳子。在活动过程中，不能把手松开，身体部位及服饰都不能触碰绳子。

二、活动目标

（1）队员勇于挑战自我，完成所有游戏，提高活动参与的积极性。

（2）敞开胸怀，接纳每一个人，善于发现每一个人的闪光点。

（3）提高责任感，在游戏中共同协作，发挥团队精神，提高效率。

（4）学会主动帮助别人。

三、活动材料及设备工具

（1）活动材料：无。

（2）设备工具：8 米长麻绳数根、秒表、保护垫。

四、活动时间

120 分钟。

五、活动内容及过程组织

1. 活动前准备

（1）所有人都必须摘掉手表、戒指及带扣的腰带等尖锐物件，并掏空衣兜里面的东西。

（2）穿着运动服、运动裤、运动鞋，女生不能穿裙子。

（3）如有身体不适、体重过重、腰部疾病、有外伤等不参加培训。

2. 活动内容

（1）导师讲解示范。

（2）分组练习。

（3）项目实施。

（4）活动分享。

（5）活动激励。

3. 活动过程组织

第一步：导师讲解示范。全班分为约 10 人为一组的小组；每组成员手拉手围成圈；在不借助任何工具的情况下，所有队员全部越过约 1 米高的绳子。在此过程中，队员的手不能松开，不能借助任何道具，不能碰到绳子，否则全部重来；活动过程中要注意安全；在不犯规的情况下全部越过的小组获胜。时间：5 分钟。

第二步：分组练习。各团队按照要求开始练习，导师在旁进行指导，关注训练安排。时间：40 分钟。

（1）导师根据学员人数，按照随机方式分成小组，每组人数不超过 10 人，各组选出负责人。

（2）导师利用白板、活页纸等说明本次活动的任务与要求，并确认学员已经领会。

（3）各组在组长（队长、家长）的带领下分析任务，策划完成任务的方法、策略。

（4）导师指导一组进行示范。可以借用队员的手和脚等进行跨越。

第三步：完成训练进行挑战。时间：45 分钟。

（1）活动正式开始。给每个组充分的时间进行练习。

（2）练习好的小组，可以举手示意导师正式开始挑战。

第四步：活动分享。时间：40 分钟。

（1）小组分享。各组在组长的主持下总结每位成员完成任务的情况，分享活动给自己带来的理念及态度提升。

（2）集体分享。各组队员以自动自发原则，上台分享自己参与任务的过程及感受。

说明：本次活动导师可以根据自己设定的目标要求，制定激励政策。激励手段除了进餐安排外，还可以设立完成任务的个人加分、小组加分、分享加分，或者是奖励小礼品等。

六、心得分享

（1）这个活动的困难之处在哪？
（2）你在团队中担任什么角色，感受是什么？
（3）本次活动给你最大的感受是什么？
（4）通过本次活动，你对团队合作是怎么理解的？

活动六　百人跑

一、活动概要

活动要求众多学员并肩站立（一般为几十人，人越多挑战越大），肩搭肩，相邻学员内侧的小腿用小布条捆住进行跑步。距离为 50 米，用时最短的队伍获胜。

二、活动目标

（1）培养学生的协调、平衡及灵敏能力。

（2）提高责任感，在游戏中共同协作，发挥团队精神，提高效率。

（3）培养学生的团结协作、奋勇争先以及为集体荣誉不断拼搏的精神。

三、活动材料及设备工具

（1）活动材料：布条、哨子、秒表。

（2）设备工具：平整无障碍的场地、头盔、海绵垫。

四、活动时间

80 分钟。

五、活动内容及过程组织

1. 活动前准备

所有人都必须摘掉手表、戒指及带扣的腰带等尖锐物件，并掏空衣兜里面的东西；要求穿着运动服及运动鞋，佩戴安全头盔，如有身体不适、体重过重、腰部疾病、高血压等不参加实训。按要求设置好训练场地，并检查安全措施。

2. 活动内容

（1）导师讲解示范。

（2）分组练习。

（3）项目实施。

（4）活动分享。

（5）活动激励。

3. 活动过程组织

第一步：老师讲解示范。时间：10 分钟。

学员并排站立，将同伴相邻的腿用绳子或绑带绑在一起，左手放在左边人的腰部，右手放在右边人的肩膀上，然后直线行走一段距离。动作要领：单双数同学的支撑腿与启动腿是呈相反的对应关系。

动作要领：先确定支撑腿与启动腿。

单数学生：左脚在前，右脚在后。

双数学生：右脚在前，左脚在后。

比赛规则：所有运动员在行进中可以手相互扶肩；走或跑时绑带不能松开，否则判为犯规，成绩无效；运动员走或跑时不得串道影响他人，否则判为犯规，成绩无效。

第二步：安排场地，分组练习。时间：20分钟。

（1）将队员分成N组进行练习，每组人数不少于10人，人数越多挑战越大。

（2）在练习过程中，可指定每小组一名组长，由组长带领队员进行练习。

第三步：项目实施。时间：30分钟。

（1）导师讲解后，学生自己体会。

（2）分组进行练习。

（3）比赛过程

①每队单独比赛。

②发令员发出"各就位"口令后，运动员在起点处用布带子将相靠的腿绑好（膝关节以下），站于起跑线后，做好预备姿势。

③发令员鸣枪后，裁判员开表，学员走或跑通过终点。

④裁判员以最后一名运动员的躯干抵达终点后沿垂直面的瞬间停表，用时少者，名次列前。

要求：从哪里摔倒之后，从那里爬起来再接着跑。

第四步：活动分享。时间：20分钟。

小组分享。各组在组长的主持下总结每位成员完成任务的情况，分享活动给自己带来的理念及态度提升。

集体分享。各组队员以自动自发原则，上台分享自己参与任务的过程及感受。

说明：本次活动导师可以根据自己设定的目标要求，制定激励政策。激励手段除了进餐安排外，还可以设立完成任务的个人加分、小组加分、分享加分，或者是奖励小礼品等。

六、心得分享

（1）团队能顺利完成比赛，你认为最重要的是什么？

（2）本次活动给你最大的感受是什么？

（3）你认为在比赛中如何解决人多难协调的问题？

活动七　信任背摔

一、活动概要

这是一个挑战团队协作的游戏，要求参加的每个学员要把手捆住，笔直地从一定高度的平台上向后倒下，而其他队员则伸出双手接住他。这个游戏考验的是队员之间的信任感。

二、活动目标

通过拓展训练提高队员之间的信任感，培养学员勇敢、顽强、克服困难、勇往直前、团结协作的意志品质和精神。通过此活动达到以下目标

（1）学员勇于挑战自我，完成所有游戏，提高活动参与的积极性。

（2）敞开胸怀，放下矜持，让全部的参与者都能体验运动的快乐。

（3）提高责任感，在游戏中共同协作，发挥团队精神，提高效率。

（4）最终达到"磨炼意志，陶冶情操，完善人格，熔炼团队"的目的。

三、活动材料及设备工具

（1）活动材料：背摔绳一根（要求结实、柔软）、红领巾一条。

（2）设备工具：1.4～1.6米高背摔台一张、海绵垫若干。

四、活动时间

80分钟。

五、活动内容及过程组织

1. 活动前准备

所有人都必须摘掉手表、戒指及带扣的腰带等尖锐物件，并掏空衣兜里面的东西；背摔台下垫上海绵垫；如有身体不适、体重过重、腰部疾病、高血压等不参加实训。

2. 活动内容

（1）导师讲解示范。

（2）台下接人。

（3）沟通口令。

（4）项目实施。

（5）活动分享。

3. 活动过程组织

第一步：老师讲解示范。时间：10分钟。

背摔之前手臂的动作练习，老师示范，带领学员一起做。两臂前举，双手内旋，交叉（两臂的上下随意，如有学生提问时回答）十指相扣，内旋然后紧紧地靠向身体。

背摔之前腿部的动作练习，老师示范，学员一起练习。双脚并拢膝盖接近，头部微含，身体保持紧张状态。

所有的学员围成一个圈，挑战者站在中间，挑战者倒向队友并被队友推向其他的队友。

第二步："台下接人"指导练习。时间：10分钟。

导师示范学员跟着做：台下学员两两相对，双手平伸，掌心、肘窝向上，指尖触及对方身体，双臂自然微屈绷住，4条臂膀平行交错。

右脚前弓步内侧与对面学员接近，上体保持正直，头向后仰，双眼盯住台上的学员后背，相邻学员双肩相靠形成一个整体，根据学员倒的方向及时调整。

第三步："沟通口令"指导练习。时间：10分钟。

挑战者问：

"你们准备好了吗？"

队友齐声回答：

"我们准备好了，来吧。"

挑战者回答：

"我来了。"

挑战者后直倒下。

第四步：项目实施。时间：20分钟。

(1) 老师站在背摔台上操作每一个学员的实训过程。

(2) 每个学员都上去挑战一次。

(3) 队长需安排因保护他人而疲劳的学生进行轮换。

第五步：活动分享。时间：30分钟。

小组分享。各组在组长的主持下总结每位成员完成任务的情况，分享活动给自己带来的理念及态度提升。

集体分享。各组队员以自动自发原则，上台分享自己参与任务的过程及感受。

说明：本次活动导师可以根据自己设定的目标要求，制定激励政策。激励手段除了进餐安排外，还可以设立完成任务的个人加分、小组加分、分享加分，或者是奖励小礼品等。

六、心得分享

(1) 站在高台时，你是什么感受？

(2) 当你作为台下队友时，你又是什么感受？

(3) 本次活动给你最大的感受是什么？

(4) 通过本次活动，你对信任是怎么理解的？

(5) 通过本次活动，你认为在团队中需要有哪些品质？

项目二　职业礼仪与职业素养

活动一　职业礼仪、职业素养认知

一、活动概要

学员在导师的指导下分成若干个小组进行，每小组围坐在一起，导师展示人物图片，小组就图片人物展示出来的仪表、仪容、仪态等进行讨论，各小组将讨论的结果展示出来。

二、活动目标

活动的任务目标是每个小组至少用三个词描述出每张图片里所呈现的职业形象，通过此活动达到以下目的：

（1）直观上让学员感受社会上一切人都在每时每刻根据你的服饰、发型、手势等外在形象判断你。

（2）培养学员树立并维护自我职业形象的意识。

（3）认识到职业礼仪在职业生涯中举足轻重的作用。

（4）让学员意识到得体的职业礼仪是具备良好职业素养的基础。

三、活动材料及设备工具

（1）活动材料：人物形象图片、白纸、水性笔。

（2）设备工具：镜子、计时表、白板。

四、活动时间

150 分钟。

五、活动内容及过程组织

1. 活动的准备及要求

（1）活动正式开始前导师应对学员进行引导，引导学员判断人物形象从仪表、仪容等外在形象进行分析、判断。

（2）学员在讨论过程中只对人物图片进行分析，不得对其他组员的形象进行攻击，否则产生的后果由自己承担。

（3）整个活动过程学员可以跟组员分享经历的关于仪表、仪容等有关职场礼仪的故事。

（4）讨论环节各组每位学员都应发表看法或观点。

（5）活动中出现任何的异议需要及时报告培训导师。

2. 活动内容

（1）活动分组。

（2）活动热场游戏——看看自己。

（3）活动预备游戏——让我们互相认识一下。

（4）正式活动——欢迎来找茬。

（5）活动分享。

3. 活动的过程组织

第一步：导师根据学员人数，按照随机方式分成小组，每组人数不超过 10 人，各组选出负责人。时间：5 分钟。

第二步：导师利用白板、图片等说明本次活动的任务与要求，并确认学员已经领会。时间：15 分钟。

第三步：各组在组长的带领下分析活动任务。时间：20 分钟。

第四步：导师指导各组玩热场游戏——看看自己。时间：10 分钟。

每一个队员各自面对一面镜子，看看自己的着装、仪容仪表，面对镜子中的自己，想想自己的仪容、仪表、仪态任何时候都得当、得体。

第五步：导师指导各组玩活动预备游戏——让我们互相认识一下。时间 10 分钟。

每组队员之间，迅速地相互介绍，相互认识。

第六步：

出发！开始正式活动——欢迎来找茬。时间 30 分钟。

各组在组长的主持下开始发表、讨论活动。

第七步：活动分享。时间 50 分钟。

（1）小组分享。各组在组长的主持下总结每位成员看法、观点，分享活动给自己带来的理念及态度提升。

（2）集体分享。各组派一名队员上台分享各自小组的讨论总结结果。

第八步：活动激励。本次活动导师可以根据活动目标要求，给完成目标任务的个人加分、小组加分。时间 10 分钟。

六、心得分享

（1）你认为你的言行是否代表单位形象？

（2）从图片的人物形象，她们给你什么感觉？

（3）你如何从第一印象判断一个人？

（4）你个人形象就是你的职业品质吗？

（5）职业素养与职业礼仪的关系是什么？

活动二　基本素养及礼仪

一、活动概要

学员在导师的指导下完成礼仪基本动作的训练，各小组根据案例进行角色扮演、展示、分享讨论，了解基本素养的内容，掌握基本礼仪动作要领。

二、活动目标

活动的任务目标是每个组员知道站、坐、行的标准动作，熟悉运用进门礼仪、介绍礼仪，通过此活动达到以下目的：

（1）通过基本礼仪的学习、培养和训练，形成良好的行为习惯。

（2）培养学员树立文明礼仪的意识。

（3）认识到个人形象的重要性，明确礼仪是个人形象的标志，是人际和谐交往的基础，是职业发展的助推器。

（4）让学员了解基本素养要求，掌握基本礼仪规范。

三、活动材料及设备工具

（1）活动材料：白纸、水性笔。

（2）设备工具：镜子、计时表、白板。

四、活动时间

180分钟。

五、活动内容及过程组织

1. 活动的准备及要求

（1）活动正式开始前进行一个小调查：询问每个小组的每个成员，今天早上你见到伙伴、导师时打招呼了吗？你买早餐时排队了吗？你注意到自己的仪容仪表了吗？你随手乱丢垃圾了吗？然后，给表现较好的团队加2分。

（2）请每组派一个组员回答自己小组在进门、集合、鞠躬、入座这四个环节的得分点，讲得有道理的酌情加1至3分；请每组组长说出自己小组在这四个环节做得不到的地方（不加分不减分）；鼓励大家在后面的课程中，认真听课，积极实践，注意细节。

（3）从走到教室的门口开始，你就是一个职业人，你必须谨言慎行，约束和规范好自己的行为举止，因为你的一举一动都被大家看在眼里，都将影响你们小组的得失荣誉！

2. 活动内容

（1）礼仪基本动作回顾。

（2）角色扮演。

（3）团队展示。

（4）分享与激励。

3. 活动的过程组织

第一步：导师根据学员人数，按照随机方式分成小组，每组人数不超过10人，各组选出负责人。时间：5分钟。

第二步：导师说明本次活动的内容、任务与要求，向学员确认此次活动达到的目标任务。时间：15分钟。

第三步：各组在组长的带领下分析活动任务。时间：20分钟。

第四步：导师指导各组组员进行站姿、坐姿、基本手势等基本礼仪的训练。时间20分钟。

礼仪基本动作回顾：5分钟站姿、5分钟坐姿、10分钟基本手势。

第五步：导师指导各组进行案例分析、角色扮演。时间：40分钟。

李涛刚进入公司，今天是他第一天报到，他进入了人事部王经理的办公室，询问具体的岗位及工作安排。学员分别扮演李涛和王经理，讨论完毕各团队一一上台展示。

第六步：第一次活动分享。时间10分钟。

各组点评其他组；老师点评（简单点评）各组并打分。

各团队的表现有高有低，那么进门礼仪我们到底要注意些什么？

进门的礼仪：主要流程：敲门→打扰致歉→开门、关门→鞠躬、问候→称呼→介绍

第七步：导师进行进门礼仪展示讲解，学员学习。时间：10分钟。

15度、30度、45度鞠躬礼，搭配进门用语。

第八步：模拟练习、展示。时间30分钟。

展示团队任意派人上台展示；一个团队展示时其他团队不得讨论、不得演练，否则扣2分；注意观看别的团队展示，记住展示中不妥当的地方，全部展示完毕时每组发言点评其他组的表现，给老师的打分提供建议；老师将根据各组表现分别给予6分、4分和2分。

第九步：再次角色扮演。时间20分钟。

第十步：分享、总结。时间10分钟。

说明：本次活动导师可以在各环节根据活动目标要求给予激励，给完成目标任务的个人加分、小组加分。

六、心得分享

（1）你认为你的基本礼仪动作有哪些？

（2）接人待物的过程中，你注意自己的基本礼仪吗？

（3）与拥有良好礼仪的人相处，你的感觉如何？

（4）工作、生活如何践行基本礼仪？

活动三　公共场所素养及礼仪

一、活动概要

学员在导师的引导下罗列出在公共场合违背公共道德、公共礼仪的行为，通过观看几处公共场所不道德、不文明的行为，强烈视觉冲击后让学员头脑风暴，分享、总结公共礼仪。

二、活动目标

（1）直观上让学员感受不遵守公共礼仪的后果。

（2）认识不同公共场所需要遵守的公共礼仪。

（3）培养具备良好公共礼仪的意识。

（4）让学员意识到具备的公共礼仪是良好职业素养基本表现。

三、活动材料及设备工具

（1）活动材料：白纸、水性笔。

（2）设备工具：电脑、多媒体设备、白板。

四、活动时间

150 分钟。

五、活动内容及过程组织

1. 活动的准备及要求

（1）活动正式开始前导师准备《感恩父母篇》《不插队篇》《请勿喧哗篇》《不要随地大小便篇》《不打赤膊篇》《文明用语挂嘴边 宽以待人共和谐》六篇视频资料。

（2）学员在讨论过程中分享时其它团队不得讨论不得演练。

2. 活动内容

（1）活动分组。

（2）导师引导。

（3）各组讨论。

（4）分享。

（5）观看视频。

（6）导师总结。

3. 活动的过程组织

第一步：导师根据学员人数，按照随机方式分成小组，每组人数不超过 10 人，各组选出负责人。时间：5 分钟。

第二步：导师说明本次活动的内容，目标任务与要求，并确认学员已经领会。时间 10 分钟。

第三步：导师引导。时间：15 分钟。

在日常中我们常常会忽略掉哪些公共礼仪？又在不知不觉中违背了哪些公共道德？

各团队讨论，将想到的写在纸上，越多越好，PK 以多者为优胜，第一名团队得 6 分，第二名团队得 4 分，第三第四名得 2 分。

第四步：分享。时间：15 分钟。

导师任意点团队的一位同学进行分享；分享时其它团队不得讨论不得演练，否则扣 2 分；注意听别的团队分享，记住分享中不妥当的地方，分享完毕时给老师的打分提供建议；老师将根据各组表现分别给予 6 分、4 分和 2 分。

第五步：观看视频《感恩父母篇》。时间：15 分钟。

总结反思：父母养育了我们，我们应该怎么做？

第六步：观看视频《不插队篇》。时间：15 分钟。

总结反思：中国人现在国内、国外旅游时被别人所厌恶，你想到了什么？

第七步：观看视频《请勿喧哗篇》。时间：15 分钟。

总结反思：公共场合我们应该怎么做？每个小组头脑风暴，写出越多的优胜。

第八步：观看视频《不要随地大小便篇》。时间：15 分钟。

总结反思：我们文明用厕了吗？我们那些方面还可做得更好？请各组学员抢答，对的加 2 分。

第九步：观看视频《不打赤膊篇》。时间：15 分钟。

总结反思：我们常说内外有别，什么是内容有别？怎样才是内外有别？你会打赤膊（男同学）吗？你会在公共场合着装暴露吗？你知道内外有别，会穿睡衣和拖鞋在公共场合吗？

第十步：观看视频《文明用语挂嘴边 宽以待人共和谐》。时间：15 分钟。

总结反思：你有不文明的习惯用语吗？我们在与别人打交道时除了注意文明用语外，还应该注意什么问题？

第十一步：活动分享总结。时间：15 分钟。

公共礼仪无小事！公共礼仪是我们职业素养的最基本表现！

说明：本次活动导师可以根据活动目标要求，给完成目标任务的个人加分、小组加分。

六、心得分享

（1）你认为哪些场合属于公共场合？

（2）哪些公共场合注意什么公共礼仪？

（3）你看见过哪些违背公共场所道德的行为？

（4）如何从公共礼仪上展现你的职业素养？

活动四 公务（办公）职业素养及礼仪

一、活动概要

学员根据导师提供的案例，进行情景剧展示，各小组就办公室情景剧进行讨论，各小组将讨论的结果展示出来。

二、活动目标

（1）让学员感受办公室是一个形形色色的人物组成的小社会。

（2）让学员意识到办公室礼仪是对同事的尊重和对单位文化的认同，是个人为人处事，礼貌待人的最直接表现。

（3）知道办公室礼仪涵盖的内容。

（4）培养学员良好工作形象，提升个人职业素养，营造积极向上的工作作风。

三、活动材料及设备工具

（1）活动材料：白纸、水性笔。

（2）设备工具：办公桌、办公椅、计时表、白板。

四、活动时间

120分钟。

五、活动内容及过程组织

1. 活动的准备及要求

（1）活动正式开始前导师就学员将要进行的故事案例及背景进行讲解说明；

（2）学员在听取故事案例后要对情景剧进行工作环境、场景、情节、台词等进行设计，小组学员要进行合理分工；

（3）各组在设计整个情景剧时突出人物特点，以及办公礼仪在人物职场里的影响。

2. 活动内容

（1）活动分组。

（2）案例情景剧。

（3）角色扮演。

（4）办公室礼仪。

3. 活动的过程组织

第一步：导师根据学员人数，按照随机方式分成小组，每组人数不超过 10 人，各组选出负责人。时间：5 分钟。

第二步：导师讲解故事案例及背景，提出情景剧设计编排要求，并确认学员已经领会。时间：15 分钟。

李涛经过几轮的笔试、面试，终于拿到了沉甸甸的入职通知书，上班的第一天他来到了工作的办公室（或门店或车间），你觉得他应该做好什么？他会遇到什么，他又应该怎样做？

第三步：各组在组长的带领下进行情景剧情设计、人物角色分工。时间 20 分钟。

第四步：各小组进行情景剧展示。时间 20 分钟。

第五步：分享：导师指导各组对本组及其他小组情景剧进行点评、总结。时间 20 分钟。

第六步：总结：办公室礼仪方法及技巧。时间 40 分钟。

办公室礼仪的基本要求：真诚相待，成为大家的一分子，多与同事沟通，帮助周围的人，好的肚量，不传闲话。

如何建立工作中的良好人际关系：尊重他人、真诚的微笑与赞美、记住别人的名字、想别人所想、注意细节、就事论事、富有合作精神、注意倾听。

办公室礼仪的应用：引路、座位礼节、进入他人办公室、会议中的传话、会谈中途上司到来的情况、注意节约、办公台上应保持清洁和办公用品的整齐、在走廊、楼梯、电梯间的礼节。

与同事相处的准则：尊师守约、尊重上级和老同事、公私分明、加强沟通交流、不回避责任、态度认真，注意办公室接待礼仪禁忌与技巧。

说明：本次活动导师可以根据活动目标要求，在各环节给完成目标任务的个人加分、小组加分。

六、心得分享

（1）你认为办公礼仪有哪些？
（2）你在办公场所做了哪些你认为符合办公礼仪的行为？
（3）你如何与同事相处？
（4）随着时代的发展，公务礼仪需要增加哪些新内容？

活动五　通讯职业素养及礼仪

一、活动概要

一通电话或一段即时聊天语言能粗略判断对方的人品、性格和文化修养，因此，掌握正确的通讯礼仪是非常必要的。学员根据导师提供的案例，分组进行讨论，以情景剧表演的方式，展示正确的打电话和使用即时聊天工具的方法。

二、活动目标

（1）让学员意识到通讯礼仪不仅仅反映了每位接收者的情绪、文化修养和礼貌礼节，同时也反映了整个企业的职员素质；
（2）让学员知道通讯礼仪涵盖的内容；

（3）培养学员良好接打电话与人即时聊天的习惯，提升个人职业素养。

三、活动材料及设备工具

（1）活动材料：白纸、水性笔。

（2）设备工具：办公桌、办公椅、计时表、白板、手机、手机扩音器。

四、活动时间

120 分钟。

五、活动内容及过程组织

1. 活动的准备及要求

提前准备好案例情景剧：17 烹饪 1 班的学生王磊同学因为家里盖了新房，准备在住进新房的时候摆酒席，他想请假回家，于是上课时间给班主任打电话，但是打班主任的电话打不通，只好直接打给教学部主任了。

王磊：喂，我要请假回家。

教学部主任：你好，请问你是哪位同学呀？

王磊：我是王磊。

教学部主任：请问你是哪个班的？

王磊：我是 17 级烹饪 1 班的。

教学部主任：哦，那你为什么要请假呀？

王磊：我家进新房，想请假回家热闹一下。

教学部主任：哦，那你可以打电话给你的班主任呀。

王磊：班主任的电话打不通。

教学部主任：哦。

……

2. 活动内容

（1）活动分组。

（2）案例分析。（如何运用电话礼仪建立良好人际关系：尊重他人、真诚的微笑与赞美、记住别人的名字、注意细节、注意倾听；如何运用即时聊天工具做好工作。)

（3）各组角色扮演。

（4）活动分享。

3. 活动的过程组织

第一阶段：

第一步：导师根据学员人数，按照随机方式分成小组，每组人数不超过 10 人，各组选出负责人。时间：5 分钟。

第二步：导师讲解活动规则，并确认学员已经领会。时间：5 分钟。

（1）学员要积极思考问题，参加小组讨论；

（2）对情景剧进行工作环境、场景、情节、台词等进行设计，小组学员要进行合理分工；

（3）各组在设计整个情景剧时突出人物特点，以及电话礼仪在职场上的影响。

第三步：导师讲述案例，学员以小组为单位进行案例分析，将讨论结果写在白纸上。时间：10 分钟。

（1）王磊打电话的时候存在什么问题？

（2）你觉得王磊请假能成功吗？

（3）如果你是王磊应该怎样打这个电话？

第四步：各组在组长的带领下进行情景剧情设计、人物角色分工、练习。时间：10 分钟。

第五步：各小组进行情景剧展示。时间：20 分钟。

第六步：分享：导师指导各组对本组及其他小组情景剧进行点评、总结。时间：10 分钟。

第七步：总结：电话礼仪方法及技巧。时间：20 分钟。

第二阶段：

第一步：导师抛出案例。时间：5 分钟。

案例：李涛刚进入企业工作，由于学生时代形成的习惯，一直使用 QQ 与别人聊天或进行工作交流，而他的经理却喜欢用微信布置和检查工作，结果经理通过微信给他布置的好几个工作他都没有及时看到，错过了工作时间，造成了工作失误。现在，你作为李涛通过微信向经理解释这件事情。

第二步：每个学员找到一个不同组的学员组成一队，相互扮演李涛和经理。时间：5分钟。

第三步：按前面的案例进行即时聊天。时间：20分钟。

第四步：总结与分享。首先每个学员在小组中进行分享，然后进行全体学员分享。时间：10分钟。

说明：本次活动导师可以根据活动目标要求，给完成目标任务的个人加分、小组加分。

六、心得分享

（1）你认为电话礼仪有哪些内容？

（2）你在接打电话过程中有没有做一些不符合电话礼仪的行为？

（3）你会接打电话吗？

（4）随着网络时代的发展，通讯礼仪需要增加哪些新内容？

（5）你认为在生活和工作中如何更好地利用即时聊天工具？

活动六　访客职业素养及礼仪

一、活动概要

去访客时应以优雅得体的言谈举止体现个人素质、涵养和职业精神，赢得对方的好感和敬重。要避免出现不愉快或尴尬的场面。学员根据导师提供的案例，进行情景剧展示，各小组就办公室情景剧进行讨论，各小组将讨论的结果展示出来。

二、活动目标

（1）让学员感受拜访礼仪商务活动中一件经常性的工作，同时也是联络感情、增进友谊的一种有效方法。

（2）让学员意识到重视拜访礼仪的细节能让职员及公司在客户心中的

形象大大提升，对公司是树立良好形象；对个人是良好印象的开始。

（3）知道拜访礼仪涵盖的内容。

（4）培养学员做一位受欢迎的优良访客，让人际关系更加拓展。得体的风范、合宜的举止，在表现自身修养的同时建立良好的关系。

三、活动材料及设备工具

（1）活动材料：白纸、水性笔。

（2）设备工具：办公桌、办公椅、计时表、白板。

四、活动时间

120分钟。

五、活动内容及过程组织

1. 活动的准备及要求

提前准备案例情景剧：小伍是新来的一名中职学校市场营销班实习生，今天准备去拜访某公司的王经理，由于事先没有王经理电话，所以小伍没有预约就去了王经理的公司，因为小伍刚到新的单位实习没有工作服，于是小伍就穿了一件休闲的运动装，当他到达王经理办公室的时候王经理正在接电话，就示意让他在办公室的沙发上稍等一下，小伍往沙发上一靠，翘起二郎腿，叼上一支烟，边吸烟边悠闲地环视整个办公室，等了一会见王经理的电话还没打完就有点不耐烦了，不时地看表，觉得无聊，随手拿起茶几上的资料翻看。

（1）活动正式开始前导师就学员将要进行的故事案例及背景进行讲解说明；

（2）学员在听取故事案例后要对情景剧进行工作环境、场景、情节、台词等进行设计，小组学员要进行合理分工；

（3）各组在设计整个情景剧时突出人物特点，以及访客礼仪在职场里的影响。

2. 活动内容

（1）活动分组。

（2）案例分析（如何建立工作中的良好人际关系：尊重他人、真诚的微笑与赞美、记住别人的名字、想别人所想、注意细节、就事论事、富有合作精神、注意倾听。访客礼仪的应用：进入他人办公室、递名片、带礼物、适宜的会话时间、适时告辞）。

（3）各组角色扮演。

（4）活动分享。

3. 活动的过程组织

第一步：导师根据学员人数，按照随机方式分成小组，每组人数不超过10人，各组选出负责人。时间：5分钟。

第二步：导师讲解活动规则，并确认学员已经领会。时间：5分钟。

（1）学员要积极思考问题，参加小组讨论。

（2）对情景剧进行工作环境、场景、情节、台词等进行设计，小组学员要进行合理分工。

（3）各组在设计整个情景剧时突出人物特点，以及拜访礼仪在职场上的影响。

第三步：导师讲述案例，学员以小组为单位进行案例分析，将讨论结果写在白纸上。时间：10分钟。

（1）小伍的这次拜访成功率高吗？原因在哪里？请指出失礼的地方。

（2）如果你是小伍，你会怎样做？

第四步：各组在组长的带领下进行情景剧情设计、人物角色分工、练习。时间：10分钟。

访客礼仪的应用：进入他人办公室、递名片、带礼物、适宜的会话时间、适时告辞。

第五步：各小组进行情景剧展示。时间：20分钟。

第六步：分享：导师指导各组对本组及其他小组情景剧进行点评、总结。时间：10分钟。

第七步：总结：拜访礼仪方法及技巧。时间：20分钟。

第八步：特别加练：根据前面的案例要求扮演小伍的学员先给王经理打一个预约电话，预约成功才能登门拜访。

每个小组派出一位学员分别给导师扮演的王经理打电话。时间：40

分钟。

说明：本次活动导师可以根据活动目标要求，给完成目标任务的个人加分、小组加分。

六、心得分享

（1）你认为访客礼仪有哪些？

（2）你认为你在去拜访客户时候都做了哪些准备工作？

（3）你去同事家拜访做客的时候有没有带礼物？如果需要带你会怎样考虑？

（4）如果你是一个客户，你希望有一个么样的人为你提供服务？

（5）随着现代网络和科技的进步，对于访客礼仪需要增加哪些新内容？

活动七　就餐职业素养及礼仪

一、活动概要

就餐礼仪能体现一个人的人品、性格和文化修养，在餐桌上，表现绅士风度与自然大方的风采，更有益于沟通交流，更有利于建立良好的人际关系。学员根据导师提供的案例，进行情景剧展示，各小组就办公室情景剧进行讨论，各小组将讨论的结果展示出来。

二、活动目标

（1）让学员感受餐饮礼仪在协调人际关系方面发挥的作用。

（2）让学员意识到餐厅礼仪能体现一个人的修养与素质，在餐桌上，可使他人更直观地了解到一个人的懂礼程度，可以让人想象到其家庭背景、受教育的程度。

（3）知道餐厅礼仪涵盖的内容。

（4）培养学员良好就餐形象，提升个人职业素养，在表现自身修养的同时有掌握全局的能力，照顾到每位在座者的情绪，不过分热情又不过分冷淡，做到谦虚体贴又不刻意媚俗讨好。

三、活动材料及设备工具

（1）活动材料：白纸、水性笔。
（2）设备工具：餐桌、餐椅、计时表、白板。

四、活动时间

80 分钟。

五、活动内容及过程组织

1. 活动的准备及要求

案例情景剧：大学毕业生小赵，分到某大酒店公关部，经过几年的艰苦奋斗，勤恳工作，被聘为科长。一次，酒店接待一位前来投资的大老板，经理把接待任务交给小赵，小赵认真准备，可是一不小心，客人主宾位弄错了，由于很忙，大家都未发现。就餐的时候还没等经理敬酒，小赵主动拿起酒杯代表经理给这位大老板敬酒以示诚意，就餐结束了，这次投资项目也告吹了，小赵也被调离了公关部。

2. 活动内容

（1）活动分组。
（2）案例分析（就餐礼仪有哪些禁忌与技巧）。
（3）各组角色扮演情景。
（4）活动分享。

3. 活动的过程组织

第一步：导师根据学员人数，按照随机方式分成小组，每组人数不超过 10 人，各组选出负责人。时间：5 分钟。

第二步：导师讲解活动规则，并确认学员已经领会。时间：5 分钟。

（1）学员要积极思考问题，参加小组讨论。

（2）对情景剧进行工作环境、场景、情节、台词等进行设计，小组学员要进行合理分工。

（3）各组在设计整个情景剧时突出人物特点，以及就餐礼仪在人物职场里的影响。

第三步：导师讲述案例，学员以小组为单位进行案例分析，将讨论结果写在白纸上。时间：10分钟。

（1）你觉得案例中小赵在什么地方做错了？

（2）如果你是小赵，你会怎样做？

第四步：各组在组长的带领下进行情景剧情设计、人物角色分工、练习。时间：10分钟。

第五步：各小组进行情景剧展示。时间：20分钟。

第六步：分享：导师指导各组对本组及其他小组情景剧进行点评、总结。时间：10分钟。

第七步：总结：餐厅礼仪方法及技巧。时间：20分钟。

说明：本次活动导师可以根据活动目标要求，给完成目标任务的个人加分、小组加分。

六、心得分享

（1）你认为就餐礼仪有哪些？

（2）你在平时就餐的过程中都有哪些失礼的行为？

（3）随着网络时代的发展，就餐礼仪需要增加哪些新内容？

活动八　面试职业素养及礼仪

一、活动概要

一个合格的人才，不仅要掌握专业知识，还必须具备良好的修养。唯有两方面都合格的人才，才能立足社会，发展自我。所以作为一个求职者，首先就要在求职过程中，注意自己的行为举止，以表现出自己的良好专业知识和修养，以获得成功的第一步。学员根据导师提供的案例，进行情景剧展示，各小组就办公室情景剧进行讨论，各小组将讨论的结果展示出来。

二、活动目标

（1）让学员感受面试的这个特点决定了它是一种关注细节、关注行为、关注过程的测试方法。

（2）让学员意识到面试中的礼仪表现往往可以反映一个人在逻辑思维、创新能力、计划控制等知识技能"硬实力"之外的修养素质"软实力"，是很多面试官会着重加以考查的。

（3）知道面试礼仪涵盖的内容。

（4）培养学员良好面试形象，提升个人职业素养，对现代职业人士而言，拥有丰富的礼仪知识，以及能够根据不同的场合应用不同的交际技巧，往往会令事业如鱼得水。但交际场合中事事合乎礼仪，处处表现得体着实不易。能够自觉主动地遵守礼仪规范，按照礼仪规范约束自己，就容易使人际间感情得以沟通，建立起相互尊重、彼此信任、友好合作的关系，进而有利于各种事业的发展。

三、活动材料及设备工具

（1）活动材料：面试表、个人简历、白纸、水性笔。
（2）设备工具：办公桌、办公椅、计时表、白板。

四、活动时间

80分钟。

五、活动内容及过程组织

1. 活动的准备及要求

提前准备好案例情景剧材料：某知名企业在招聘时，曾经设计过一道看起来不起眼的小题目，使许多自恃有高学历的才子才女们纷纷落于马下。所有的简历初审合格者，被通知在同一天下午来面试。那天，二十多位求职者坐满了会议室。奇怪的是，这么多人怎么可能一一面试得了？这时候，一位捧着很多材料的工作人员，进会议室艰难地拿了其他东西以后，出门的时候一不小心把材料掉到了地上。然后他极不方便地想弯下腰捡地下的东西。在他周围的这些求职者谁也没动，好像没看到一样。这时候，离这位工作人员最远的一位求职者过来帮他捡起了东西并开了门。约半小时后，被通知除了刚才那位帮忙捡拾东西的求职者外，其余人都可以回去了。

2. 活动内容

（1）活动分组。

（2）案例分析（分析以上案例，如何做好面试准备工作，面试准备工作包括哪些内容，如何组织面试语言）。

（3）各组角色扮演。

（4）活动分享。

3. 活动的过程组织

第一步：导师根据学员人数，按照随机方式分成小组，每组人数不超过 10 人，各组选出负责人。时间：5 分钟。

第二步：导师讲解活动规则，并确认学员已经领会。时间：5 分钟。

（1）学员要积极思考问题，参加小组讨论。

（2）对情景剧进行工作环境、场景、情节、台词等进行设计，小组学员要进行合理分工。

（3）各组在设计整个情景剧时突出人物特点，以及面试礼仪在人物职场里的影响。

第三步：导师讲述案例，学员以小组为单位进行案例分析，将讨论结果写在白纸上。时间：10 分钟。

（1）你觉得他凭什么让面试官录取了？

（2）其他人又为什么没被录取？

（3）如果是你去面试，你会怎么做？

第四步：各组在组长的带领下进行情景剧情设计、人物角色分工、练习。时间：10 分钟。

面试礼仪的应用：敲门、就座礼节、进入面试现场、退场后的感谢等礼节。

第五步：各小组进行情景剧展示。时间：20 分钟。

第六步：分享：导师指导各组对本组及其他小组情景剧进行点评、总结。时间：10 分钟。

第七步：总结：面试礼仪方法及技巧。时间：20 分钟。

说明：本次活动导师可以根据活动目标要求，给完成目标任务的个人加分、小组加分。

六、心得分享

（1）你认为面试礼仪有哪些？

（2）你认为面试中有哪些行为是大家容易忽视的？

（3）面试礼仪有哪些禁忌与技巧？

项目三 晨会（班组会）组织

活动一 晨会（班组会）的认知

一、活动概要

参训学员在导师的引导下进行分组讨论活动，针对晨会（班组会）的概念、活动理念及意义进行学习与分享。

二、活动目标

（1）让学员能够说清楚什么是晨会（班组会）。

（2）让学员能够理解举行晨会（班组会）的理念和意义。

三、活动材料及设备工具

（1）活动材料：白纸、水性笔。

（2）设备工具：手机、计时表、白板、多媒体设备。

四、活动时间

60分钟。

五、活动内容及过程组织

1. 活动的准备及要求

准备前导案例：曾有一位总经理说过："我一生的最大收益来自于早

会。"另一位总经理认为：早会是我一生中"最爱"。从这里大家可以看出早会的重要性，它对一个人，甚至是一个团队，一个企业的成长、风范及气质的培养起着不可估量的作用。

导师引出前导案例，提出为什么？

让学员用手机搜索晨会（班组会）的概念。

2. 活动内容

（1）活动分组。

（2）资料搜集。

（3）案例讨论与分析（分析以上案例，分组讨论什么是晨会、晨会活动有哪些理念、有什么重要意义）。

（4）活动分享。

3. 活动的过程组织

第一步：活动分组。导师根据培训人数按约10人一组分成若干组。时间：5分钟。

第二步：资料收集。各小组根据任务分派人员使用手机上网搜索晨会的概念、意义及活动理念等相关资料。时间：15分钟。

第三步：分组讨论。各组就前面搜集到的资料进行组内讨论。时间：30分钟。

回答：

（1）什么是晨会（班组会）？

（2）一般企业在什么时候开晨会？

（3）为什么企业会开晨会？哪些企业更热衷于开晨会？

（4）组织晨会应该遵循哪些理念？

第四步：活动分享与激励。时间：10分钟。

导师在各组讨论的基础上，引导大家进行集体分享，并根据大家分享的质量给予各团队加分。

六、心得分享

（1）你经历过或者看到晨会吗？它们是怎样的？

（2）开好一个晨会（班组会）的重要性表现在哪里？

（3）哪一类企业更需要开晨会？

活动二　高质量晨会（班组会）组织

一、活动概要

参训学员在导师的引导下进行分组，每个小组组成一个团队，通过每个团队在导师的指导下真正进行一次晨会（班组会）活动，学会高质量的晨会组织方式。

二、活动目标

（1）让每个学员都学会怎样组织一个晨会。
（2）每个学员知道在晨会过程中如何配合领导者完成晨会流程及任务。

三、活动材料及设备工具

（1）活动材料：优秀晨会视频、白纸、水性笔。
（2）设备工具：计时表、白板、多媒体设备。

四、活动时间

80分钟。

五、活动内容及过程组织

1. 活动的准备及要求

准备好导师说明：晨会（班组会）是否能够有效开展必须建立在有效班级建设上，在日常中，有效的班集体分小组或者让各小组直接按企业管理分成各个门店，让各小组（各模拟门店）成型，让小组（模拟门店）之间有竞争意识显得尤为重要。

而我们本次活动假设条件为：各参与培训的班级均已按企业有效管理分班分门店的有效建制为案例进行晨会（班组会）组织。

2. 活动内容

（1）活动分组。

（2）活动视频观看。

（3）晨会活动组织。

（4）活动分享。

3. 活动的过程组织

第一步：活动分组。导师引导参训学员按约 10 人一组进行分组。时间：5 分钟。

第二步：观看视频。时间：10 分钟。

导师播放一些优秀团队开展晨会（班组会）的视频。学员观看，但不讨论。

第三步：列队、检查。时间：15 分钟。

1. 列队

（1）组织者提前到位，晨会曲响起，以下达"各部门开始组织晨会"指令为准，学员（员工）在 30 秒钟内列队完毕。

（2）组织者可以以活泼的形式严格纪律，如倒数 5、4、3、2、1……最后到位的人员要表演节目。

（3）一般站两横排，女生在前，男生在后，主持人离第一排的距离 2~2.5 米。

2. 相互问候

（1）组织者："今天是＊月＊日，星期＊，大家早上好！"。

（2）学员（员工）："好，很好，非常好"！要求一声高过一声。[这是第一次互动，要求学员（员工）一定要高声呐喊，振奋精神]

3. 检查出勤

组织者根据早晚班次名单，进行点名！对缺勤的人员进行记录。

4. 整理着装和相互检查仪容仪表

（1）组织者给学员（员工）30 秒的时间，整理着装并相互检查仪容仪表。

（2）30 秒后，组织者喊停。

（3）组织者对结果进行检查，对于仍不规范的，要给予当场纠正。

这个环节旨在使学员（员工）理解服务人员仪容仪表的重要性，同时让员工之间进行互动，打破早晨的"陌生感"。也可以采取更灵活的形式，如第一排向后转，互相之间握手、微笑等。

第四步：会前活动。时间：10分钟。

（1）会前活动的目的在于让学员（员工）身心进一步参与进来，进一步投入到晨会（班组会）中，同时通过一个案例、故事或一个游戏，使同学员工能动脑思考，能够联系实际，悟出一定的道理。

（2）要求会议主持者在会议前精心准备这个环节，要围绕班级（企业）文化来设计，如团队、执着、服务等主题。

（3）此环节不一定是每日都有，可一周1至2次。

第五步：晨会主干内容呈现。时间：20分钟。

第一，在校状态回顾与激励。

1. 回顾

组织者将各小组好与不好的情况进行通报，到目前为止，本月时间进度和班级任务完成进度，哪些方面好，哪些方面不好。包括本月班级任务完成、主题活动的推进、日常卫生的完成情况等。最后公布表现最好小组，通报表扬。

2. 激励

（1）晨会（班组会）上对员工进行具有仪式感的激励，是对员工莫大的鼓励，同时可以在团队中形成积极向上的风气；

（2）仪式激励不可过于频繁，不可一阵风，一般一周一次；

（3）授奖仪式一定要严肃正式，要求员工提前准备并发表获奖感言，要向学员（同事）分享经验；

（4）可以通过班费购买些激励的奖品［奖品要有实际意义，洗衣粉、洗手液等生活用品对学员（员工）的激励效果更佳］；

（5）要设法将对优秀队伍或个人的激励转化到对整个班级团队的期望和鼓励。

第二，环境与服务。

组织者针对环境卫生、服务情况进行通报，分析原因，现场提出解决方案。注意：

1. 晨会（班组会）以鼓励为主，绝对不可以一味地直接指责和批评。让学员（员工）每天能以最好的心情和最佳的状态开始新一天的学习工作。如果有学员（员工）犯错误，要以委婉活泼的方式提出。

2. 学员（员工）存在问题，组长、班干是有责任的，组织者要大胆承担责任，对学员员工存在的问题或困难要给予帮助和解决。

3. 组织者要求和鼓励学员（员工）之间互帮互助，凝聚团队。

第三，学校发文与工作部署。

1. 传达学校的发文和通知。

2. 部署当日或本周的工作。

第六步：晨会（班组会）结尾，口号训练。时间：10分钟。

晨会（班组会）结束前再次鼓动团队士气，可以以团队击掌加油的形式，或者组织者喊："＊＊部（店）！"员工齐呼："向前冲！向前冲！向前冲！"或者"加油！加油！加油！"形式可灵活，选择积极性上的、能提振士气的口号。

第七步：活动分享、激励。时间：10分钟。

各小组就前面的晨会组织训练出现的问题和存在的不足进行组内讨论，然后参与全体分享。

导师根据每个小组的分享给予加分激励。

六、心得分享

（1）你在前面的晨会中扮演一个什么样的角色？效果如何？

（2）你认为晨会要开得高质量应该怎样做？

（3）你们团队的晨会开得高质量了吗？还有哪些进步空间？

（4）如果你是晨会组织者你会如何组织一个高质量的晨会？

活动三 晨会（班组会）存在疑难问题解决

一、活动概要

参训学员在导师的引导下进行分组，组成团队，导师通过视频观看、小组讨论、集体分享等方式帮助大家解决晨会（班组会）活动中存在的疑难问题。

二、活动目标

（1）让每个学员了解目前晨会中存在怎样的疑难问题。

（2）每个学员学会分析和解决这些问题。

三、活动材料及设备工具

（1）活动材料：有问题晨会的视频、白纸、水性笔。

（2）设备工具：计时表、白板、多媒体设备。

四、活动时间

80 分钟。

五、活动内容及过程组织

1. 活动的准备及要求

导师在活动开展前必须提前收集并剪辑整理好一些企业在开晨会时存在问题的活动视频，而且这些视频一定要有针对性。

如果有条件，导师也可以要求学员提前收集或了解现实中企业开晨会一般会存在哪些问题，带着问题来参加培训。

2. 活动内容

（1）活动分组。

（2）活动视频观看。

（3）晨会疑难问题讨论与解决。

（4）活动分享。

3. 活动的过程组织

第一步：活动分组。导师引导参训学员按约 10 人一组进行分组。时间：5 分钟。

第二步：观看视频。时间：15 分钟。

（1）导师播放提前准备好的开得不太好的晨会的相关视频。

（2）学员把提前收集到的低效率晨会的相关表现现场提出来。

第三步：各小组就前面的视频以及大家提到的问题进行分组讨论。时间：30分钟。

第四步：集体分享，给出解决办法。时间：20分钟。

第五步：点评激励。时间：10分钟。

导师根据各组在集体分享中的表现进行讲评，并给予加分激励。

导师最后提出自己的观点。

六、心得分享

（1）你认为现实企业的晨会（班组会）中都存在哪些问题？

（2）你所在的团队中开展晨会（班组会）时存在哪些需要改进的问题？

项目四　自信与魅力展示

活动一　成功的心理暗示

一、活动概要

学员在导师的引导下进行多层次的心理释放活动，逐渐放下心理包袱克服心理障碍，通过前后形象及心理状态对比，确认是否受到了成功的心理暗示。

二、活动目标

活动的任务目标是学员能够更好地打开心门，与外界形成信息交流，逐渐形成开放、积极、健康的心态。通过此活动达到以下目的：

（1）让心情忧郁者开朗，让心情开朗者更积极；

（2）接纳自己，自信地认识自己的优点和缺点；

（3）能够为自己设计一个理想形象；

（4）从活动结束的一刻起以新形象工作与生活。

三、活动材料及设备工具

（1）活动材料：蜡烛、活页挂纸。
（2）设备工具：封闭式活动场地、多媒体设备、计时器。

四、活动时间

300 分钟。

五、活动内容及过程组织

1. 活动的准备及要求
（1）室内活动期间应该有一个相对封闭的空间；
（2）室内活动过程中不能有任何一点外界的杂音干扰（如手机或开关门声）；
（3）导师需要提前准备旋律优美的轻音乐；
（4）注意环境灯光（光线）的控制；
（5）活动过程中任何人不得干预另一人的表现（导师除外）；
（6）活动地周边要有风景较好的室外场地。

2. 活动内容
（1）活动介绍。
（2）活动热场游戏——你拍我拍拍拍拍。
（3）活动预备游戏——发现美。
（4）正式活动——我很棒！
①曾经的我
②我是
③我能
④我成为
（5）活动分享。

3. 活动的过程组织
第一步：如果在场的学员相对比较陌生，导师就让大家先简单地相互认识，然后，介绍整个活动的要求及做法。时间：10分钟。

第二步：导师指导大家玩活动热场游戏——你拍我拍拍拍拍。

学员各自拿出自己的手机，寻找任意目标进行拍照，前提是被拍照的学员尽可能地不知情，每个人拍摄的对象不得少于3人。时间：30分钟。

拍照结束后，导师将大家拍摄的照片播放到投影上供所有人观看，让每个人看到自己在别人镜头中的自己。时间：10分钟。

第三步：导师带大家完成活动预备游戏——发现美。时间：40分钟。

所有的学员出到室外，通过观察周围的风景环境发现美的所在，欣赏之并记住之。

每个人分别说出自己眼中的美，不少于10处，说得越多越好。

第四步：正式活动——我很棒1（曾经的我）。时间：50~60分钟。

导师给所有学员进行心理疏导。让所有人在导师的引导下舒适地坐好，并渐渐闭上眼睛，舒缓、优美的音乐声起，室内光线逐渐调暗直到完全黑暗，导师开始用轻柔的声音进行心理引导。

引导语：

当光线渐渐暗淡下来，外面的喧嚣渐渐离我们远去，让我们放松身体，清空心灵，脑海中浮现出这样一幅场景，浓浓的夜色就要慢慢降临，眼前是满天的星斗，夜空无边无际延伸至远方。

这一刻，让我们忘记外面那些浮躁的声音，我们的心慢慢平静下来，所有的烦恼在渐渐地离我们远去，所有的不愉快都将随着这温暖的晚风飘远，让我们面对我们平静的内心，来一次心灵的旅行。

冬去春来，岁月更替，今天的我，已经走过了我人生的十几个年头，童年的记忆还是那么新鲜如初，那些孩提的故事仿佛就发生在昨天，而今的我却已经经历了许多的世事烦杂，让我们在这刻放下一切重新回到生命的源头（引导学员从出生、童年开始，一步步寻找心理的变化的轨迹，让他们触碰心灵，找到心理锁闭的真实原因）……

导师引导语结束，逐渐调亮室内光线，让有勇气的学员分享前面的内心感受，对那些敢于敞开心扉接触过往心理闭锁事件的学员给予鼓励。

第五步：正式活动——我很棒2（我是）。时间：40分钟。

导师将写有各种动物名称的卡片（可以有重复）让学员随机抽取，每个学员只有自己知道自己是什么动物。

学员向大家描述自己作为这一动物的特点（包括优点和缺点），让大家对于自己好的或不好的都要接纳，认识到大自然就是这样的，每个人都可能与别人不同，每个人都是独特的自己，接纳自己、满意自己就是最好的。

满意自己选择的说出理由，对于那些不满意自己所选动物的要求他们至少说出该动物5个以上的优点。

接着，导师引导大家一起做"我很棒"手语操。右手拍一下左肩，然后竖起大拇指伸向前方大声喊："我很棒!"，接着左手拍一下右肩，同样竖起大拇指喊："我真的很棒!"，最后，右手拍左肩，左手拍右肩，双手同时竖起拇指伸向前方喊："我真的真的真的很棒!"

最后，导师带领大家做"60秒PR"活动，要求每位学员训练后每天利用60秒的时间使用肯定性、赞美性语言对自我进行暗示，给自己赞美和鼓励，从而唤起自尊和自信。

首先，导师鼓励每位学员写出自己的优点和1至2个曾经做事成功的例子，接着带领所有学员大声朗读一些积极、肯定、有激励性的语句，比如：

我是自己的主人！

我能控制自己的行为！

我自信我乐观！

我相信自己越来越自信！

我做事有目标！

努力就有收获！

我做事坚持不懈！

学员根据自己写下的优点和成功例子，在导师的指导下整理为以下格式：

我的优点是：

我能：

我曾经（成功的例子）：

第六步：正式活动——我很棒3（我能）。时间：40分钟。

　　导师播放一些初看起来明显不可能的事例以及一些成功人士早年的资料和照片，询问大家是否可能，这些人最终怎样了？当得到大部分都是不可能的意见时，带领大家做下面的游戏——食指抬人：

　　让一位体重适中的学员平躺在海绵垫上，双臂抱胸挺直身体，找出14位尝试者每人分别伸出食指顶住他的头、颈、肩、背、腿、脚等身体各部位，在"一二三"的指令后，齐心协力将他抬起。如果成功抬起，换一位体重更重者再做一次，看结果如何。

　　第七步：正式活动——我很棒4（我成为）。时间：40分钟。

　　导师引导大家闭上眼睛进入冥想状态，放飞自己的想象。

　　引导语：请我们轻轻地闭上眼睛，隔除外界的影响，一切遵从自己的内心，感觉到天空越来越高远，我们乘坐在一架时光飞船中，在浩瀚的宇宙中穿梭飞行，飞向我们的未来，一条人生大路在我们的面前慢慢展开，不断地向前延伸，路上我们看到了一些曾经向往的事情已经变成现实。时间走到了20岁，20岁的我是什么样子的？人际关系怎么样？是在学习还是在工作？工作怎么样？心情怎么样？心里在想什么？

　　大家闭上眼睛，忘掉一切，静静地想象，构想一幅只属于自己的画面。

　　时光飞船继续向未来开去，沿着我们的人生轨迹我们继续前行，转眼到了30岁，30岁的我又是什么样的？

　　40岁的我又将变成怎样？我希望自己在40岁时是一个什么样的人？让我们静静地想象，构想一幅只属于自己的画面。

　　冥想结束，导师引导学员把前面理想中的自己在纸上迅速写出来。

　　导师将纸和水彩笔发给大家，让所有学员在白纸上根据前面的想象画出一幅自己未来的"自画像"，绘画风格和形式不限，在画的过程中导师不断地引导大家完善自己的"自画像"。

　　在相互展示与分享自己的"自画像"时，让学员互相用手机记录这一刻的自己。

　　导师将培训前后的两张照片一起用屏幕展示出来，让学员感受自己前后的不同。

　　第八步：活动分享与激励。时间：40分钟。

　　导师可以先按前面的活动顺序一一分享每个活动给学员带来的感悟，

然后再就整个活动进行分享，也可以让所有学员根据自己的感悟直接进行全面分享。导师在各个环节根据学员表现分别给各团队加分激励。

六、心得分享

（1）曾经的自己是如何"形成"的？
（2）是什么阻碍了你成为"可能"？
（3）你觉得正面的相像如何给你力量？
（4）对比过去的自己和理想中的自己，如何到达目标？
（5）你觉得除此之外还有什么其他的暗示自己的办法？

活动二　认识陌生人

一、活动概要

学员在导师的指导下以团队为单位，在规定的时间内，主动与异性陌生人沟通，将自己介绍给对方，获得对方的认可与好感，在对方心理接纳的情况下拥抱对方，完成活动任务。

二、活动目标

活动的任务目标是每个人至少认识三名以上的异性，并与对方拥抱方算活动成功。通过此活动达到以下目的：
（1）锻炼团队（小组）分析任务，策划完成任务的能力；
（2）鼓励团队成员成为团队榜样；
（3）克服被陌生人拒绝的恐惧心理，锻炼自己的自信；
（4）使团队成员学会如何与不同类型的异性陌生人沟通，并取得对方的信任；
（5）锻炼团队成员在压力下应变突发事件的能力；
（6）学会鼓励别人。

三、活动材料及设备工具

（1）活动材料：授课白板、活页纸、彩色卡纸。

（2）设备工具：计时表、试装镜、颁奖台；如果外出路途远可准备交通工具。

四、活动时间

360分钟（活动分为上下半场，每半场180分钟。其中外出认识陌生人时间90分钟，分享30~60分钟，如果分享时间增加，则总时间相应增加）。

五、活动内容及过程组织

1. 活动的准备及要求

（1）活动正式开始前导师应对学员进行成功的心理引导，鼓励大家努力突破自己；

（2）将要认识的陌生人必须是异性，而且不得与团队中任何一位成员认识；

（3）整个活动过程不得以自己正在开展一项培训或要完成一项任务为理由去认识对方，取得对方认可让对方接受自己的拥抱；

（4）不得强行拥抱对方，否则产生的任何后果由自己承担；

（5）活动过程中不得着培训单位统一服装，不得佩戴任何与培训相关的标志；

（6）活动中出现任何的争议需要及时报告培训导师。

难度升级选择：如果为了增加活动的刺激对抗性，导师可以规定上半场结束时不完成任务的队员不得进餐，等待下半场的开始，完成任务的队员可以得到加菜的奖励；下半场结束仍没有完成任务的队员只能进简餐，完成任务的队员（或团队）加餐。

2. 活动内容

（1）活动分组。

（2）活动热场游戏——你是最棒（帅、靓）的。

（3）活动预备游戏——我不会拒绝你。

（4）正式活动——我想认识你，请你接纳我。

（5）活动分享。

3. 活动的过程组织

上半场

第一步：导师根据学员人数，按照随机方式分成小组，每组人数不超过 10 人，各组选出负责人。时间：5 分钟。

第二步：导师利用白板、活页纸等说明本次活动的任务与要求，并确认学员已经领会。时间：15 分钟。

第三步：各组在组长（队长、家长）的带领下分析任务，策划完成任务的方法、策略。时间：20 分钟。

第四步：导师指导各组玩热场游戏——你是最棒（帅、靓）的。时间：10 分钟。

每一个队员各自面对一面镜子，整理自己的着装、仪容仪表，发出源自内心的微笑，面对镜子中的自己不断地说你是最棒（帅、靓）的，历数自己的各方面优点，鼓励自己，越大声越好。

第五步：导师指导各组玩活动预备游戏——我不会拒绝你。时间：10 分钟。

每组队员两两相对（最好是男女配对），真诚、快速、大声、清晰地轮流夸赞对方的优点，对方不得谦虚、否认，然后夸赞者给被夸赞者一个大大的、热情的拥抱，对方不得拒绝。

第六步：出发！开始正式活动——我想认识你，请你接纳我。时间：90 分钟。

各组根据自己的策划在组长的带领下离开培训场地，前往目标地点，开始寻找目标人物开展活动。

第七步：上半场活动时间结束，各组回到培训场地向导师报告完成任务情况。各组总结成功或失败的原因。时间：30 分钟。

下半场：

第一步：来自成功者的激励！时间：10 分钟。

由各组在上半场成功完成任务的队员给大家分享成功的经验。

第二步：导师指导各组玩活动预备游戏——我不会拒绝你。时间：10 分钟。

与上半场不同的是，本次由上半场成功者（如果成功人数不多，则加上各组组长或有鼓动能力者）分别按上半场模式鼓励其他队员。

第三步：小组行动模式再策划。时间：10 分钟。

各小组根据上半场开展活动的情况以及成功队员介绍的经验，再次策划本组活动区域和完成任务步骤，以及运用的沟通技巧。

第四步：再出发！开始正式活动——我想认识你，请你接纳我。时间：90 分钟。

第五步：活动分享。时间：60 分钟。

（1）小组分享。各组在组长的主持下总结每位成员完成任务的情况，分享活动给自己带来的理念及态度提升。

（2）集体分享。各组队员以自动自发原则，上台分享自己参与任务的过程及感受。

说明：本次活动导师可以根据自己设定的目标要求，制定激励政策。激励手段除了进餐安排外，还可以设立完成任务的个人加分、小组加分、分享加分，或者是奖励小礼品等。

六、心得分享

（1）你认为一个陌生人为什么会拒绝你的拥抱？

（2）你为什么没有完成任务？

（3）你觉得怎样才能克服自己的恐惧？

（4）本次活动给你的最大感受是什么？

（5）与一个陌生人怎样才能建立信任及有效的沟通？

活动三　路演展示

一、活动概要

学员分成小组按照导师的要求在公开场合（路演台）分别开展自我展示演讲和集体表演展示两项活动，每一位组员都要克服心理障碍完成演讲活动和公共场合集体表演活动。

二、活动目标

活动的目标是团队所有成员都能够在公共场合完成 6 分钟的自我展示演讲，团队统一策划完成一次带道具的公共场合集体表演展示。通过此活动达到以下目的：

(1) 通过演讲提升个人的语言组织、表达能力；

(2) 通过个人演讲及团队公开展示克服面对公众的恐惧心理，提高个人自信心；

(3) 锻炼团队集体策划展示表演方式、方法的能力；

(4) 锻炼团队协调表演的能力；

(5) 提升个人在公众场合表现自己的仪容仪表；

(6) 克服个人不利形象展示及沟通的肢体语言；

(7) 熟练运用各种公众场合表演展示工具。

三、活动材料及设备工具

(1) 活动材料：水彩笔、活页挂纸、活动宣传材料。

(2) 设备工具：活动白板、路演展示台、移动音响设备、摄像机、展示桌、相关产品道具、计时秒表。

四、活动时间

活动分为上下半场，上半场时间 75 分钟+6××（人），下半场时间

140 分钟+8××（组）×2

五、活动内容及过程组织

1. 活动的准备及要求

（1）导师必须提前准备好路演展示台或找到一块适宜表演展示的区域，该区域必须有一定数量的公众路过或聚集；

（2）导师可以根据随机抽取、自愿组队原则或按团队中人员的特点及强弱分组搭配成相应的团队，每个团队最好不超过 5 人；

（3）导师应该提前对每个队员的着装及仪容仪表提出要求，并在正式活动前检查对不符合要求的队员责令改正；

（4）团队必须鼓励每一个队员都能完成公开演讲，否则无权进入集体表演展示环节；

（5）各团队根据自己表演展示的需要自行准备相关道具；

（6）路演台或表演展示区提前设有桌椅，未分组前所有学员集中就座，分组后各组围桌就座。

2. 活动内容

（1）活动分组。

（2）活动热场游戏——啦啦歌。

（3）活动预备游戏——最丑的自己。

（4）正式活动一——个人演讲。

（5）正式活动二——集体路演展示。

（6）活动分享。

难度升级选择：

（1）热场游戏要求不断变换肢体动作，以姿势最多或最有创意者加分；

（2）个人演讲增加一项反情绪演讲，比如内容是快乐的表演是悲伤的，内容是慢的表演节奏是快的；

（3）集体路演展示带实物展品，要求现场进行售卖，成功售卖或被别人接受的加分。

3. 活动的过程组织

上半场：

第一步：导师根据学员人数，按照随机抽取、自愿组队或强弱搭配等方式分成小组，每组人数不超过 5 人，各组选出负责人。时间：5 分钟。

第二步：导师带领各组学员玩热场游戏——啦啦歌。

根据学员人数的多少让学员分站 N 排，两手前伸，手心向外，齐唱湖南卫视"啦啦歌"，双手和身体跟着歌曲节奏舞动。时间：5 分钟。

第三步：集体创意、分配个人演讲主题。各小组在组长的带领下集体讨论、分工个人演讲的主题。时间：20 分钟。

第四步：导师带领各组学员做活动预备游戏——我是最丑的。

各组围成圆圈，跟着欢快的音乐逆时针行走，当导师发出："我是"的口令时，所有的学员统一回答："最丑的!"并转身两两相向，做出一个自认为最丑的动作和表情，如此循环两三次。时间：5 分钟。

第五步：导师利用白板、活页纸等说明本次活动上半场的任务与要求，并确认学员已经领会。演讲主题自定，每人上台演讲时间不低于 5 分钟，不超过 6 分钟。时间 10 分钟。

第六步：正式活动一——个人演讲。

根据自发自愿的原则，每组每个学员——申请上台演讲，导师计时，每个人的演讲不得少于 5 分钟，不得多于 6 钟。时间：6××人。

第七步：个人演讲环节的总结与分享。

各小组在组长的带领下总结小组成员在演讲环节的表现，学员相互点评完毕，组长必须以一句正面、鼓励的语言点评每一位组员。时间：30 分钟。

下半场：

第一步：导师带领各组学员玩热场游戏——啦啦歌。

学员按团队站成横排，两手前伸手心向外，齐唱湖南卫视"啦啦歌"，双手和身体跟着歌曲节奏舞动。循环玩多次，导师点评并给展现动作多的个人或团队加分。时间：10 分钟。

第二步：导师利用白板、活页纸等说明本次活动下半场的任务与要求，并确认学员已经领会。时间 10 分钟。

现场集体表演展示可以是销售展示也可以是小品表演，要求每个队员都有明确的分工及现场表现，销售展示根据现场条件临时自备商品道具，小品表演有相对完整剧情，每场展示时间不超过 8 分钟。

第三步：各组组长带领全组学员策划创意集体表演展示方式，并进行现场排练。时间：30分钟。

第四步：正式活动二——集体路演展示。

每个小组根据自愿自发的原则申请上台展示。导师自己或选派助手用摄像机将每个团队的表现拍摄下来。时间：8××组。

第五步：现场点评分析各组表现。导师通过回放所摄视频，让所有人看到自己现场展示表演的表现，点评各组的优缺点。时间：30分钟。

第六步：各组根据前面的表演表现进行检讨、讨论、改进，重新投入训练。时间：30分钟。

第七步：重新训练后的各队再次进行集体路演展示。时间：8××组。

第八步：总结分享。

全体学员一起就本次活动的上下半场表现进行总结分享，导师可以给每个队员的发言适当加分。时间：30分钟。

六、心得分享

（1）做"最丑的自己"游戏时你内心的真实感受是什么？

（2）你上台演讲的恐惧是如何克服的？

（3）你认为如何在团队中传递自信？

（4）你们团队的集体表演创意是怎么来的？

（5）你认为怎样的形象有助于展示自己的自信？

（6）本次活动给你的最大感受是什么？

【课程小结】

班级建设就是团队建设。没有完美的个人，只有完美的团队。

通过项目一的活动，为班级打造一个优秀的团队。让每一个学员都意识到团队的重要性，在活动中学会沟通与合作，学会包容与欣赏，彼此信任，增强责任心，有为集体荣誉而拼搏的精神。

得体的职业礼仪是具备良好职业素养的基础。通过项目二的活动，让学员认识到职业礼仪在职业生涯中具有举足轻重的作用，树立并维护自我职业形象的意识，对照职业礼仪要求不断修正自己的言行、着装和发型等。

通过项目三的活动，让学员懂得召开晨会（班组会）的意义，学会组织召开高质量晨会（班组会）的方法步骤，形成班级自我管理的能力。

通过项目四的活动，旨在培养学员逐渐形成开放、积极、健康的心态，让学员能够接纳自己，自信地认识自己的优点和缺点，能够为自己设计一个理想形象，敢于挑战自己，与陌生人建立关系，大胆向公众展示自己的形象。

【素质箴言】

众人拾柴火焰高。——中国谚语

孤雁难飞，孤掌难鸣。

集体是力量的源泉，众人是智慧的摇篮。

凝聚产生力量，团结诞生希望。

二人同心，其力断金。——《易经》

个体因团队而强大，失败的团队没有成功者，成功的团队成就每一个人。

礼貌是人类共处的金钥匙。——松苏内吉

不学礼，无以立。——孔子

人无礼则不生，事无礼则不成，国家无礼则不宁。——荀子

人有礼则安，无礼则危。——《礼记》

礼节及礼貌是一封通向四方的推荐信。——西班牙女王　伊丽莎白

国尚礼则国昌，家尚礼则家大，身有礼则身修，心有礼则心泰。——清·颜元

凡人之所以贵于禽兽者，以有礼也。——《晏子春秋》

仁者爱人，有礼者敬人。爱人者，人恒爱之，敬人者，人恒敬之。

每个人都有自己的精彩。

天生我材必有用。——李白

先相信自己，然后别人才会相信你。——罗曼·罗兰

自信是成功的第一秘诀——爱默生

只要你相信自己能够做到，就一定能做到。

任何人都应该有自尊心、自信心、独立性，不然就是奴才。但自尊不是轻人，自信不是自满，独立不是孤立。——徐特立

【实际应用】

模块二建议在新生入学后的第一学期组织开展。团队建设和自我改造需要一个长期的过程，所以活动结束后还需要不断强化。

模块三　顶岗实习前素质拓展训练

【知识目标】

在顶岗实习前根据不同的实习形式熟知对应的办理流程；提高对顶岗实习目的和实习过程的认知。

【能力目标】

学会在顶岗实习中树立正确的心态；学会处理顶岗实习中的突出问题。

【理念目标】

增强学员转变成职业人的信心和能力，让同学们调整好心态，打消同学们对新的工作环境不切实际的期望，为顶岗实习的学习未雨绸缪。

【课前角色扮演案例导入】

李涛和张玫的故事（三）我要上班了

转眼在校的两年学习时间就过去了，张玫和李涛都将面临顶岗实习，虽然，通过校企合作他们两个在校学习期间也到过企业进行见习，并且这次也去校企合作企业进行顶岗实习，但是，真要准备出去了，大家的心里还是有点忐忑，由于他们两个是老乡，有事没事常在一起聊聊，这天晚上，下完晚自习，他们约好了一起到教学楼的天台上。

张玫："真快，转眼在校的两年学习就结束了。"

李涛："是呀，刚开始来时还觉得挺漫长的，现在马上就要出去实习了，张玫，你准备好了吗?"

张玫："我也不知道算不算准备好，我要去的企业是见习就去过的校企合作企业，按理已经比较熟悉不应该怕，但是心里还是有种说不出的感觉。"

李涛："是的，真正要离开学校了，感觉还是不一样的。虽然，企业师傅和指导老师还会帮助我们，但是，以后需要更多地靠我们自己了，你还好，不需要去外地。"

张玫："是呀，你要去的那里还蛮远的，过年都可能回不了家。你的离校顶岗实习手续办好了吗?"

李涛："在学校这边的都办好了，企业那边的要去后才能办。"

张玫："你觉得我们到了企业后，能够处理好工作的一切事情吗? 不知道和领导、同事的关系怎么样?"

李涛看着夜空中闪烁的星斗，将手上一直拿着的一片树叶扔出去，说："谁知道呢，走一步看一步吧，好在我们出去前还有岗前培训。"

张玫："是呀，听说培训时会专门教我们怎样应对实习时出现的各种问题。"

两人不在说话，默默地看着远处灯光下朦胧的景色。

项目一　顶岗实习认知

活动一　顶岗实习的角色认知

一、活动概要

导师分享顶岗实习学生发生角色转变失败的案例，通过以小组为单位一起分析案例中"学校人"和"职业人"的区别，总结"学校人"和"职业人"两个角色转换需要转变哪些方面。

二、活动目标

(1) 说出"学校人"和"职业人"的区别及其角色转换的四个重点。

(2) 提高学生分析、解决问题的能力，能够设计转换任务并进行实践。

(3) 树立角色转换的意识，做好角色转换的心理准备。

三、活动材料及设备工具

(1) 活动材料：授课白板、活页纸、彩色卡纸。

(2) 设备工具：计时表、试装镜、颁奖台；如果外出路途远可准备交通工具。

四、活动时间

80 分钟。

五、活动内容及过程组织

1. 活动内容

(1) 活动分组。

(2) 案例分享。

(3) 正式活动——小组讨论。

(4) 活动分享。

(5) 拓展活动——盲人越障项目。

2. 活动的过程组织

第一步：导师根据学员人数，按照随机方式分成 N 个小组，每组人数不超过 10 人，各组选出负责人。时间：5 分钟。

第二步：案例分享。时间：10 分钟。

导师通过 PPT 与学员分享以下案例：

(1) 刚走出校园的年轻人常常对自己的未来有一种莫名的恐惧感，刚刚从校园出来的他们，在这个宽广的社会中有些无所适从。小刘同学就是这样一个年轻人，离校的日子越近，他的这种烦躁感就越强烈。早就听师哥师姐们说，社会上的人际关系相当复杂，竞争又那么激烈，以后工作还不知道顺不顺利。这段时间，他似乎处于人生的低谷。他是家中的独生子，父母在他身上倾注了所有的希望。他一帆风顺地考上大学后，没想到毕业找工作却连连遭受打击，十几份简历投出去后犹如石沉大海。现在，不少同学都在打点行装奔赴新的岗位，只有他无处可去。家是肯定不能回的，这样空着手回去多没面子呀。可是自己的未来究竟在哪里呢，他也不知道。每次想到这些，他就充满了无限的烦恼，真希望一辈子都待在学校里，多好啊！学会独立，做好角色定位。年轻人走上工作岗位以后，要迅速地完成角色的转变，认识自己在新环境中的位置和所承担的工作角色，明了该角色的性质、职责范围和自己应承担的义务，这是顺利度过适应期的重要一步。

(2) 某实习生，在实习期间，不小心把一瓶 800 元的酒打破了，为此酒店要求赔偿损失，虽然经过实习指导教师求情，减少了赔偿，但此事留给该生一个深刻的教训记忆。启迪："学校人"的主要特点是"想"，"职业人"的特点是"做"。平时做事要认真仔细，勤练基本功，养成不允许自己出错的习惯，养成一丝不苟、精益求精的作风。"台上一分钟，台下十年功。"

(3) 某公司经理对他为什么要录用一个没有任何人推荐的小伙子时，这样说："他神态清爽，服饰整洁；在门口蹭掉了脚下带的土，进门后随手轻轻地关上了门；当他看到残疾人时主动让座；进了办公室，其他的人都从我故意放在地板上的那本书上迈过去，而他却很自然地俯身捡起并放在桌上；他回答问题简洁明了，干脆果断，这些难道不是最好的介绍信吗?"

人生启迪：企业十分重视员工怎样处理"做人"和"做事"的关系。职业道德是用人单位最看重的品质。学生时代，不应重智轻德，要在学习、生活中认真"做人"，为职业生涯的顺利起步做好准备。"勿以善小而不为""先学做人再学做事"。

第三步：导师利用白板、活页纸等说明本次活动的任务与要求，并确认学员已经领会。时间：5分钟。

第四步：各组在组长（队长、家长）的带领下分析任务，完成以下表格。时间：10分钟

身份	社会责任	权利义务	人际关系
学校人			
职业人			

第五步：活动分享与激励。集体分享讨论结果，导师根据各组学员发言情况给予加分激励。时间：10分钟。

第六步：拓展活动：设计50米长的障碍线路，其中不少于8个障碍，队员每两人一组，分别扮演盲人和瘫痪的人，用布将盲人双眼蒙住，盲人背负瘫痪者，瘫痪者指导盲人往返穿越障碍进行接力比赛。以每组完成时间判定胜负。时间：40分钟。

导师解说词：学校人际关系简单，学生以完成学习任务为主，虽然在集体中生活，但学习活动主要由个人完成。到了工作岗位上，要与不同年龄、不同地方的人过群体生活，团队意识尤为重要。其实"盲人越障"就是企业式的工作，只有同心协力才能取得最后的胜利。在工作中不能自私自利，一味的个人主义，这是不能融入团体中的。只有大家心往一处想，力往一处使，才是解决问题之道，具有团队精神是成功的"职业人"的重要特征。引申：住校的好处，可以培养独立生活能力，学会过集体生活，培养人际关系。

盲人越障项目其实是说明在新的环境下队友之间相互信任是基础，尽快地进入工作状态，规范自我行为，使其符合社会、集体的需要。

活动结束各组讨论分享。

六、心得分享

(1) 你认为作为学校人有什么样的特点？

(2) 职业人应该具备什么样的特点？

(3) 从学校人到职业人的转变最大的困难是什么？

(4) 什么样的职业人才是成功的？

活动二 顶岗实习的企业认知

一、活动概要

导师通过组织相关活动让参训学员对企业有一个基本的认知。

二、活动目标

通过活动让学生认识到企业是什么样子的，一个人在企业工作应该是什么样的状态。

三、活动材料及设备工具

(1) 活动材料：授课白板、活页纸、彩色卡纸。

(2) 设备工具：计时表、交通工具。

四、活动时间

约 240 分钟。

五、活动内容及过程组织

1. 活动的准备及要求

(1) 培训导师应该在活动正式开始前，联系并考察好一家参观企业，并与企业对接部门商量好活动开展的细节。

(2) 外出参观时要做好安全防范工作。

(3) 要求学员以小组为团队，培训期间同进同出。

2. 活动内容

(1) 活动分组。

(2) 任务布置。

(3) 参观企业。

(4) 讨论分享。

(5) 激励。

3. 活动的过程组织

第一步：导师根据学员人数，按照随机方式分组，每组人数不超过 5 人，各组选出负责人。时间：10 分钟。

第二步：导师利用白板、活页纸等说明本次活动的任务与要求，并确认学员已经领会。时间：10 分钟。

第三步：各组在组长的带领下分析任务要求，策划如何分工完成任务。时间：20 分钟。

第四步：各组在导师的带领下前往提前联系好的企业。时间：按路途。

第五步：各组按要求参观企业，感受企业工作氛围，了解企业工作性质。时间：约 90 分钟。

第六步：各组讨论，并将讨论结果写在大白纸上张贴出来与大家分享。时间：30 分钟。

第七步：导师根据各组分享表现给予加分激励。时间：10 分钟。

六、心得分享

(1) 企业一般有哪些部门？

(2) 举出三个以上的企业重点部门，并说明它们的主要工作职责。

(3) 你认为企业和学校最大的区别是什么？

(4) 你去的这家企业有什么特点？

活动三　顶岗实习的岗位认知

一、活动概要

导师通过组织学员进行"求职"活动来认知岗位，体会就业的严峻性，就业岗位都是由低做起，在工作中积累能力，每天的工作都是一个学习新知识的开始。对实习岗位需要进行提高自身的适应能力。

二、活动目标

（1）能够说出企业通常有哪些岗位。
（2）能够说出这些岗位的主要工作职责。
（3）每人能在规定的时间内拟出一个常规的面试稿。
（4）在面试的时候能从容地展示。
（5）对应聘岗位的认知及市场人才需求的严峻性。

三、活动材料及设备工具

（1）活动材料：岗位材料、活页纸、彩纸。
（2）设备工具：手机、计时表、试装镜、桌子、凳子。

四、活动时间

140 分钟。

五、活动内容及过程组织

1. 活动的准备及要求
（1）导师应该提前准备好与受训者专业相关的岗位任职材料，并制作成 PPT 便于在培训期间播放。
（2）培训场地最好有无线网络，以便于学员上网查询资料。
2. 活动内容
（1）活动分组。
（2）第一阶段活动：岗位资料查询。
（3）第二阶段活动："求职"。
（4）讨论分享。
（5）点评与激励。
3. 活动的过程组织
第一阶段：

第一步：导师根据学员人数，按照随机方式分组，每组人数不超过 4 人，两两小组需要扮演不同的角色，所以需要双数的组数，各组选出负责人。时间：5 分钟。

第二步：各小组按导师布置要求，上网查询与自己专业相关的岗位，回答以下问题：

（1）自己的这个专业一般在企业可以从事什么岗位？

（2）这些岗位主要的工作职责是什么？

（3）工作的主要内容是什么？工作流程怎样？

（4）岗位对人的素质及能力有哪些要求？

时间：20 分钟。

第三步：导师播放岗位资料 PPT，进行适当讲解。时间：10 分钟。

第四步：各组根据自己查询的资料及导师 PPT 内容进行讨论分享。时间：20 分钟。

第二阶段：

第一步：每组的负责人出列两两进行划拳，赢的一方作为招聘方，输的一方全体作应聘人员。时间：5 分钟。

第二步：将应聘小组和招聘小组的所有队员分开，教室里只留招聘小组人员，应聘小组到教室外。导师严格要求招聘组依次按"要"—"让你试试看"—"你能将我提的要求答应的话可以留下来试试"—"不要"这四个顺序来进行面试，导师每次招聘的岗位都会在新的一轮应聘人员进来前公布。每次招聘每组只能进来一名应聘人员，招聘完后纳入招聘行列。时间：10 分钟。

第三步：第一轮进来导师出示应聘岗位为"部门经理"，招聘小组负责人进行面试，应聘人员需要对答，招聘小组一致同意"要"这位应聘人员，时间：5 分钟。

第四步：第二轮导师出示"基层职员"，招聘小组负责面试，应聘人员需要对答，招聘小组一致同意"可以让你试试看"的态度纳进团队。时间：5 分钟。

第五步：第二轮导师出示"清洁工"，招聘小组负责面试，应聘人员需要对答，之后导师将每个面试桌下撒废纸屑、脏东西，招聘负责人要求应聘者将地板打扫干净方能留下来试试。若应聘者不配合则换下一个应聘成员。时间：10 分钟。

第六步：将公司招聘过的岗位公布给外面尚未应聘者，告诉他们基本上都已经没有用工职位了，让他们自己去招聘现场进行询问，投简历。同时也提示一下应聘者方才在"清洁工"面试场景里，应聘人员都将主动清理垃圾等一些比较艰苦的事情。时间：5 分钟。

第七步：最后一批应聘者进场，不管他们做什么努力，招聘小组都一律不给他们工作岗位。时间：5 分钟。

第八步：各小组就面试活动展开讨论分享。时间：20 分钟。

第九步：导师根据前面两个阶段各组的表现进行总体点评并给予加分激励。时间：20 分钟。

六、心得分享

（1）你认为哪些岗位职责你不太理解？

（2）你觉得岗位是什么？

（3）你的专业学习能够胜任岗位任职的需要吗？有哪些差距？

（4）你在面试时会犯什么错误？

项目二　顶岗实习工作流程

活动一　顶岗实习的校内工作流程

一、活动概要

导师通过组织相关活动，展现正式到企业顶岗实习前校内准备工作的流程，让学员明白在顶岗实习前的校内需要准备的材料和办理流程。

二、活动目标

（1）学会制作一份自荐书或个人简历（里面包含获奖证书）。

（2）会拟出自己一分钟的面试自我介绍词。

（3）知道如何办理不同类型的顶岗实习前校内工作的流程。

三、活动材料及设备工具

（1）活动材料：个人简历、顶岗实习申请表、个人创业计划书、活页纸、笔、卡纸。

（2）设备工具：白板、计时表、多媒体设备。

四、活动时间

120 分钟。

五、活动内容及过程组织

1. 活动的准备及要求

（1）活动正式开始前导师应要求学员参考网上的简历给自己准备一份精美的个人简历，个人简历内容里面最好包含有在校获奖情况等资料；

（2）要求学员做好一分钟自我介绍词的准备，里面要包含学员自己简单的信息（籍贯、身体条件、所学专业、专长和特点、在校表现等），能让企业面试官很好地了解自己。

（3）用卡纸做好："家长""班主任""教学部""就业办""学校""企业面试官"字样的位牌；

（4）按班级人数做好"统一实习""零星实习""创业实习"实习形式的字条，便于后面抽签；

（5）提前准备好学校正式的顶岗实习协议书、顶岗实习申请表，某公司的营业执照、税务登记证、组织机构代码证的仿真复印件。

2. 活动内容

（1）活动分组。

（2）面试。

（3）顶岗实习手续办理。

（4）讨论与分享。

（5）激励。

3.活动的过程组织

第一步：导师根据班级人数分组，建议每组10人，每组的学员再分成两队，一队学员分别扮演"家长""班主任""教学部主任""就业培训中心""学校"等角色；另一队扮演准备顶岗实习的学生，老师扮演"企业面试官"。时间：10分钟。

第二步：扮演的"家长""班主任""教学部主任""就业办""学校"的学员做好准备工作。扮演顶岗实习的学员抽签决定自己是"统一实习""零星实习"，还是"创业实习"实习。时间：10分钟。

第三步：扮演"统一实习""零星实习"的学员到导师——"企业面试官"处进行面试。同时，抽到"创业实习"的学员准备自己的创业计划书。时间：40分钟。

第四步：所有学员将自己的顶岗实习协议书或创业计划书到"家长"处签字。时间：10分钟。

第五步：顶岗实习校内手续办理。时间：10分钟。

根据自己扮演的不同角色完成顶岗实习校内手续的办理：

（1）"统一实习"（学校统一安排的实习）的学员与"学校"签订顶岗实习协议后，就要将顶岗实习协议交给"就业办"；

（2）"零星实习"（学员自己找好单位，并且对方提供接收证明）的学员先填写"学生顶岗实习申请表"，然后到"班主任""教学部主任""就业办"逐个审批签字；并递交营业执照、税务登记证、组织机构代码证仿真复印件；

（3）"创业实习"（家庭有一定资金支持，并选好了创业项目）拟好创业计划书，递交"学校"进行审批通过。

第六步："统一实习""零星实习"的学员到"企业面试官"那里办理"顶岗实习接收证明"，"创业实习"的学员准备好开办企业的第一个月工作计划，交给"就业办"存档。时间：10分钟。

第七步：活动分享。时间：20分钟。

（1）小组分享。各组在组长的主持下总结每位成员完成任务的情况，梳理自己在办理顶岗实习校内工作的流程。

（2）集体分享。各组队员以自动自发原则，上台分享自己参与任务的过程及感受。

第八步：活动激励。时间：10分钟。

本次活动导师可以根据自己设定的目标要求，制定激励政策。激励手段可以设立完成任务的个人加分、小组加分、分享加分，或者是奖励小礼品等。

六、心得分享

（1）请说出"创业实习"的校内手续办理流程及要求。

（2）请说出"零星实习"的校内手续办理流程及注意事项。

（3）以上三种实习形式你会选择哪一种？为什么？

（4）明确顶岗实习校内工作流程的意义是什么？

活动二 顶岗实习的企业工作流程

一、活动概要

通过案例，提高学员对待顶岗实习工作的态度，指导学员梳理到顶岗实习企业需要办理工作流程的步骤；通过拓展活动让学员认知在新的工作环境应具备良好的工作态度。

二、活动目标

让学员明确到了顶岗实习单位后入职的步骤和与同事之间的关系处理。

三、活动材料及设备工具

（1）活动材料：纸质案例、授课白板、活页纸、白板笔；

（2）设备工具：长绳子、球网、计时表、PPT多媒体设备。

四、活动时间

120分钟。

五、活动内容及过程组织

1. 活动的准备及要求

导师提前准备好以下活动案例并打印好发给各小组：

李玫顶岗实习单位是一家比较大型的贸易公司。她告诉我她工作的第一天感觉糟糕透了，她说……

我头天晚上不知心情是不是太兴奋了怎么都睡不着，工作报道第一天早上是被闹醒的，第一反应就是要起床快点去上班！可是天公不作美，要等的公交车总是不出现，不得不打了一辆出租车才勉强地按时赶到地图上的公司地址，可是当我想走进公司大门的时候门卫把我拦住了，我告诉门卫说是来××贸易公司上班的，门卫却告诉我进错门了，这边门进去是工厂，我来上班要去人力资源部，在办公区，在前面 400 米那个大门进去。我只好拔腿就跑去办公区域那边，可是我到达公司的人力资源部时已经迟到 5 分钟了，在人力资源部的小会议室里已经开始对新员工的培训，我只好找到工作人员递交《新员工入职通知单》后进入培训行列。

培训的时候人力资源部的负责人简单给我们进行了一个入职讲解，发放了：员工手册，制度手册，岗位说明，通讯录，组织部门结构，公司各岗位职能表，OA 登陆 id 及密码……这一堆的东西到我手里的时候我就开始蒙了，心里想着这些拿来做什么？

然后我们就开始办理入职手续：人力资源部的工作人员给我填写了一份《员工登记表》，并交验几个证件：一寸免冠照片 3 张、身份证原件或户口复印件、学历证书（学生提供学生证原件）；接下来就签订劳动合同、保密协议、职位说明书；并且帮我建立员工档案，录入员工指纹（据说这是上班打考勤时候用的）。

书面上办理了入职手续后，人力资源部的员工分小组带领我们去工作部门，并在路上给我们介绍公司情况，把我们引导给部门经理后，部门经理给我安排了办公位，介绍了工作环境及本岗位内部有直接工作联系的岗位同事，并交代我到公司总务处领取电脑及办公用品，请信息组同事帮忙开通邮箱、账号、调试电脑设备等事情，就这样一个上午就在忙乱中过去了。

常说"万事开头难"，当终于忙完前面那一大堆事情，在电脑前坐下的时候，回想起早上的经历，觉得自己始终处于茫然状态。到了下午，在同事的热心的帮助下，我慢慢地熟悉了自己的工作职责。

我真希望自己能够以最快的速度来融入团队，暗暗下决心一定要好好地表现，做好我的第一份工作。

2. 活动内容

（1）按班级人数进行分组，并讲述需要小组完成的任务。

（2）活动案例讲解。

（3）各组分组讨论并按要求把答案写在白纸上，并派出一人进行讲述。

（4）教师对各组的答案进行引导、分析、归纳和总结。

（5）拓展活动——一丝不苟。

3. 活动的过程组织

第一步：导师根据学员人数，按照随机方式分小组，每组人数不超过10人，各组选出负责人。时间：5分钟。

第二步：导师播放PPT简要说明案例，并利用白板布置本次活动的任务，要求各组把答案写在白纸上面，并确认学员已经领会。时间：15分钟。

任务：

（1）李玫入职顶岗企业的流程是什么？

（2）她第一天工作去了哪些部门，在这些部门她分别做什么事情？

（3）你觉得她还有哪些事情没有准备好？

第三步：各组在组长的带领下分析案例，完成讨论。时间：30分钟。

第四步：导师对各组的答案进行引导、分析、归纳和总结。时间：10分钟。

第五步：拓展活动——一丝不苟。时间：40分钟。

活动介绍：团队所有成员通过团队合作的方式在规定的时间内让一条长绳子通过球网的每一个网孔，不可以借助任何的道具，不可以触网。以完成时间短者为胜。

说明：这个项目考验着团队每一个人合作意识，任何一个人缺位都有可能导致项目前功尽弃，也考验每一个团队成员对细节的把握和重视，有的时候对团队最大的贡献就是做好自己的本职工作。

第六步：活动分享与激励。时间：20分钟。

（1）小组分享。各组在组长的主持下总结每位成员完成任务的情况，分享活动给自己带来的理念及态度提升。

（2）集体分享。各组队员以自动自发原则，上台分享自己参与任务的过程及感受。

（3）本次活动导师可以根据自己设定的目标要求，制定激励政策，给予个人加分、小组加分，分享加分，或者是奖励小礼品等。

六、心得分享

（1）入职顶岗企业的工作流程是什么？
（2）李玫在那些部门分别需要做什么事情？
（3）你觉入职前需要准备哪些工作？
（4）本次活动给你的最大感受是什么？

项目三　顶岗实习突出问题解决

活动一　提前离职如何处理

一、活动概要

在顶岗实习时由于各方面的原因会出现提前离职的情况。学员要在导师的引导下正确处理提前离职的行动步骤。

二、活动目标

活动的任务目标是学员能够正确认识离职，正确处理离职相关手续，完成离职步骤，学会将此次提前离职造成的各方面影响降到最小。通过此活动达到以下目的：

（1）认识到自己的提前离职会对各方造成不良影响；

（2）培养学员养成在改变任何事情时一定考虑把负面影响降到最低的理念；

（3）学会按正确的步骤办理离职手续；

（4）认识到先做好后路准备是提前离职的必要条件。

三、活动材料及设备工具

（1）活动材料：活页挂纸、A4 纸、水性笔。

（2）设备工具：封闭式活动场地、多媒体设备、白板、哨子。

四、活动时间

140 分钟。

五、活动内容及过程组织

1. 活动的准备及要求

（1）地板光滑的封闭空间；

（2）导师要提前准备好案例 PPT；

（3）导师要注意在"拆车轮"游戏中的安全；

（4）在相关团队进行 A 种做法表演后导师应该将情况补充表演得更极致；

（5）各团队在表演 C 种做法时肯定不会是最优方案，导师应进行综合说明；

（6）在进行预备游戏拆车轮时导师应该不让团队对突然撤出一个人有提前的准备。

2. 活动内容

（1）活动介绍。

（2）活动热场游戏——歌曲连连唱。

（3）活动预备游戏——拆车轮。

（4）正式活动——如果我离开。

（5）活动分享。

3. 活动的过程组织

第一步：导师将在场学员按照人数分成若干个便于竞赛的团队，然后，介绍整个活动的要求及做法。时间：10 分钟。

第二步：导师指导大家玩活动热场游戏——歌曲连连唱。时间：5 分钟。

先由一个团队派出代表唱出两句歌词，后面的团队以接力的方式分别以前一个队所唱的最后一个字为开头进行歌曲接唱，直到有队无法正确接唱为止。

第三步：导师带领大家完成活动预备游戏——拆车轮。时间：15 分钟。

每个团队成员前胸贴后背，后面的队员将双手搭在前面队友的肩上围成一个圆圈。

导师发出口令："坐下，车轮转。"所有的队员分别坐在后面队员的膝盖上，一边喊着"车轮转，车轮转，我是车轮转不断"一边开始转动，看哪个团队转得又快又稳。导师用哨子吹节奏。

当导师发出口令："拆车轮"时，每个队的队长必须迅速从队伍中抽身出来，站到导师旁边，看哪个团队在队长离开后仍然能够保持队形不倒，注意，"拆车轮"口令的行动要求导师只告诉每个队的队长，而不向队员公布。

第四步：正式活动——如果我离开 1。时间：25 分钟。

通过前面的预备游戏，大家会发现队长的突然离开会导致整个队伍的坍塌，无法继续运转下去。

团队讨论与练习：如何在队长突然离开的情况下，队伍仍然能够保持队形不倒，并且能够速度最快地继续旋转下去？时间：15 分钟。

导师抛出实际案例：小丁来顶岗实习已经有 2 个多月了，与单位订有一年协议，因不明原因突然想自己换一个实习单位。他分别可以有三种表现方式：

A. 最糟糕的做法。

B. 一般的做法。

C. 最好的做法。

分别请出两个团队表演 A 和 B 的做法，根据表演的效果导师给予点评和加分。

第五步：正式活动——如果我离开2。时间：45分钟。

案例讨论：各团队根据前面 A 和 B 的表演，讨论如果在实习时确实无法继续遵守协议，需要提前离开实习单位，怎样做才是最好的？

案例角色扮演。

讨论好的团队进行案例表演，导师根据表演结果进行点评、奖励加分。

第六步：活动分享。时间：20分钟。

导师引导学员根据自己的感悟进行全面分享。

六、心得分享

（1）你觉得为什么有些人会认为离职是自己的事，跟别人无关？

（2）你认为提前离职会造成怎样的影响？

（3）你觉得怎样做可以把自己提前离职造成的影响降到最小？

（4）你是否有过类似的经历，当时你是怎样表现的？

（5）你觉得如果顶岗实习单位哪些方面做得更好可以减少员工提前离职的现象？

活动二　与面试承诺条件有差别

一、活动概要

导师引导学员通过做一个预备游戏感受事情发生改变对心理的影响，接着进行规定情境的角色扮演，探讨如果出现就职时与面试承诺条件有差异，如何妥善处理以期达到最好的结果。

二、活动目标

活动的任务目标是通过训练学员面对情况改变，如何处理心理落差，使自己在事情面前有更冷静、更成熟的处理表现。通过此活动达到以下目的：

(1) 认识到冲动的处理无助于问题的解决；

(2) 培养学员养成面对事情从好处着想的思维习惯；

(3) 学会按正确的步骤处理就职时与面试承诺条件有差异的情况；

三、活动材料及设备工具

(1) 活动材料：活页挂纸、A4纸、水性笔。

(2) 设备工具：封闭式活动场地、多媒体设备、白板、哨子。

四、活动时间

140分钟。

五、活动内容及过程组织

1. 活动的准备及要求

(1) 地板光滑的封闭空间；

(2) 导师要提前准备好案例PPT；

(3) 导师要注意在"变好变坏"游戏中椅子的摆放；

(4) 在相关团队进行家庭成员表演后导师应该将情况补充表演得更极致；

(5) 各团队在扮演"王小丽"的做法时肯定不会是最优方案，导师应进行综合说明。

2. 活动内容

(1) 活动介绍。

(2) 活动预备游戏——变好变坏。

(3) 正式活动——说话不算数。

(4) 活动分享。

3. 活动的过程组织

第一步：导师将在场学员按照人数分成若干个便于竞赛的团队，然后，介绍整个活动的要求及做法。时间：10分钟。

第二步：导师指导大家玩活动预备游戏——变好变坏。时间：30

分钟。

这是一个心理测试游戏，导师先根据分组情况将一半的组暗定为测试组，另一半的组定为对比组。先告诉大家如下故事背景：

每一个小组就是一个家庭，为了使家庭成员生活得更好，每个人都要努力工作，如果能够在规定的时间内完成以下任务：第一，将小组里的椅子迅速搬到另一边按规定形状摆好；第二，将小组的每个成员姓名、出生年月写在 A4 纸上；第三，从五名小组成员身上至少收集到五样东西交给导师。完成以上任务的团队将获得休息 20 分钟的权利。

导师在游戏开始前先把各组需要把椅子摆的形状告诉大家，将纸和笔发给各组。吹响哨子游戏开始，在规定的时间按照各团队完成任务的情况，导师兑现承诺。

各小组根据游戏过程及结果，讨论并在纸上写出各组的感受。

第三步：正式活动——说话不算数 1。时间：35 分钟。

导师公布规定情境：

王小丽等 6 名同学，应聘到了大佳商贸公司顶岗实习，在面试的时候，人事主管给大家的承诺是，每天工作大约 8 小时，每月休息 4 天，不包吃住，每月 1 600 元+绩效，月平均工资 2 000~5 000 之间。但是 1 个月后，她们觉得企业没有兑现承诺，月底薪只有 1 300 元，每天工作超过 9 小时，有时候 10 小时，且每月只休息了 2 天。她们觉得不公平，决定找企业谈谈。

各团队熟悉情境，并选择演员扮演王小丽等 6 名同学，与导师扮演的公司人力资源部经理进行谈话。

导师根据参与表演的团队表现给予评价打分。

进入第一个问题的处理：

如果情况确实如此，怎么处理？

各团队讨论给出答案，导师根据答案进行点评打分。

第四步：正式活动——说话不算数 2。时间：25 分钟。

进入第二个问题的处理：

如果确实情况如此，你觉得会有什么原因？

各团队讨论并再次角色扮演，探讨事情出现的可能原因。

导师根据每次扮演处理的结果进行点评、引导和打分。

第五步：活动分享。时间：10 分钟。

导师引导学员根据自己的感悟进行全面分享。

六、心得分享

（1）你是如何理解当一个人站在山谷看到的是山高不可攀，而站在山顶则看到的是谷深不可测？

（2）你认为为什么会出现就职后面试承诺条件有差异这种情况？

（3）如果面对就职条件不如预想，什么样的心态是积极的？

（4）正确地处理与公司在报酬、工作条件方面的差异的程序是怎样的？

活动三　刚入职就想换"更轻松"的岗位

一、活动概要

导师通过预备游戏讲故事和正式活动角色扮演等系列活动，帮助学员克服和改变刚入职就想和公司讲条件，不想在"艰苦"岗位工作的想法。

二、活动目标

活动的任务目标是通过训练让学员明白艰苦岗位也许是一种更好的锻炼，自己能够坚持下来一定会有更好的前途。通过此活动达到以下目的：

1. 调整自己的心态，使自己面对困难和艰苦能够有信心坚持；

2. 培养学员养成面对事情从好处着想的思维习惯；

3. 学会站在不同的角度思考问题。

三、活动材料及设备工具

1. 活动材料：活页挂纸、A4 纸、水性笔。

2. 设备工具：封闭式活动场地、多媒体设备、白板、哨子。

141

四、活动时间

100 分钟。

五、活动内容及过程组织

1. 活动的准备及要求

（1）封闭的室内培训空间；

（2）导师要提前准备好案例 PPT；

（3）导师准备的故事一定要贴近受训者要容易引起共鸣；

（4）导师要想方设法鼓励学员说出自己的故事；

（5）各团队在分析案例中人物出现类似情况的原因时导师要做好引导。

2. 活动内容

（1）活动介绍。

（2）活动预备游戏——讲故事：坚持就是胜利。

（3）正式活动——角色扮演。

（4）活动分享。

3. 活动的过程组织

第一步：导师将在场学员按照人数分成若干个便于竞赛的团队，然后，介绍整个活动的要求及做法。时间：10 分钟。

第二步：导师指导大家玩活动预备游戏——讲故事：坚持就是胜利。时间：20 分钟。

导师告诉大家，世界上有很多杰出的人、伟大的事，其实粗看起来并没有什么特别，只是他们在做事时比别人多坚持一点而已。然后，导师给大家讲一个有关坚持的故事，比如说二战中的丘吉尔、编撰《史记》的司马迁等。

在导师故事的引导下，各组讨论讲出各自关于"坚持"的故事，导师根据每个组讲故事的踊跃程度以及讲故事的质量，分别给予点评奖励。

当故事都讲完后，再请一两个小组分享他们对故事的看法。

第三步：正式活动——角色扮演 1——我是朱家光。时间：40 分钟。

导师公布规定情境：

朱家光是某某职业院校物流专业的一名实习生，被分配到了广西南宁一家物流企业实习，刚到公司的那段时间几乎每到晚上十一二点就会给你这个班主任来电话，诉说他的痛苦：工作时间很长，每天晚上都干到十一二点才下班，临近年底农民工都回家过年了，公司把他们当搬运工用，人都要累死了。因为他知道这家公司的老总也是你这个班主任当年的学生，所以希望你能跟老总说说给他换个岗位。

各团队熟悉情境，讨论故事准备话术，推选一名学员扮演朱家光，给导师扮演的班主任打电话。

导师根据参与表演的团队表现给予评价打分。

进入第一个问题的讨论：

朱家光的这种表现是不是一种常见现象，为什么？

各团队讨论给出答案，导师根据答案进行点评打分。

进入第二个问题的讨论：

朱家光打电话的真正原因是什么？为什么？

各团队讨论给出答案，导师根据答案进行点评打分。

第四步：正式活动——角色扮演2——我是班主任。时间：20分钟。

各团队根据情境转换角色，假设自己现在是班主任，面对朱家光打来的电话如何给他回话，如何帮他解决问题？

各团队讨论后进行角色扮演，一组派人扮演朱家光，另一组就扮演班主任，分别轮战看哪一组表演得更好。

导师根据各组扮演班主任的表现给予点评加分奖励。

第五步：活动分享。时间：10分钟。

导师引导学员根据自己的感悟进行全面分享。

六、心得分享

（1）你是如何理解坚持就是胜利的？

（2）你认为那些成功人士支撑他们坚持下去的到底是什么？

（3）如果你是朱家光你会怎么想怎么做？

（4）请找一个关于坚持的故事与你的伙伴分享？

活动四 骂人的主管

一、活动概要

为解决如何正确处理被主管骂的问题，导师设计了预备游戏"骂"的表演，让各组学员模仿主管尽情地"骂"，从心理上有了宣泄，并通过正式活动"骂"的分析与应对，一步步地引导学员以最终妥善处理此类问题。

二、活动目标

活动的任务目标是通过训练，学员不再担心被主管骂，也知道如何处理被骂情形的发生，调整心理和行为做出积极的应对。通过此活动达到以下目的：

(1) 认识到冲动的处理无助于问题的解决。

(2) 培养学员养成面对事务从好处着想的思维习惯。

(3) 培养学员学会冷静、客观地分析解决问题。

三、活动材料及设备工具

(1) 活动材料：活页挂纸、A4 纸、水性笔。

(2) 设备工具：封闭式活动场地、多媒体设备、白板。

四、活动时间

120 分钟。

五、活动内容及过程组织

1. 活动的准备及要求

(1) 封闭的室内培训空间。

(2) 导师要提前准备好案例 PPT。

(3) 导师要在预备游戏"骂"的表演中让学员尽情发挥。

（4）导师在引导学员开展正式活动"骂"的分析与应对时不要提前公布自己的想法，而是尽可能先让学员说出他们的想法。

（5）引导学员分析被"骂"的各种可能及应对方法时尽可能详尽。

2．活动内容

（1）活动介绍。

（2）活动预备游戏——"骂"的表演。

（3）正式活动——"骂"的分析与应对。

（4）活动分享。

3．活动的过程组织

第一步：导师将在场学员按照人数分成若干个便于竞赛的团队，然后，介绍整个活动的要求及作法。时间：10分钟。

第二步：导师指导大家玩活动预备游戏——"骂"的表演。时间：20分钟。

导师告诉大家规定情境：

很多人反映自己去顶岗实习或面试工作的单位，主管都是很凶的，车间的班长或公司部门的主管总是骂人。自己都不知道怎么办了。

各小组根据规定情境讨论班组长或主管骂人的情形与表现，导师用抢答的方式激励一两个小组上台表演"骂"人的主管。

导师根据每个组的涌跃程度以及讲表演的质量，分别给予点评奖励。

表演完毕其余的小组分享他们的看法。

第三步：正式活动——"骂"的分析与应对——最恶劣的应对。时间：20分钟。

导师公布规定情境：

根据前面主管的表演，各团队用自认为最恶劣的方式进行应对。

各团队抢答表演，导师引导大家分析结局，并根据参与表演的团队表现给予评价打分。

导师问："这些是否已经是最恶劣的应对方式？"

　　　　"还有更恶劣的吗？"

各团队讨论分析。

第四步：正式活动——"骂"的分析与应对——好的应对。时间：20

分钟。

导师引导：

"有没有好一点的应对方法？"

各团队根据自己的理解提出好的应对方法。导师给予点评加分奖励。

第五步：正式活动——"骂"的分析与应对——如果我们这样做。时间：40分钟。

导师引导：如果我们这样做。

分析（一）：这位班组长（主管）是真的骂人还是假的？

如果是真的，他（她）应该是：

我们应该：

如果不是真的，他（她）应该是：

我们应该：

分析（二）：这位班组长（主管）是不是时时刻刻或每件事都骂人？

如果是，他（她）应该是：

我们应该：

如果不是，他（她）应该是：

我们应该：

分析（三）：这位班组长（主管）是不是对每个人都骂还是多数只骂你？

如果是，他（她）应该是：

我们应该：

如果不是，他（她）它应该是：

我们应该：

第六步：活动分享。时间：10分钟。

导师引导学员根据自己的感悟进行全面分享。

六、心得分享

（1）分享一个你做事被骂的经历？

（2）你对"骂"是怎样理解的？

（3）如果以后你做了主管你会骂人吗？为什么？

（4）你认为"骂"有多少种层次？

（5）为什么说这种情况的出现是一种人际关系的问题？

活动五 "偏心"的主管

一、活动概要

在顶岗实习过程中，有的同学认为自己能力较强，但企业主管就是看不到自己有能力，不只看不到，还处处针对自己，于是经常抱怨，其实最公平的是时光，最偏心的也是时光，每个人都拥有同样的 24 小时，看你怎样活出自己的精彩，与其怨天尤人，不如行动起来，用业绩证明你很棒，你值得主管的另眼相看。

导师通过案例分析的方式在本次活动中让学员通过讨论与分享，学会如何面对"偏心"的主管，并且赢得工作的主动。

二、活动目标

通过活动让学员学会解决在顶岗实习期间遇到"偏心"的主管时的困惑。

三、活动材料及设备工具

（1）活动材料：典型案例、大白纸、色卡纸。

（2）设备工具：白板一块，白板笔 10 支、多媒体设备。

四、活动时间

40 分钟。

五、活动内容及过程组织

1. 活动的准备及要求

导师提前准备好以下典型案例，可以打印纸质材料到时分到各组，也可以准备好 PPT 统一播放说明。.

案例：我校 2013 级市场营销 4 班陶小萍同学，经过总公司的新员工培训后被分配到了苏州观前街门店进行顶岗实习。

该生在我校就读期间担任班干、学干，各方面表现都很优秀，到了店里接受能力也挺强，各方面表现都挺好，就是在做销售方面有些放不开手脚，一段时间下来，她的销售业绩都上不去，店长便让陶同学到仓库里面理货，给予一些时间去掌握销售知识以便以后能提高业绩；刚开始陶同学也没太多想法，就到仓库里面开始理货，店铺忙碌的时候她也会出来门店做销售，由于在销售的过程中她的表现还是没能达到店长的要求，店长就开始用比较犀利的语言说她；此后，陶同学对店长这样的犀利语言有点畏惧，导致在工作中态度比较消极，她开始在我们学校的实习群里向同级的同学抱怨，说这个店的店长对她有意见，别的员工和她情况差不多，都没有被调到仓库，也没有被骂，店长就是偏心，觉得她是新员工好欺负，最后还说不想在这里看别人的脸色过日子，想离开这个实习单位。

2. 活动的内容

（1）案例发放和讲解。

（2）分组讨论。

（3）集体分享。

（4）点评与激励。

3. 活动的过程组织

第一步：案例发放和讲解。时间：5 分钟。

第二步：导师引导学员按班级人数进行分组，每组 10 人，每组选出一人当组长，对上述案例进行分析讨论，共同探索学习，寻找解决方案。时间：15 分钟。

第三步：集体分享。各组把答案写在白纸上，并派出一人进行讲述。时间：10 分钟。

第四步：教师对各组的答案进行引导、分析、归纳和总结，给答得比较好的团队加分激励。时间：10 分钟。

六、心得分享

（1）你认为店长这样做对吗?

（2）如果你是陶同学你应该怎样做？

（3）本次活动给你的最大启示是什么？

活动六 无法融入部门人际关系

一、活动概要

顶岗实习阶段的学生多数是最基层的"被管理者"角色，因此学生要经历由学生到职业人角色的转换与适应环境的过程。很多新员工在进入一家新公司后，表现出诸多的不适应，"水土不服"，很难快速融入新公司并在短时间内展现出自己的能力，赢得欣赏。其实，这是一个很普遍的现象。无论是初入职场的毛头小伙，还是久经沙场的职场老手，都会有这样的矛盾和纠结。

本次活动就是导师通过案例分析的方式帮助学员找到解决办法的过程。

二、活动目标

学会作为新员工该怎样快速融入部门团队的方法。

三、活动材料及设备工具

（1）活动材料：典型案例、大白纸、色卡纸。

（2）设备工具：白板一块、白板笔10支、多媒体设备。

四、活动时间

60分钟。

五、活动内容及过程组织

1. 活动的准备及要求

导师应该根据培训对象及培训的需要提前准备好相关的典型案例，可以打印成纸质材料，也可以制作成PPT，或者两者兼有。

案例：小张是一名来自柳州市武宣县农村的孩子，就读于我校珠宝营销专业，实习单位是深圳某珠宝首饰有限公司，刚到深圳单位，地域性上的落差，语言的差异，生活习惯等都让他对一些事物的认知度和熟悉度受到了极大的限制。他觉得自己很难在同事们的聊天中插上话，除了同班同学，他很少与其他同事来往，除了工作，小张对其他事物的了解一概是"白痴"。所以这为他的人际关系设了一道障碍，让他感觉自己无法和团队中的其他成员打成一片。

2. 活动的内容

（1）案例发放和讲解。

（2）分组讨论。

（3）集体分享。

（4）角色扮演。

（5）点评与激励。

3. 活动的过程组织

第一步：案例发放和讲解。时间：5分钟。

第二步：按班级人数进行分组，每组10人，每组选出一人当组长，对上述案例进行分析讨论，共同探索学习，寻找解决"小张该如何融入团队"的方案。时间：15分钟。

第三步：各组把答案写在白纸上，并派出一人进行讲述。时间：10分钟。

第四步：角色扮演：一人扮演小张，小组其他成员扮演他的同事，自己设计故事，表演小张如何融入部门的其他员工之中，每个小组轮流表演，导师根据表演结果给予团队加分3~6分。时间：20分钟。

第五步：导师对各组的答案进行引导、分析、归纳和总结、加分激励。时间：10分钟。

六、心得分享

（1）小张为什么没能融入团队？

（2）你认为小张应该怎么做？

（3）本次活动给你的最大感受是什么？

活动七 不小心损坏公司财物

一、活动概要

顶岗实习的学生到了新工作岗位，工作环境与在学校相比发生了巨大的变化，他们由于缺乏工作经验、对各种设备的使用熟悉程度，对产品的了解和个人性格等原因，一不小心可能会对公司财物造成损坏。本活动旨在帮助学生学会解决类似困境。

二、活动目标

学会处理在工作中不小心损坏了公司财物的方法。

三、活动材料及设备工具

（1）活动材料：典型案例、大白纸、色卡纸。
（2）设备工具：白板一块、白板笔10支、多媒体设备、用于摔坏的物品。

四、活动时间

60分钟。

五、活动内容及过程组织

1. 活动的准备及要求

导师应该根据培训对象及培训的需要提前准备好相关的典型案例，可以打印成纸质材料，也可以制作成PPT，或者两者兼有。

案例：小陈顶岗实习在深圳某珠宝公司上班，上班期间，由于不小心损坏了公司的一条项链（项链接口部分被小陈不小心用力过度掰断了），公司主管要小陈全额赔偿项链5 000元，之后公司在没有通知小陈处理结果的情况下，扣了小陈整个月3 500元工资，请问公司这样做合法吗？

2. 活动的内容

（1）案例发放和讲解。

151

（2）分组讨论。

（3）集体分享。

（4）角色扮演。

（5）点评与激励。

3. 活动的过程组织

第一步：案例发放和讲解。时间：5分钟。

第二步：按班级人数进行分组，每组10人，每组选出一人当组长，对上述案例进行分析讨论，共同以"小陈该如何处理这件事情"进行探讨，寻找解决方案。时间：15分钟。

第三步：各组把答案写在白纸上，并派出一人进行讲述。时间：10分钟。

第四步：角色扮演。时间：20分钟。

一人扮演人事经理，一人扮演小陈，小组自己设计故事，人事经理找小陈谈话，认为小陈该付全责，该如何进行沟通？每个小组轮流表演5分钟，导师根据表演结果给予团队加分3~6分。

第五步：导师对各组的答案进行引导、分析、归纳和总结，并给予表现优秀的团队加分激励。时间：10分钟。

六、心得分享

（1）小陈在这件事存在哪些过错？

（2）你认为小陈应该怎么做？

（3）本次活动给你的最大感受是什么？

活动八　实习单位条件差又得不到老师安慰

一、活动概要

顶岗实习是学习与就业之间的一个重要环节，好的实习经历能为在校的学习交出一份满意的答卷，同时也可为将来的就业热身，打好"预备战"。顶岗实习单位不可能所有的专业都一样，条件当然也会不尽相同，甚至同一个企业不同地域办公场所的工作、住宿等条件都不一样，这反而是锻炼学生尽快融入新环境的一次很好的机会。

本项活动旨在通过案例分析等方式引导学员学会解决实习单位条件差又得不到老师安慰的心态问题。

二、活动目标

学会如何针对"实习单位条件差，与单位领导、学校老师反映了，却得不到安慰"的解决办法。

三、活动材料及设备工具

（1）活动材料：典型案例、大白纸、色卡纸。
（2）设备工具：白板一块、白板笔10支、多媒体设备。

四、活动时间

60分钟。

五、活动内容及过程组织

1. 活动的准备及要求

导师应该根据培训对象及培训的需要提前准备好相关的典型案例，可以打印成纸质材料，也可以制作成PPT，或者两者兼有。

案例：我们在江苏某贸易有限公司实习的学生小廖，在总公司培训完后，和同班的几名学生一起分到苏州区域实习，苏州区域有十几家店，每位学生分到了不同的店铺，有的店铺环境很好，有的稍差，住宿条件也大有不同，有的有员工宿舍和食堂，有的要自己解决食宿问题，小廖所在的店铺环境很好，但住宿方面，被安排到了老员工的宿舍，由于她是后来者，所剩的铺位不多，选择机会少，铺位靠近门口，宿舍没有食堂，也没有地方煮东西吃，晚上回来晚了没有热水，她觉得很不习惯，在QQ群上与大家聊天时，发现其他同学所在店铺的住宿条件都比自己的好，她向店长、老师都进行了反映，可店长说没铺位了，老师也不理会她，于是她不想干了，吵着要回家。

硬顶着过了一个多月，她越干越烦，觉得自己吃住这么差，而且老师也不来看望自己，一气之下离职跑回家了。

2. 活动的内容

（1）案例发放和讲解。

（2）分组讨论。

（3）集体分享。

（4）点评与激励。

3. 活动的过程组织

第一步：案例发放和讲解。时间：5分钟。

第二步：按班级人数进行分组，每组10人，每组选出一人当组长，对上述案例进行分析讨论，共同探索学习，寻找解决方案。时间：25分钟。

第三步：各组把答案写在白纸上，并派出一人进行讲述。时间：20分钟。

第四步：导师对各组的答案进行引导、分析、归纳和总结，觉得回答有道理的给予加分激励。时间：10分钟。

六、心得分享

（1）你遇到过类似情况吗？你当时的心理是怎样的？

（2）实习期间你是不是特别希望老师经常来看望你，如果老师不来你怎么想？

（3）你认为小廖应该怎么做？

（4）本次活动给你的最大感受是什么？

活动九　永远的退却与逃避

一、活动概要

目前由于地区经济环境、企业经营环境的改变，许多大型企业都开始了校企合作，学生在学校进行2年的理论学习后，都为学生提供一年的顶岗实习机会，这种模式是校企联合发展的重要手段之一！而学生在顶岗实习期间平均都有至少 3 个月的迷茫适应期（远离父母、远离熟悉的生活环境），再加上对顶岗实习的重要性认识不清以及父母的娇惯，因此很多学生在实习的迷茫适应期就会习惯性地选择退却与逃避。

导师在本项目中通过案例分析、角色扮演等方式，引导学员自己寻找解决这种心态和行为的办法。

二、活动目标

活动的任务目标是让参训学员找到解决有些人一旦遇到困难就选择退却和逃避的办法。通过此活动达到以下目的。

(1) 认识企业实习的必要性及重要性。

(2) 学习实习适应期的自我建设方法。

(3) 学会鼓励自我和他人。

三、活动材料及设备工具

(1) 活动材料：典型案例、大白纸、色卡纸。

(2) 设备工具：白板一块，白板笔若干、小蜜蜂话筒 5 个、多媒体设备。

四、活动时间

120 分钟。其中活动一案例分析 40 分钟，活动二角色扮演 80 分钟。

五、活动内容及过程组织

活动一：案例分析

1. 活动的准备及要求

(1) 分享活动材料案例，完成活动内容。

(2) 学习过程中，各小组独立完成，遵守约定纪律。

(3) 活动要求人人参与，分享发言采用轮流制。

(4) 导师应该根据培训对象及培训的需要提前准备好相关的典型案例，可以打印成纸质材料，也可以制作成 PPT，或者两者兼有。

案例：2017 年小王和小徐两个好朋友通过订单企业的面试，最终获得了到江苏某著名企业顶岗实习的机会，千里迢迢与其他四十多位同学一起坐火车到达了公司，休整了两三天后，管理规范的这家企业专门为新入职的员工精心准备了一周的企业内训，内训包括5公里越野跑等艰难的项目，内训结束后企业就将与学生签订合同正式开始顶岗实习工作，进入训练营的当天晚上，这两位同学就开始与公司主管领导陈经理说要退出实习，理由是小王的父亲本来身体就不好，现在家里希望她能回家照顾家里，在柳州找一个实习单位。带队的杨老师从晚上的七点多钟到十点多钟一直在做两个同学的思想工作，其间还与小王的母亲长途通话近一个小时，她妈妈也是说家里需要人照顾，希望她回柳州实习。学校和企业实在没有办法，只好同意这两位同学第二天离开，但是直到现在这两位同学也没能在柳州完成实习拿到毕业证。

2. 活动内容

（1）活动分组。

（2）头脑风景。

请各小组完成以下问题的讨论。

（1）小王同学放弃实习的原因有哪些？哪些是最主要因素？

_____

_____

（2）小王同学以及家长是否应该轻言离开，放弃实习？如何调试？

_____

_____

（3）小王同学的离开会对个人、学校、企业有什么影响吗？

_____

_____

（4）你所能预知刚到企业的适应期还会发生哪些不良反应？

_____

_____

（3）展示分享。

（4）点评激励。

3. 活动的过程组织

第一步：导师根据学员人数，按照随机方式分成小组，每组人数不超过 10 人，各组选出负责人。时间：5 分钟。

第二步：小组长组织进行队内头脑风暴法，完成讨论题，形成小组意见集。时间：15 分钟。

第三步：各小组选派代表 1~2 位，进行成果展示。时间：15 分钟。

第四步：导师简单点评总结并针对各队表现给予加分激励。时间：5 分钟。

活动二：角色扮演

1. 活动的准备及要求

（1）学习过程中，各小组独立完成，遵守约定纪律。

（2）小组内进行人员角色分工。

2. 活动内容

（1）组内分配角色。

（2）研究角色特点。

（3）角色扮演。

（4）讨论与分享。

（5）点评与激励。

3. 活动的过程组织

第一步：小组内分工，分配角色，让同学分别扮演小王、小徐、小王的妈妈、陈经理和杨老师这五个角色，小组对扮演角色进行特点分析，共同探索学习模拟进行小王的情绪疏导，寻找解决方案。时间：20 分钟。

角色扮演分工表

杨老师扮演者	陈经理扮演者	小徐扮演者	小王扮演者	小王妈妈扮演者

第二步：各小组按顺序依次上台进行表演，其他各组观看，并做好记录。时间：30 分钟。

角色扮演观察记录

主要观点记录		
杨老师	陈经理	小徐
人物情绪转变		

小王	
小王妈妈	

第三步：各小组根据前面演员的表演情况进行投票，并讨论分享意见和建议。时间：20分钟。

第四步：导师根据同学们表演的真实程度评出"金像奖"一、二、三名，第一名团队加6分，第二名团队加4分，第三名团队加2分。再选出最佳男女主角各一名，所在团队加2分。时间：10分钟。

六、心得分享

(1) 本次活动给你的最大感受是什么？

(2) 你觉得怎样才能克服自己的实习中的困难？

(3) 你认为人在什么情况下最容易选择逃避和退却？

(4) 案例中的人物遇到的真正困难和问题到底是什么？

活动十 对公司的做法不理解不认同

一、活动概要

学生在学校遇到困难都是由老师协助完成，很少有机会单独去沟通协调问题，当他们到了实习单位后就算对公司的做法不理解不认同，也不知道怎样处理，缺乏独立沟通的经验和能力，本项活动旨在由导师的引导为学员解决这个问题。

二、活动目标

通过案例分享与沟通能力的训练，帮助学生找到对公司做法不理解不认同的解决办法，以及提高学生主动沟通意识和技巧。

三、活动材料及设备工具

（1）活动材料：大白纸、典型案例材料。
（2）设备工具：白板一块、白板笔10支、多媒体设备。

四、活动时间

40分钟。

五、活动内容及过程组织

1. 活动的准备及要求

（1）分享活动材料案例，完成活动内容。
（2）学习过程中，各小组独立完成，遵守约定纪律。
（3）活动要求人人参与，分享发言采用轮流制。
（4）导师应该根据培训对象及培训的需要提前准备好相关的典型案例，可以打印成纸质材料，也可以制作成PPT，或者两者兼有。

案例：2017年小丽和其他同学一样通过两年订单班学习，顺利进入订单企业实习。订单企业对这些同学很重视，学员还没有正式入职就安排他们进行了一周的拓展训练，其中有些项目还让大家很难适应，比如50公里越野跑，她们觉得这有必要吗？同时，公司的很多规定也让他们不太理解和认同。而且，小丽开始实习后，发现老员工们因为实习生待遇高等问题，常常暗中挤兑她，生性内向的小丽不知道怎么获得老员工的喜爱。

2. 活动内容

（1）活动分组。

（2）案例讲解。

（3）讨论与分享。

（4）点评与激励。

3. 活动的过程组织

第一步：按班级人数进行分组，每组5人，选出一人当组长。时间：5分钟。（如果之前在做其他培训活动时已经分组，那么这一步可以省略。）

第二步：导师发放或播放典型案例。时间：5分钟。

并提出以下问题：

（1）小丽同学为什么对公司要进行拓展训练的作法不理解？

_____

_____

_____

（2）你在实际顶岗实习中还会对哪些公司作法不理解不认同？

_____

_____

_____

（3）如果你对实习单位的作法不理解不认同你会怎么做？

_____

_____

_____

（4）你认为小丽应该怎样与老员工相处？

_____

_____

_____

第三步：各小组在导师的引导下进行讨论与分享。时间：20分钟。

第四步：导师对各组的答案进行引导、分析、归纳和总结。并给予表现优秀的团队加分激励。时间：10分钟。

六、心得分享

（1）你遇到过自己不太理解和认同的事吗？有哪些？

（2）面对这些不理解不认同当时你是怎样处理的？现在你会怎样处理？

（3）我有什么与老员工相处的经验？

活动十一　别把自己当成永远的"普工"

一、活动概要

学员在导师的指导下以团队为单位，通过充分的研讨，找到解决问题的方法，调整心态，学会在工作瓶颈期的自我调整与沉淀。

二、活动目标

训练学员能够在工作瓶颈期学会心态调整及修正职业生涯规划。

三、活动材料及设备工具

（1）活动材料：大白纸、典型案例材料。

（2）设备工具：白板一块，白板笔 10 支、多媒体设备。

四、活动时间

60 分钟。

五、活动内容及过程组织

1. 活动的准备及要求

（1）分享活动材料案例，完成活动内容。

（2）学习过程中，各小组独立完成，遵守约定纪律。

（3）活动要求人人参与，分享发言采用轮流制。

（4）导师应该根据培训对象及培训的需要提前准备好相关的典型案例，可以打印成纸质材料，也可以制作成 PPT，或者两者兼有。

案例：中专生小敏顶岗实习时被安排到一家超市做储备干部，从理货员开始干起，刚开始时觉得还不错，工作难度不大，同事好相处。但是过了半年的实习，她发现超市内很多50多岁的老员工，一辈子就在理货员的岗位上工作，老员工也劝说年轻人来超市工作怎么没有前途。小敏害怕自己将来也和这些老员工一样，心中的苦闷也越来越重，一直抱怨超市是一个没有前途的行业，想要离职。带着烦恼她打电话给了自己的班主任。

补充阅读：一则关于"解读麦当劳全球营销策略"的文章甚是吸引人，尤其是曾经执掌这个全球知名快餐王国的总裁——澳大利亚人查理贝尔，如何从一个最底层的清洁工一步步向前迈进，最终成为麦当劳历史上第一位非美国人的总裁。

主人公：查理·贝尔

年龄：43岁

事件：2004年4月19日，麦当劳公司董事会推选时43岁的现任总裁兼首席运营官查理·贝尔为麦当劳公司新任总裁兼首席执行官，他因此成为第一位非美国人的麦当劳公司掌门人，而且也是麦当劳最年轻的首席执行官。

镜头：1976年，悉尼街头，一家麦当劳门前。

一个15岁少年，瘦骨嶙峋的身材和苍白的面色在初晨的阳光中尤显的单薄，犹豫几分，他还是向前一步，踏进了这家麦当劳店。没有直奔点餐台，而是稍稍平息一下内心的紧张，径直走向麦当劳工作人员处，找到店长，请他给予自己一份工作。

当然，事情不太顺利，店长里奇一眼看出了这是个还未成年的孩子，孱弱的身体，幼小的面孔还不足以胜任这里的工作，于是，他委婉地拒绝了这个孩子。

沉默片刻，少年静静地离开了，可是令里奇始料不及的是，过了几天，少年又来了，带着同样的请求出现在了他的面前。少年的请求比上次更为诚恳，了解之下，里奇得知这是一个为了生计而奔波的孩子。

最终，少年的自信和窘境得到了里奇的同情，他同意少年在这里打扫厕所。扫厕所，这个没有多少技术含量的工作，里奇却发现这个15岁的少年做得和别人很不一样，比如：用干灰先除湿吸水，再进行清扫而不是直接打扫；把花草放进厕所，把一些谚语警句贴在厕所的墙壁上等，只要是能改善厕所环境，让客人在厕所也能感受温馨服务的小事，他都会去尝试。

当然，少年所做的一切得到了客人的好评，里奇把这一切看在眼里也记在心里，三个月后，他破格正式录用了这个 15 岁的少年。

……

麦当劳总裁兼首席执行官查理·贝尔就是这个少年。

在当时，扫厕所，是被人鄙视，也是一份被视为毫无前途没有出息的工作，但是，贝尔却把这当作是他事业开始最坚实的一块基石。也正是基于他的坚持不懈，在每一件小事中尽力展现自己的能力，他的人生就从扫厕所的时候开始发生了变化！

成为正式员工，走向正规职业培训之后，贝尔被放在店内各个岗位进行锻炼。勤奋聪颖的他经过几年的历练，全面掌握了麦当劳的生产、服务、管理等一系列工作，这也成为他事业的第二块重要的基石，量的积累立刻带来了质的飞跃！

19 岁，贝尔被提升为澳大利亚最年轻的麦当劳店面经理。

27 岁，成为麦当劳澳大利亚公司副总裁

32 岁，被任命为麦当劳澳大利亚公司的执行董事

38 岁，贝尔开始主管麦当劳公司的亚洲、非洲和中东业务。

在担任总裁兼首席运营官期间，贝尔负责麦当劳公司在 118 个国家的超过 3 万家麦当劳餐厅的经营和管理，并从 2003 年 1 月 1 日起进入董事会。

"查理·贝尔从零做起，是位了不起的执行官。"贝尔从基层干起的经历也颇得华尔街分析人士好评。

2. 活动内容

（1）活动分组。

（2）案例讲解。

（3）讨论与分享。

（4）点评与激励。

3. 活动的过程组织

第一步：导师根据学员人数，按照随机方式分成小组，每组人数不超过 10 人，各组选出负责人。时间：5 分钟（如果之前在做其他培训活动时已经分组，那么这一步可以省略。）

第二步：导师发放或播放典型案例。时间：10 分钟。并提出以下问题。

(1) 查理·贝尔与超市老员工如何成为不同的人？

(2) 我们从查理·贝尔身上有哪些感悟？

(3) 小敏同学如何认识超市储备的工作？

(4) 小敏同学在超市行业有哪些发展？

(5) 如果你在入职后一直在流水线或普通一线工作，你如何突破？

第三步：小组组长组织进行队内头脑风暴法，完成讨论题，形成小组意见集。时间：25 分钟。

第四步：各小组选派代表 1~2 位进行成果展示。时间：10 分钟。

第五步：导师点评总结并给予加分激励。时间：10 分钟。

六、心得分享

(1) 通过学习，同学们有哪些收获？

(2) 请制订 3 年的工作发展计划。

活动十二　觉得在企业没有成长空间

一、活动概要

目前，职业院校学生大多数为独生子女，由于父母的溺爱，依赖性大，缺乏独立性和主动性，不知道积极面对工作，在实习期间不知道主动学习新知识，遇到不懂的问题不知道主动请教，而且还盲目自信自大，认为自己了不起，虚荣心比较强。

二、活动目标

通过研讨、发表、训练、锻炼学生认真对待事情，正确认识自己，主动学习，请教意识。

三、活动材料及设备工具

(1) 活动材料：大白纸、典型案例材料。

(2) 设备工具：白板一块，白板笔 10 支、多媒体设备。

四、活动时间

60分钟。

五、活动内容及过程组织

1. 活动的准备及要求

（1）分享活动材料案例，完成活动内容。

（2）学习过程中，各小组独立完成，遵守约定纪律。

（3）活动要求人人参与，分享发言采用轮流制。

（4）导师应该根据培训对象及培训的需要提前准备好相关的典型案例，可以打印成纸质材料，也可以制作成PPT，或者两者兼有。

案例：小王参加企业实习两个月，基本每天晚上都要打电话给班主任倾诉：企业不如学校好，学校有任课老师、班主任关心自己，嘘寒问暖。领班只负责安排工作，什么都不教，我的师傅一个月都不来看我一次，全靠我自学，做不好，还挨批评。在这里上班，我觉得都没什么好学的，没有人理，感觉自己像被放逐了。

2. 活动内容

（1）活动分组。

（2）案例讲解。

（3）讨论与分享。

（4）点评与激励。

3. 活动的过程组织

第一步：导师根据学员人数，按照随机方式分成小组，每组人数不超过10人，各组选出负责人。时间：5分钟。（如果之前在做其他培训活动时已经分组，那么这一步可以省略）

第二步：导师发放或播放典型案例。时间：10分钟。并提出以下问题。

（1）小王同学出现实习不适应的原因是什么？

（2）学校老师与企业师傅的区别在哪里？

（3）小王同学应该如何制订顶岗实习学习计划？

（4）你真的认为企业里没有什么可学的吗？

（5）如果觉得自己没有成长空间，主要原因是什么？

第三步：小组长组织进行组内头脑风暴法，完成讨论题，形成小组意见集。时间：20分钟。

第四步：各小组选派代表1~2位，进行成果展示。时间：20分钟。

第五步：导师简单点评总结并给予加分激励。时间：5分钟。

六、心得分享

（1）面对即将开启的实习，你做了哪些心理调试？

（2）请制定一份属于自己的实习计划书。

（3）你怎样看待企业没有成长空间问题？

（4）如何在一线的工作中保持自己的学习冲劲和进步动力？

【课程小结】

顶岗实习其实不只是实习，这个过程是让同学逐步完成从学生到职业人的一个角色转变，要求同学们退去学生的稚气，具备职业人的专业知识、技能和素质，学会适应新的工作生活环境，增进对社会的了解；并且帮助同学们认清自身与职业要求的差距。

对于很多同学而言，如果自己所学的专业能够"学以致用"当然是最理想的事情，可是实际上，实习工作与专业不对口也是目前很普遍的现象。我们要认识到提高实践经验才是顶岗实习的真正目的，不要因为岗位与所学专业不对口就抱有消极情绪，从长远来看，顶岗实习是把自己在校的理论知识与工作实践有效地结合起来，也是提高自身的综合素质为以后的发展奠定基础；顶岗实习更能便于自己找准职业定位，增强从书本学不到的人际交往能力，语言表达和沟通能力，让自己的求职简历变得充实生动，对于个人职业生涯的发展起着很重要的作用。

本模块从角色认知、企业认知、岗位认知等最基本的知识理念开始，通过找到在顶岗实习期间比较集中突出的问题的解决办法，帮助训练学员形成较好地完成实习任务的能力。

【课后案例】

自己犯的工作错误与他人无关

蓝同学和胡同学是市场营销专业的学生，顶岗实习的时候分配到的是某企业同一家专卖门店，担任营业员，两人平时关系挺好，两人经常一起上下班。

有一天胡同学下了早班跟上中班的蓝同学说："今天我迟到了 5 分钟。"然后蓝同学就问她："怎么处理你了？"因为碰巧是在交接班繁忙的时间段，胡同学就回答了一句："没什么。"

事情过了几天，蓝同学迟到了 8 分钟，刚好被区域长胡经理看到，胡经理就直接叫住她说："迟到了按规矩罚款 30 元，放到公共基金中。"蓝同学第一反应说："啊，为什么就我要罚款？前几天胡××不是一样迟到，但是为什么她不用罚款？"

胡经理就说："迟到对吗？"

蓝："不对。"

胡经理："那今天是你迟到吧，那既然是你迟到是不是要挨罚？"

蓝："是，但是我见她也迟到没有被罚啊。"

胡经理："首先，今天这个事情肯定是你做错了是吧？！那你做错了我肯定是要罚你的钱；其次，你怎么知道我没有罚她的钱。再说了，她被罚钱，关你什么事。你被罚钱是她害的吗？你迟到了我只会问你要罚款。你犯的错误是你的，不是人家的，是与别人没有关系的。你要记得这一点。"

请分析此案例。

【实际应用】

顶岗实习阶段和在校学习生活是不同的，作为职业学校的学生在校就应当逐步培养自己的职业素养和职业能力，通过顶岗实习来进行巩固，便于真正走出社会时能迅速地适应职业岗位需求。顶岗实习阶段结束后就是自己应该面临的就业问题，犹如离开母亲庇护的小鸟，会面临着许多意想不到的挫折和困难，我们面对困难时，如果总想依赖别人的帮助去渡过难关那就意味着永远都不会独立，所以不论成功还是失败，都要学会去调节自己的心态，我们要想在社会中立足，不被困难打倒，就要从容不迫，勇往直前。

请大家根据本模块的训练完成一份总结，并找到自己面临顶岗实习时应该真正解决的问题。

模块四　反传销反网络诈骗

【知识目标】

能阐述常见传销和网络诈骗的手段；会识别传销和网络诈骗的基本招数和掌握一定的反传销、防诈骗的技巧及方法。

【能力目标】

提高学员在学习生活以及以后的工作生活的安全防范意识，避免受传销组织、诈骗分子的欺骗；增强学员的安全意识和自我保护意识；能将学到的防诈骗知识向亲朋好友宣传。

【理念目标】

为了提高学员顶岗实习的防诈骗意识和提高安全防范意识，达到在将来的实习工作以及以后的生活不受传销组织、诈骗分子的欺骗，在心里形成对传销活动的防范意识。

【课前角色扮演案例导入】

李涛和张玫的故事（四）——一个熟人的电话

李涛和张玫已经外出实习三个月了，这三个月他们都没有联系对方，只是从学校或老乡中偶尔听到对方一些消息。

由于张玫顶岗实习的是一家汽车销售 4S 店，主要的工作岗位是销售顾问（实习生），虽然，公司对刚入职的实习学生比较照顾，但是，还是有

一定的销售业绩要求。而张玫实习时正好是销售淡季，再加上年纪偏小，显得不够成熟，顾客不太信任，因此，三个月了一台车都还没有卖出去，她心里十分苦恼，由于没有业绩顶岗实习的工资自然不高。

正当张玫心里苦闷的时候，一个自称李涛的人给她打来了电话。

张玫接听电话："你好。你是哪位？"

李涛："我是李涛呀。"

张玫："李涛？不对吧，你的声音不像呀。"

李涛："没错，是我，最近感冒了，声音有点变。"

张玫："你的电话号码也不对呀，李涛不是这个号码呀。"

李涛："我的那个手机丢了，这是重新换的号码。"

张玫："好吧。李涛，你在那边怎样呀？"

李涛："挺好呀，我们这边的工作挺好的。工资也比较高。你呢？"

张玫："别提了，三个月我都卖不出去一台车，我真没用。"

李涛："不会呀，我觉得你的能力挺强的，可能你那边经济环境不够好，不像我们这边经济挺发达的，做什么都好做。"

张玫："是呀，真美慕你。"

李涛："要不然你干脆来我们这边算了，我所在的这家企业是一个大集团，不光有汽配修理的，也有4S店。按你的条件肯定没有问题的。"

张玫："真的呀，那太好了。他们会收我吗？不过，不行，实习是不能乱跑的，我还是在这边算了，老师也会不同意的。"

李涛："实习期很快就过了，谁不想实习结束后留在一个更好的企业呀，找一个更适合自己发展的地方才是最重要的。正好我们在4S店也有一个老乡，跟他说说肯定没有问题。"

张玫："我想想吧。"

其后的几天"李涛"经常给张玫打电话劝说她，一星期后，张玫离开了原实习企业去找李涛去了。

项目一　反传销

活动一　传销认知

传销，一个大家耳熟能详的名词。不知背负着多少人的发财致富梦，不知背负着多少无辜者的血汗；不知拆散了多少个温馨和睦的家庭，不知毁了多少人本该幸福的一生。我们现在就通过以下的问题初步认知一下传销及其危害性。

一、什么是传销？

传销是指组织者或者经营者发展人员，通过对被发展人员以其直接或者间接发展的人员数量或者销售业绩为依据计算和给付报酬，或者要求被发展人员以交纳一定费用为条件取得加入资格等方式牟取非法利益，扰乱经济秩序，影响社会稳定的行为。

传销具有以下两个基本要件。

（1）组织要件：即发展人员，组成网络。传销组织者承诺，只要参加者交钱加入后，再发展他人加入，就可获得高额的"回报"或"报酬"。这就是俗称的"发展下线"。下线还可以再发展下线，以此组成上下线的人际网络，形成传销的"人员链"。

（2）计酬要件：包括两种形式。一种是以参加者本人直接发展的下线人数和间接发展的下线人数为依据计算和给付报酬，即以直接和间接发展的人员数量计提报酬，形成传销的"金钱链"；另一种是以参加者本人直接发展和间接发展的下线的销售业绩（即销售额）为依据计算和给付报酬，形成传销的"金钱链"。

如果有人给你介绍的"工作""生意"或者"投资"，前提条件是你得交钱，并且要你发展亲戚朋友参加，并许诺你可从中提取报酬，就要引起你的警惕了。

二、传销是否属于违法犯罪？

传销是国家明令禁止的违法犯罪行为。传销作为一种营销方式，20世纪 90 年代初传入我国。由于传销本身具有组织上的封闭性、交易上的隐蔽性和传销人员的分散性等特点，加之我国正处于社会主义市场经济的初级阶段，市场发育程度低，相关法律法规不够完善，管理手段相对滞后，消费者自我保护意识不强，一些不法组织和个人利用传销宣扬邪教、组织帮会、散布迷信；利用传销吸收党政机关工作人员、现役军人、在校学生等参与经营；利用传销从事诈骗活动、推销假冒伪劣商品、偷逃税收、走私贩私、牟取暴利。传销活动严重干扰了正常的经济秩序，严重损害了人民群众的利益，影响我国的社会稳定。为此，1998 年 4 月，国务院发出了《关于禁止传销经营活动的通知》，明确指出传销活动不符合我国现阶段国情，已造成严重危害，对传销活动必须予以坚决禁止。2005 年 8 月，国务院颁布了《禁止传销条例》，并于同年 11 月 1 日起施行。条例的颁布实施，进一步加大了对传销活动的打击力度。

参与传销情节严重的，还会触犯《中华人民共和国刑法》的规定，构成犯罪。最高人民法院《关于情节严重的传销或者变相传销行为如何定性问题的批复》（法释【2001】1 号）规定："对于 1998 年 4 月 18 日国务院《关于禁止传销经营活动的通知》发布后，仍然从事传销或者变相传销，扰乱市场经济秩序，情节严重的，应当依照《中华人民共和国刑法》第二百二十五条第四项之规定，以非法经营罪定罪处罚。实施上述犯罪，同时构成《中华人民共和国刑法》规定的其他犯罪的，依照处罚较重的规定定罪处罚。"

从事传销除了可能构成非法经营罪外，有其他严重情节的，还可能构成诈骗罪、合同诈骗罪、集资诈骗罪、非法吸收公众存款罪、生产销售伪劣产品罪、走私罪、偷税罪等。如果同时构成非法经营罪，又构成其他犯罪的，就会按照处罚较重的规定定罪处罚，情节特别严重的，甚至可以判处无期徒刑、死刑。

三、传销的危害性

1. 传销扰乱社会经济秩序

传销违法活动不仅违反国家禁止传销的法律规定，伴随传销发生的偷税漏税、制售假冒伪劣商品、走私贩私、非法集资、集资诈骗、非法买卖外汇、虚假宣传、侵害消费者权益等大量行为，还违反了税收、消费者权益保护、市场行为管理、金融、外汇管理等方面的多个法律、法规的规定，给市场经济秩序造成破坏。

2. 传销破坏社会道德、社会诚信体系建设

传销组织通过灌输、"洗脑"，教唆参与者以"善良的谎言"将亲朋好友诱骗参与传销。导致人与人、人与社会之间的信任度严重下降，极大地破坏了社会主义社会赖以存在和发展的诚信基石，与建设和谐社会的目标背道而驰。如传销组织对参加者所上的第一课往往就是教你如何用所谓"善意的谎言"去骗人，而且是骗身边的人。经过传销组织的"洗脑"，传销参与者诚信缺失，道德失衡，不惜将同学、同宗、同事、同乡，朋友、战友、室友，甚至父母、兄弟、姐妹、亲戚都骗入传销的"泥潭"。

3. 传销引发刑事犯罪，危害社会稳定

传销使绝大多数参加者血本无归，一些传销人员因此流落他乡，生活悲惨。部分人员参与盗窃、械斗、卖淫、聚众闹事，甚至引发抢劫、杀人等刑事案件，给人民生命财产安全和社会稳定造成严重侵害。

4. 传销使参与者个人、家庭受到严重伤害

每个传销参与者都有相同的经历：被亲戚朋友以介绍工作为名骗至外地，通过"洗脑"，被致富神话打动，四处筹集资金加入传销网络。陷入传销泥潭后为赚钱再欺骗亲朋好友加入，如此恶性循环。由于传销获利与否及获利多少取决于发展下线人数的多少，一旦再没有新成员加入，处于底层的传销人员必将血本无归。传销结果往往是夫妻反目、父子相向、孩子辍学，甚至家破人亡。有的传销人员经过"洗脑"，受传销组织精神控制而变得精神恍惚，不能正常的工作和学习。

四、传销的几大特点

（1）组织严密、行动诡秘：传销一般采取把人员骗到异地参与，组织严密，一般实行上下线人员单独联系，而组织者异地遥控指挥。

（2）杀熟：以"找工作""合伙做生意""外出旅游""网友会面"等为借口，诱骗亲戚、朋友、同乡、同事、同学到异地参与传销。

（3）编造暴富神话：利用一套貌似科学合理的奖金分配制度的歪理邪说理论，鼓吹迅速暴富，鼓动人员加入。

（4）洗脑：对加入传销组织的人以集中授课、交流谈心等方式不间断地灌输暴富思想，使参与者深信不疑。

（5）高额返利：传销组织一般都制订有貌似公平且吸引力很强的"高额返利计划"，在传销人员的鼓噪下，很容易使人产生投资欲望，轻率加入传销活动。

（6）商品道具、价格虚高：传销的商品只是道具，目的是发展人员，骗取钱财，因此被传销的商品价格与价值严重背离，很多是难以衡量价格的化妆品、营养品、保健器材、服装等，部分商品是"三无"商品。

五、当前传销组织惯用的欺骗手段

（1）为诱骗群众上当受骗，传销组织往往利用人们急于发财致富的心理，许诺高额回报，引诱参加者交纳一定费用或购买产品，以此作为加入该组织的条件。

（2）传销组织打着"加盟连锁""网络销售""电子商务""特许经营"等旗号。有的还宣称自己是国家引进的最先进的营销模式、已经过某某部门认可、公司领导人获得国家颁发的荣誉称号、公司是国家有关部门授予的"直销实验基地"等，千方百计诱骗他人交钱加入。

（3）传销组织把目标瞄准身边的亲朋好友，并根据诱骗对象的情况，以介绍工作、做生意、旅游、朋友会面等为名，把亲戚、朋友、同学、同乡、同事、战友骗到外地，并限制其人身自由（包括"帮助保管身份证"、"陪同"外出打电话等软限制），通过利诱、威逼、暴力等手段胁迫其从事传销活动。

（4）传销组织采取开会、培训、上课等方式，强行对新加入者进行上课、"洗脑"，灌输与社会主义社会法律和道德相悖的思想理念。不少人被"洗脑"后，深陷其中，不能自拔。由此从受骗者变成骗人者，把同乡、亲戚、朋友、同学，甚至家人也骗入传销组织，形成"滚雪球"式的恶性循环。

（5）有的传销组织打着已经注销的企业如"武汉新田"，或并不存在的企业如"深圳文斌"等旗号将一些人员骗往异地从事传销诈骗活动。

六、参加传销的人员要承担法律责任吗?

传销是国家明令禁止的违法行为。由于传销的本质特征是通过发展人员参加，组成上下线人际网络的形式来实施违法活动，所以参加传销的人员也是违法者，要承担相应的法律责任。参加者不是消费者，不能按照《消费者权益保护法》实施救济和保护。

现实生活中，有不少传销参加者既是受害者同时也是害人者，在自己被骗参加传销后，又诱骗他人加入。究其原因，一是有的人钱财被骗后心有不甘，明知骗人仍想通过发展其他人加入，获取所谓的"回报"，拿回自己的钱。二是被传销组织"洗脑"后，深信参加传销能够发大财，不惜骗取他人加入，幻想获得"高额回报"，早日成为百万、千万"富翁"。三是由于大多数参加人员都是普通群众，介绍发展的多数是亲戚朋友。利用亲情、友情骗取亲人、朋友钱财后，怕遭到亲人的指责，被骗后不敢回家，留在传销组织继续骗人。这些人不但拿不到钱，最终，往往为了"冲业绩"、拿"奖金"而投入更多的钱，一错再错，深陷传销泥潭不能自拔。有的由一般参加者成为传销骨干分子。

按照《禁止传销条例》第二十四条第三款的规定，参加传销的，由工商行政管理机关责令停止违法行为，可以处2 000元以下的罚款。公安机关也可以根据治安管理的有关法规进行查处。执法机关对于一般参加人员，本着惩罚与教育相结合的原则，一般以说服、教育、训诫为主，对其违法行为予以制止。

七、学生如何预防传销陷阱?

1. 了解传销结构及危害性

非法传销以发展推销人员入会为主要目的，通过入会人员的入会费用牟取利益。非法传销没有固定的店铺，通过一个个所谓成功的案例来吸引人员参与，这种模式实际上是一个"金字塔"的构建模型，处于金字塔底部的人员在供养处于金字塔顶端的人员。但是，这个传销金字塔非常不稳定，塔中任何一个环节出现问题，都会导致金字塔倒塌。

非法传销不过是个"聚众融资"游戏，高额的入门费加上无法在市场中流通的低质高价产品，这些非法传销公司组织者的收益主要来自参加者缴纳的入门费或认购商品等方式变相缴纳的费用，因为产品不流通，组织者多半利用后参加者所缴付的部分费用支付先参加者的报酬维持运作，利用学生急于在社会锻炼、渴望成功的心理，诱导欺骗学生参加。

2. 认清传销形式，坚决拒绝诱惑

非法传销最常用的手法就是与直销混为一谈。其实，直销与传销有本质的区别。只要符合以下三种情况，那就是传销。

（1）加入组织须交纳入会费（或购买产品）。

（2）介绍其他人进来就有业绩奖金。

（3）介绍的人越多级别越高，收入越多，还有分红等。

非法传销利用学生缺乏社会经验、急功近利的弱点，美化创业的乐趣，多以成功学为诱饵，以帮助学生增强自信心、提升适应社会能力为手段，将学生引入歧途。

3. 掌握非法传销的规律，避免陷入陷阱

目前，非法传销正向中小城市发展，并把招聘学生作为一个重要的内容，所以，学生要认清非法传销的本质。对主动联络学生的招聘信息，同学们更要谨慎行事，不可轻易相信任何来路不明的招聘信息，也不要轻易将个人信息随便告知他人。

4. 谨慎应聘，仔细辨别

学生在应聘前要了解招聘单位的概况，更要掌握招聘单位的用人目的。这就需要同学们仔细辨别，询问招聘单位的产品、生产，甚至可以问一两个专业的问题来考察对方。针对学生的非法传销组织，常利用学生掌握先进技术快、接受新鲜事物能力强的特点，通过网络对学生进行欺骗。对待这种网络招聘形式，学生更要明辨是非，在不确定的情况下不要去招聘单位面试。

非法传销有"经济邪教"之称，其威力可见一斑。广大学生要树立正确的成才观念和择业观念，不要落入非法传销的陷阱。

活动二　传销体验

一、活动概要

很多青年学生屡屡跌入传销陷阱，这和青年学生缺乏人生经验固然有关，但更重要的是学生本身对传销认识不足，低估了传销组织的行骗能力和控制能力。此活动旨在换位思考的状态下，了解传销人员拉人头入伙的套路，学会如何防范被传销人员"洗脑"，落入传销组织的陷阱。

二、活动目标

通过角色扮演、换位思考，让学员了解传销人员是如何精心策划，步步为营地让人落入传销组织陷阱的。

（1）了解传销的欺骗性；

（2）锻炼团队（小组）分析任务，策划完成任务的能力；

（3）锻炼团队成员的应变能力；

（4）锻炼团队成员反传销的能力。

三、活动材料及设备工具

（1）活动材料：授课白板或者黑板。

（2）设备工具：投影仪、传销商品道具。

四、活动时间

60 分钟。

五、活动内容及过程组织

1. 活动的准备及要求

（1）活动开始以前先让学员了解什么是传销以及它的危害性。

（2）要求每个学员都要积极参与思考，强调投入越多才会收获越多。

2. 活动内容

（1）活动分组。

（2）正式活动——我是这样拉你入伙的。

（3）活动分享。

（4）点评与激励。

3. 活动的过程组织

第一步：导师根据学员人数，按照随机方式分成小组，每组人数不超过10人，各组选出负责人。时间：5分钟。（如果之前在做其他培训活动时已经分组，那么这一步可以省略。）

第二步：正式活动——"我是这样拉你入伙的"。时间：35分钟。

导师先进行角色安排：

你（指现场受训学生）是一个职业院校的毕业生；

我（指培训老师）是你的老乡，你的学弟（学妹）。

导师一边交待故事情节，一边不断提问；各小组长组织成员采用头脑风暴法展开集体讨论，形成小级意见，然后派代表回答。

故事情节一：你在一个偶然的机会，被传销人员成功"洗脑"，不幸落入了传销组织，现在你需要寻找目标，发展你的下线。

问题一：你认为哪些人是你适合发展下线的对象？

故事情节二：你以在北海做生意的理由，约我来"考察项目"，但你却带我在北海逛了很多天风景……

问题二：我说："你什么时候带我去看你所讲的生意？"这时候你会如何作答呢？

故事情节三：你天天带着我出去逛，终于有一天，我忍不了了……

问题三：我说："阳光这么猛烈（或天气这么冷）出去干嘛？"这时候你会如何作答呢？

故事情节四：我还算有点见识，了解过北海传销行业比较多……

问题四：我说："听说这个城市有很多传销？"这时候你会如何作答呢？

故事情节五：你带我逛北海途中，必然会看到很多新楼盘，由于种种原因，很多新楼盘看上去都死气沉沉，居住的人好像不是很多的样子……

问题五：我说："这个城市房地产是挺多的，但看起来好像没什么人居住一样，会不会成为泡沫？"这时候你会如何作答呢？

故事情节六：你带我了解完房市，去了一些高大上的楼盘，如：三千海、碧桂园等。

问题六：我说："这里的房价这么高，是不是有人在炒房？"这时候你会如何作答呢？

故事情节七：逛了好几天了，你想带我到别人家里"坐坐"，就是想让别人帮我"分析形式"……

问题七：我说："我不想到别人家里坐，你直接告诉我就行了。"这时候你会如何作答呢？

故事情节八：每天走街串巷，东家坐坐西家坐坐后，我看出来你没在做什么生意了……

问题八：我说："你为什么要骗我，你不是说你在做×××生意吗？"这时候你会如何作答呢？

故事情节九：我耐心被"洗脑"了好几天，越来越迷糊的状态下，有想投资的意愿了……

问题九：我说："你们这个项目要投资多少钱？"这时候你会如何作答呢？

故事情节十：我似乎在某个环节发现了行业漏洞，并且坚信你做的是传销……

问题十：我说："不用再带我去了解了，这个东西就是传销。"这时候你会如何作答呢？

故事情节十一：到目前你还没有彻底激发我的"贪"念。

问题十一：我说："这个东西是赚钱，你做就行了。"这时候你会如何作答呢？

故事情节十二：我就是觉得大家在给我"洗脑"，就是不相信……

问题十二：我说："钱是可以赚到，但是这个行业不是人人都适合做的，我没有这个能力。"这时候你会如何作答呢？

故事情节十三：我觉得你也被"洗脑"了……

问题十三：我说："我和你是好朋友才相信你过来，但你现在已经被

"洗脑"了，你赶紧跟我离开这里。"这时候你会如何作答呢？

故事情节十四：你的朋友（或亲戚）了解行业好几天了，看到你们每天不是去逛风景，就是去家里聊天……

问题十四：我说："你们这么闲，每天都在做什么啊？"这时候你会如何作答呢？

故事情节十五：你的朋友（或亲戚）被你们讲的政策搞得有点不明不白，说相信，又不全信……

问题十五：我说："这里确实有个政策，但这个政策不是你们做的，你们只是借助这个政策环境来行骗。"这时候你会如何作答呢？

故事情节十六：我终于知道了需要投资6980元，就能赚到10.4万元……

问题十六：我说："怎么可能挣这么多？再说我也没有这么多钱。"这时候你会如何作答呢？

故事情节十七：我觉得这是个好机会，但又不相信天上掉馅饼，开始对你产生怀疑……

问题十七：我说："这么好的事为什么你家里人不过来？"这时候你会如何作答呢？

故事情节十八：你的朋友（或亲戚）了解行业好几天了，想做但是疑虑重重……

问题十八：我说："是不是叫不到人就没有钱拿？"这时候你会如何作答呢？

第三步：讨论与分享。各小组在导师的引导下就上面演练的问题进行总结讨论和集体分享。时间：15分钟。

第四步：导师点评，并根据前面回答问题及讨论分享的结果给予各组加分激励。时间：5分钟。

六、活动分享

（1）传销人员是怎样循序渐进、环环相扣地诱导他人跌入传销陷阱的？

（2）应该怎样防范陷入传销人员布下的"陷阱"？

（3）这项活动给你什么启示？

活动三　传销解救

一、活动概要

青年学生一直生活在校园里，没有社会经验，辨别能力相对较差，也使得他们容易被传销分子欺骗，尤其是容易被陷入传销的亲友同学所骗。一旦跌入传销陷阱，要懂得如何自救。

二、活动目标

活动的任务目标是每个人至少懂得三个以上的自救方法。

（1）了解传销的危害性。

（2）锻炼团队（小组）分析任务，策划完成任务的能力。

（3）锻炼团队成员的应变能力。

（4）让学员学会在危急情况下自救。

三、活动材料及设备工具

（1）活动材料：授课白板或者黑板、大白纸。

（2）设备工具：音响、话筒、传销商品道具。

四、活动时间

60分钟。

五、活动内容及过程组织

1. 活动的准备及要求

（1）活动开始以前先让学员了解什么是传销以及它的危害性。

（2）要求每个学员都要积极参与思考，强调投入越多才会收获越多。

2. 活动内容

（1）活动分组。

（2）课程导入。

（3）正式活动1——案例分析。

（4）正式活动2——角色扮演。

（5）活动分享。

（5）点评激励。

3. 活动的过程组织

第一步：导师根据学员人数，按照随机方式分成小组，每组人数不超过10人，各组选出负责人。时间：5分钟。（如果之前在做其他培训活动时已经分组，那么这一步可以省略。）

第二步：课程导入。时间：10分钟。

导师播放并说明以下案例。

小王是一名职业学校毕业的学生。有一天接到朋友小李打来的电话，小李说他现在在江苏省的一个工厂工作，过得挺好的。他说他们厂的经理现在缺一个助理，让他过去面试这个职位，小王觉得这是一个很好的机会，于是就辞掉了原来的工作，坐车去江苏省找小李去了。

小王一下车，就看到小李已经早早等候在车站了。小李主动上来帮小王拿行李，俩人边走边聊。小李告诉小王他们厂这些日子放假，面试的时候就带小王去见经理。不一会儿小李接了一个电话，接完后他对小王说过一会儿有两个同事过来找他玩。那两个同事来了也显得非常热情，他们带着小王逛街，但是他们什么也不买。小王对小李说回公司的宿舍吧，他们就找各种借口推脱说再逛会儿。终于等到快天黑了，小王跟着他们来到一个院子里，走进一个大屋子里一看里面有十多个人，有男有女，地上铺着一层塑料板，墙角处叠着整整齐齐的被子。小王有一种不祥的感觉，他尽量让自己冷静下来，随后他就让小李跟他出去买盒牙膏，小李说，天黑了商店关门了，先用他的吧。小王又问卫生间在哪里？小李让另外两个人带他去。小王在路上问他们公司名字是什么，他们说是正大电子厂，小王于是确信自己已经进入传销的窝点了，因为小李对他说的公司是富士康。

小王在心里对自己说冷静冷静，心想慢慢地找机会逃跑，但是那两个人寸步不离地跟着他。小王知道今天是逃不出去了，再加上天黑，路上没有行人，只好和他们回去睡觉了。

第三步：案例分析。时间：45分钟。

导师引导学员以团队为单位展开集体讨论以下问题，把答案写在大白纸上，然后派代表展示并做解析。

（1）如何确定一个人是否被骗入传销组织？

（2）如何识别传销窝点？

（3）如果被骗入传销窝该如何自救？

第四步：角色分配。时间：10分钟。

各组在导师的引导下根据前面的案例及讨论的结果分配角色，分别扮演传销经理、小王、小李、小李的同事、小王的班主任、小王的家人、路人、社区民警等。并对各自角色进行定位。

第五步：角色扮演。时间：20分钟。

各组按照前面的角色分配根据案例剧本，在导师的引导下表演小王误入传销组织后如何想方设法逃脱的过程。

第六步：方法总结与分享。时间：20分钟。

各组分别汇报自己是如何识破传销并用什么方法成功逃脱的（结果也可以是没有当场逃脱）。

第七步：点评与激励。导师根据前面各组的表演与分享，评比出最佳表演者给予加分激励。时间：10分钟。

六、活动分享

(1) 你认为很多人误入传销的原因是什么？

(2) 除了前面提到的那些方法外，你还能想到哪些传销的解救方法？

(3) 误入传销组织后，希望解救自己需要做好哪些准备？

(4) 这项活动给你什么启示？

项目二　反网络诈骗

活动一　网络诈骗认知

网络诈骗在近些年来十分猖獗，犯罪分子手法翻新技术先进，防不胜防，给人民群众的人身财产安全造成了巨大的损失，下面我们就从以下这几个问题认知一下网络诈骗的真实面目。

案例引入：

黄老师在 2017 的"双十二"抢了一个健身器材，卖家发百世快递，结果到 12 月底还没送到，黄老师在 12 月 24 日查看了发货物流信息显示已经到柳州了，于是在旺旺上就联系卖家询问："货品早就到柳州了，怎么还是没有送到本人手上，物流到底是什么情况？"

卖家答复得非常及时："马上跟物流联系，物流方给了答复就马上给您回复。"

当天中午，百世快递官方来电联系，跟黄老师询问了一下情况，然后说要查一下包裹情况。

事情到了下午，就有一个自称为百世快递工作人员打来电话，告诉黄老师说他们把他的包裹搞丢了，要求黄老师加一下他们的快递赔偿专线微信，要求黄老师通过微信把订单信息发给专员，有专员具体负责相关的赔偿处理。于是黄老师用微信加了一个名为"百世快递1"的号码，并将订单信息发给对方，随后"赔偿专员"打电话来说公司有规定，不能用微信直接转赔付款，需要通过一个二维码扫码进去自己申请赔偿。

当黄老师扫码登录时，"赔款专员"用电话一直在指导操作，当黄老师扫码进去后就出现一个支付宝登陆页面；"赔款专员"指导黄老师填写进去，以确认身份！黄老师填写时，脑子里突然感到疑惑："为什么赔款要这么复杂"？正在这时，"赔款专员"在电话反复强调说："请您快点，我手上还有很多订单要处理，您只要登陆进去，操作30秒，就可以申请2倍赔偿，我就算处理好了这一单！""赔款专员"不停在催促着黄老师赶快将支付宝登录账号和密码输入，此时黄老师心里的疑惑越来越大，心想："卖家发货后遇到物品丢失，应该是卖家通过联系寄件快递公司进行核实处理，只要包裹没有签收，丢失与自己一点关系都没有的！"，然后随口说了一句："我等一下吧，现在手头上有事情要处理。""赔款专员"立即骂了起来："#￥%#!"黄老师顿时明白了，他刚才幸好悬崖勒马，要不支付宝里面的钱估计就全部被转走了。

一、什么是网络诈骗？

网络诈骗是指以非法占有为目的，利用互联网采用虚构事实或者隐瞒真相的方法，骗取数额较大的公私财物的行为。

二、网络诈骗手段

现在的网络诈骗手段主要有以下几种：

（1）黑客通过网络病毒方式盗取别人虚拟财产。一般不需要经过被盗人的程序，在后台进行，速度快，而且可以跨地区传染，使侦破时间更长。

（2）网友欺骗。一般指的是通过网上交友方式，从真人或网络结识，待被盗者信任后再获取财物资料的方式。速度慢，不过侦破速度较慢。

（3）网络"庞氏诈骗"。一般是指通过互联虚假宣传快速发财致富，组织没有互联网工作经验人员，用刷网络广告等手段为噱头，收敛会费进行诈骗。

（4）网络贷款。使用网络小额无担保贷款的方式欺骗消费者。

三、网络诈骗手法及防范

（一）假冒好友

诈骗手法：骗子通过各种方法盗窃 QQ 账号、邮箱账号后，向用户的好友、联系人发布信息，声称遇到紧急情况，请对方汇款到其指定账户。网络上又出现了一种以 QQ 视频聊天为手段实施诈骗的新手段，嫌疑人在与网民视频聊天时录下其影像，然后盗取其 QQ 密码，再用录下的影像冒充该网民向其 QQ 群里的好友"借钱"。

防范：遇到此类情况，头脑中务必多一根弦，及时通过电话等方式联系到本人，确认消息是否源自好友或联系人，避免上当。

（二）网络钓鱼

诈骗手法："网络钓鱼"是当前最为常见也较为隐蔽的网络诈骗形式。

所谓"网络钓鱼"，是指犯罪分子通过使用"盗号木马""网络监听"以及伪造的假网站或网页等手法，盗取用户的银行账号、证券账号、密码信息和其他个人资料，然后以转账盗款、网上购物或制作假卡等方式获取利益。主要可细分为以下两种方式。

一是发送电子邮件，以虚假信息引诱用户中圈套。诈骗分子以垃圾邮件的形式大量发送欺诈性邮件，这些邮件多以中奖、顾问、对账等内容引诱用户在邮件中填入金融账号和密码，或是以各种紧迫的理由要求收件人登录某网页提交用户名、密码、身份证号、信用卡号等信息，继而盗窃用户资金。

二是建立假冒网上银行、网上证券网站，骗取用户账号密码实施盗窃。犯罪分子建立起域名和网页内容都与真正网上银行系统、网上证券交易平台极为相似的网站，引诱用户输入账号密码等信息，进而通过真正的网上银行、网上证券系统或者伪造银行储蓄卡、证券交易卡盗窃资金。还有的利用合法网站服务器程序上的漏洞，在站点的某些网页中插入恶意代码，屏蔽住一些可以用来辨别网站真假的重要信息，以窃取用户信息。

防范：遇到此类情况，首先不要在网上随意填写个人资料，开通网上业务前应前往正规银行索要资料，登录正确的网页办理业务，避免上当受骗。

（三）网络托儿

某知名汽车专业论坛上，经常会出现这样一些帖子。先罗列一些市场上比较烂的汽车牌子，弄个噱头、譬如：2012 十大烂车排行榜等，逐个对名单里面的汽车进行批评，而且出口毫不留情，仿佛很为广大车迷着想，令看者心惊胆战。

然后会有一堆人跟帖顶起，附和楼主观点，等帖子的热度一上来，就会有人忽然问：××牌子的汽车怎么样？有人用过吗？

接下来又有一大堆人上来介绍该牌子的好处、使用心得等。

看到上面这样一个帖子，很多不明事里的人都容易上当。其实，帖子里面的大部分人都是"托儿"，先贬低一部分汽车牌子，引起读者同感，然后借机宣传自己的牌子。

（四）银行升级诈骗

警方通报：目前全国最新型的电信诈骗犯罪，是利用"××银行 E 令行卡过期"、网银升级、信用卡升级、网银密码升级等虚假信息实施诈骗。犯罪分子利用××银行网上转账只需输入常规静态密码及 E 令（××银行网银客户持有的动态密码显示设备）的动态口令，无需 USBKey（硬件数字证书载体）的特点，通过发送"××银行 E 令过期"等虚假短信息，诱骗受害人登录与××银行官方网址相似的"钓鱼网站"，从而窃取受害人的登录账户和密码口令。一旦得手，犯罪分子迅速通过网上转账将受害人账户内的资金转走。

当受害人发现账户资金被盗时往往已错失破案时机，加之多数民众对这种新型的诈骗犯罪手法尚不了解，防范意识和能力很低，极易上当受骗，造成重大经济损失。

此种犯罪手法的诈骗短信示例："尊敬的网银用户：您申请的××银行 E 令行卡即将过期，请尽快登入 www. ×××××.com 进行升级。给您带来不便，敬请谅解。（××银行）"

由于诈骗网站大都在境外，接到举报后要关闭该诈骗网站往往需要一定周期，且犯罪分子经常变换域名和 IP 地址，以逃避打击，因此请广大市民一定提高警惕。

警方提醒，如接到类似的诈骗信息，请及时拨打 110 报警，或向12321 举报中心举报，不给犯罪分子可乘之机。

（五）电信诈骗变种

据警方调查，传统电信诈骗手段嫌疑人一般冒充电信局等工作人员谎称事主电话欠费，然后转向冒充的"公安人员"，谎称事主身份信息被冒用并实施诈骗。

（1）有些嫌疑人拨打事主电话时冒充 114 工作台，来电显示电话号码为 114；

（2）嫌疑人谎称事主医保卡在异地药店买药消费，已经"不能用"，进而告诉事主身份信息被盗用，接着实施诈骗；

（3）嫌疑人自称是快递公司工作人员，称有两个邮件一直没有送到，邮件是公安分局发的，主要内容是信用卡欠费已经被法院起诉，还牵扯到一个几千万元的金融案件，进而实施诈骗；

（4）嫌疑人在告诉事主电话欠费的同时，告知事主电话欠费是假的，实际上事主的信息泄露有可能卷入案件，建议做一个金融保单，进而实施诈骗；

（5）冒充黑社会诈骗。警方通报，传统方式中，嫌疑人一般发短信冒称"东北黑社会李大龙"实施诈骗。新手段中，嫌疑人直接打电话冒称是"二秃子"，并告知事主得罪人了，有人要取事主的手腿，接着称只要汇款就告诉事主指使人是谁并且不再找事主麻烦。嫌疑人一般自称东北人，外号叫"刘老四""四哥"等，此类手法为以前手段的演变。

四、八种常见的网购诈骗情形

一是谎称其货品为走私物品或海关罚没物品，要求网民支付一定的保证金、押金、定金；

二是谎称网民下订单时卡单，要求网民重新支付或重新下订单；

三是谎称支付宝系统正在维护，要求网民直接将钱汇到其指定的银行账户中；

四是谎称购物网站系统故障，要求网民重新支付；

五是谎称网店正在搞促销、抽奖活动，需要交纳一定的手续费等；

六是网民在网购飞机票时，嫌疑人谎称网民提供的身份信息有误，要求网民重新支付购票款；

七是谎称需要进行资质验证，要求网民支付验证资质费；

八是谎称店内无货，朋友的店里有货，于是推荐一个看似差不多的网址。

五、六大网购欺诈及防范措施

(一) 六大网购欺诈手段

1. 以虚假网购信息诱人汇款

在当地重点论坛和网上社区发布网购信息，吸引网民到该网站。在取得网民信任后，要求网民向指定银行账号汇款或转账，等网民发现上当后，将此前公布的联系电话变成空号或公用电话，而网民通过 QQ、UC 等即时通讯工具与其进行联系时，却发觉自己被列入黑名单。

2. 以便宜货为诱饵实施诈骗

在淘宝等大型网上交易平台开设网店，并放置特别便宜的商品，利用网民喜欢买便宜货的心理，将网民在大型交易平台的电子交易渠道转移到其设计的虚假网站进行电子交易行为。

3. "网上购物金卡" 的骗局

不法分子通过在路上遗弃 "网上购物金卡" 的方式诱使贪图便宜的人上当。"网上购物金卡" 写明查询方式，如果拾到者照该方式网上查询，往往显示有大量余额，但这些钱只可以到该网站购物，但这其实是不法分子设下的一个 "高级陷阱"，接下来通过一系列连环套骗局，骗取事主钱财。

4. 利用 QQ 实施诈骗

行骗者在网上利用 QQ 寻找作案目标，向作案目标低价兜售有纪念和收藏价值的贵重物品，并承诺先交订金，余款货到交款。爱好收藏的人往往经不住 "低价" "纪念和收藏价值" 的诱惑，贪图便宜，甘愿冒险，试着订一套或二套，当把订金汇入对方账户时，对方就再也联系不上了。

5. 克隆著名网站实施诈骗

将网页做得和著名网站几乎一样，但网址往往与著名网站只有一个字母之差，让人分辨不出真伪，使人不知不觉受骗上当。

6. 拟制虚假中奖消息

犯罪分子冒充国内知名的游戏、购物、娱乐等大型网站或经营单位，向网站用户发送虚假中奖信息，谎称当事人中了大奖，并提供一个和该网站网址非常相似的网址链接，要求当事人上网确认。一旦用户点击该链接，就会登录到诈骗者制作的假网站，按提示进行操作，就会显示当事人确实中奖了，并要求当事人打网站上留的"客服电话"，咨询领奖事宜。打通电话后，骗子就会冒充网站工作人员，以奖品邮寄费、奖金个人所得税、账户保险费等要求当事人向其指定的银行账户汇款，而后便销声匿迹。

（二）防范措施

消费者在选择电子商务网站进行网络商品交易和购买服务过程中，注意以下要点。

（1）选择货到付款的交易模式（物流快递代收货款，收到货品后再进行支付）。

（2）选择具有第三方支付手段的平台进行交易（多使用支付宝、财付通或 paypal 等第三方支付模式交易）。

（3）选择具有消费者保障制度的交易平台（指具有 7 天包退换、正品保证、30 天免费维修、假一赔三等消费者保障制度的电子商务交易平台）。

（4）选择店铺的产品质量、货源和售后服务具有品牌厂家认证网店（各品牌厂家开设的直销网站，如联想、戴尔、凡客诚品等）。

（5）索取网购销售凭证，防范霸王条款（向经营者索要购票凭证或者服务单据，为解决网上购物的纠纷提供凭证和依据）。

（三）识别和防范虚假钓鱼网站的五种方法

（1）检查该网站有没有公布详细的经营地址和电话号码。

（2）检查公司所在地与注册地址是否相同。

（3）检查网站是否提供用实名登记的联系方式。

（4）检查版权所有地址与固定电话所在地址是否一致。

（5）检查网站货物的价格是否是超低价格。

六、被诈骗可能性调查

网络诈骗是指以非法占有为目的，利用互联网采用虚构事实或者隐瞒真相的方法，骗取数额较大的公私财物的行为。它是随着网络技术的发展而出现的一种新型诈骗形式，通过以下的调查表来看看你是否有可能受到诈骗。

1. 您的性别是 [单选题] [必答题]
○男
○女
2. 您的年龄是 [单选题] [必答题]
○ 10 岁以上 20 岁以下
○ 20 岁以上 30 岁以下
3. 您的文化程度 [单选题] [必答题]
○小学
○初中
○高中
○大学
○职业院校
○其他
4. 您网上购物吗？[单选题] [必答题]
○经常
○有时
○偶尔
○没有
5. 您网络交易通常使用什么途径的支付方式？[多选题] [必答题]
○ 电脑支付宝
○ 手机支付宝
○ 网上银行
○ 手机银行
○ 邮局汇款
○ 货到付款
○ 其他
6. 您被网络诈骗过吗？[单选题] [必答题]
○有
○无（请跳至第 10 题）
7. 您被网络诈骗过几次？[单选题] [必答题]
○一次

○两次
○三次
○四次
○四次以上
8. 您被网络诈骗后的反应是什么？[单选题][必答题]
○报警
○跟对方交涉
○自认倒霉
○利用自身的教训，向亲友宣传揭露这种诈骗行为
○在网络上公开，以免还会有人受骗上当
○其他＿＿＿＿＿＿＿＿＿＿＿＿ *
9. 您最多一次被网络诈骗了多少钱？[单选题][必答题]
○ 500 元以下
○ 500 元以上 2 000 元以下
○ 2 000 元以上 10 000 元以下
○ 10 000 元以上 100 000 元以下
○ 100 000 元以上
10. 您所知道的网络诈骗类型主要有 [多选题][必答题]
○ 仿冒知名大型网站举办抽奖活动，制作钓鱼网站骗取汇款
○ 冒充买家，在购物网站上与网民进行交易，以各种名义要求网民重复汇款
○ 以虚假网站盗取用户的真实账号和密码
○ 以买卖装备、游戏账号、代练等为名骗取汇款
○ 以在淘宝网提供刷信誉服务为由实施诈骗
○ 假借推荐股票为由实施诈骗、嫌疑人制作钓鱼网站，以为网民推荐股票为由收取保证金、会费、融资款等
○ 其他＿＿＿＿＿＿＿＿＿＿＿＿＿＿＿ *
11. 如果您的朋友在网上向您借钱，并在此过程中与您进行了视频见面，您会立刻汇款或转账给他吗？[单选题][必答题]
○会
○不会，必须面对面核实

○不一定
12. 如果您收到这样的邮件："××银行系统公告升级，为了确保你的账户正常使用，请你尽快登录××网站激活账号。"你会尽快登录该网站并填写相关信息吗？[单选题][必答题]
○会，因为害怕账号异常
○不会，因为这可能是钓鱼网站
○不一定，看是否有心情或时间
13. 收到知名大型网站或者综艺节目组的中奖信息，您会：[单选题][必答题]
○打电话核实
○不予理会
○报警
14. 如果你在上网时看到突然弹出的页面，你会选择：[单选题][必答题]
○打开页面
○直接关闭
15. 您是否在相关网站上发布过求职信息、交友信息或公开的信息？[单选题][必答题]
○经常
○偶尔
○没有（请跳至第18题）
16. 您在相关网站上发布过求职信息、交友信息或公开的信息是真实的吗？[单选题][必答题]
○是
○不是
○有些真实、有些不真实
17. 如果根据你发布的信息有人给你相应的回应，但需要先进行缴费，你是否会汇款？[单选题][必答题]
○ 会
○不会
○不一定
18. 您的电脑里安装了如360等安全软件吗[单选题][必答题]

○有
○没有

七、课后思考

（1）你认为什么是网络诈骗？

（2）网络诈骗的形式有哪些？

（3）个人防范网络诈骗的关键是什么？

（4）你认为国家如何打击网络诈骗？

活动二　网络诈骗体验

一、活动概要

网络在带给人们巨大便利的同时，也给一些不法分子可乘之机，现在网上诈骗案件种类繁多，呈日趋频发的态势。通过导师分享以近年来网络诈骗犯惯用冒充的七类人的群网络诈骗种类的真实案例，和学员一起分析案例中使用的诈骗技术，总结当事人的心理及行为，提醒学员需要加强防范意识。

二、活动目标

（1）学员认知网络诈骗的各种形式，明白诈骗形式的多样性和多变性。

（2）通过若干网络诈骗的真实案例，提高网络防骗意识。

（3）培养学员学会观察、探究网络中的陷阱，提升自我保护意识、提高自我防骗技巧。

三、活动材料及设备工具

（1）活动材料：授课白板、活页纸、彩色卡纸。

（2）设备工具：计时表、试装镜、多媒体设备。

四、活动时间

80 分钟。活动分为上下半场，每半场 40 分钟。

五、活动内容及过程组织

1. 活动的准备及要求

导师应该提前准备好活动案例，打印或制作成 PPT 播放均可。

2. 活动的内容

（1）活动分组。

（2）活动案例引入。

（3）角色扮演。

（4）讨论与分享。

（5）点评与激励。

3. 活动的过程组织

上半场：

第一步：导师根据学员人数，按照随机方式分成 7 小组，每组人数不超过 10 人，各组选出负责人。时间：5 分钟。

第二步：导师利用白板、活页纸等说明本次活动的任务与要求，并确认学员已经领会。时间：5 分钟。

第三步：各组在组长（队长、家长）的带领下分析任务，策划如何扮演案例中的角色及话术。时间：10 分钟。

上半场扮演案例如下。

案例 1——冒充客服人员：犯罪分子在网络上利用一些钓鱼网站发布所谓"绑定功能"的联系电话，待受害人中招和其联系时，即冒充网络客服人员让受害人按照其指示在 ATM 操作，实际是将受害人银行账户的钱打入嫌疑人账户。

广州一名女事主被人以冒充网购客服的方式诈骗 1 万元。据了解，事主在网上购买商品后，接到冒充是网购客服的诈骗电话，对方称事主的银行卡绑定了网站的批发商功能，将自动按月扣取固定的费用，现提醒事主可到银行办理取消。随后事主又接到冒充银行客服的电话，并在对方的

"诱骗"下前往银行柜员机向指定账户存入1万元。

案例2——冒充熟人：犯罪分子往往会声称自己更换了手机号码或者盗用别人的QQ账号，冒充熟人跟你套近乎，然后就是想尽各种办法来向你借钱，引你上钩。

广州一名男事主被人以冒充熟人的方式诈骗1.3万元。事主之前接到冒充其朋友的诈骗电话，对方谎称聚赌被拘留，需要交保证金，急向事主借钱。事主信以为真，按对方的指引先后于20、21日前往银行柜员机向指定银行账户汇款合计1.3万元。

案例3——冒充正规淘宝卖家：犯罪分子以"商品被海关扣押"，所购物品不能及时发送，需要支付保证金才能继续发货为由，诱骗被害人登陆设立的"钓鱼"网站，获取被害人的身份证号、银行卡号、密码后，进而获取其手机"验证码"，实施钱财转账。

2017年7月21日一名女事主报警，称其在网上购买手机被骗4 500元。事主在网上看到低价销售进口手机的广告，然后联系卖家并谈妥价格后，在银行柜员机通过无卡存款的方式向对方账户存入4 500元购机款。对方收款后告知事主，手机被海关扣押，需要支付保证金才能继续发货。

（以上内容引自今日头条）

第四步：导师指导各组进行对每个案例的角色扮演，引导扮演的重心。时间：20分钟。

下半场：

第一步：导师播放下半场扮演案例。时间：5分钟。

案例4——冒充警察：犯罪分子冒充公安机关工作人员打电话给受害人或受害人熟人，称其亲属涉嫌洗黑钱犯罪或者车祸，需要大笔资金。过程中，不法分子不断套取受害人及其亲属的有关个人信息，并要求受害人到银行转账。

××朋友曾接到带有本地口音普通话的民警的电话："我是××公安局分局民警，我叫李慧。你在××银行办理的一张尾号为0011的银行卡涉嫌洗钱犯罪，金额特别巨大，情节十分恶劣，需要配合调查。并多次强调在挂断电话后不要拨打其他的任何电话，以免遗漏了我们打来的电话。"

案例5——冒充法院：犯罪分子以"××法院"的名义打电话给受害

人，称其涉嫌洗黑钱犯罪，叫机主到法院领取传票，并缴纳一定数额的诉讼费；或者要求机主根据语音提示拨"9"转为人工服务，根据语音操作提供个人相关资料等。但是当你再回拨过去却发现该号是空号。

2015年2月6日，深圳市宝安区公安机关接到一事主报案，称其2014年12月21日至2015年2月1日，40天被冒充青岛市公安局、检察院、法院等机关，以其涉嫌洗黑钱为由诈骗人民币1 127万元。

案例6——冒充税务局、财政局、车管所：犯罪嫌疑人事先通过其他手段获取购车、购房人详细资料，冒充国税局、财政局或车管所工作人员身份，用电话或短信方式联系事主，谎称根据国家最新出台的政策，事主可享受购车、购房退税，并留下所谓"服务电话"或"领导电话"，以交纳手续费、保证金等名义，诱导其到ATM进行假退税真转账的操作。

居民肖某手机接到一个来电显示为13474135×××的号码打来的电话，电话中一自称税务局工作人员的女子对肖某说，她今年一月份购买的本田汽车因购置税降低要退8000多元钱，让肖某和号码为010-51669×××的电话联系办理退税手续。肖某随即拨打该号码，电话中一名自称税务总局的男子让肖某到ATM上操作办理退税手续。肖某按该男子的要求在ATM上操作，后发现自己卡中50 000余元人民币被转到一个陌生账户。

案例7——冒充快递公司：犯罪分子冒充快递人员拨打事主电话，称其有货到付款快递需要签收但看不清地址、姓名，需要提供详细信息以便于送货上门。随后，快递公司人员将送上物品（其他东西），催促付款，称还有很多货要送等不及开箱验货。

3月初，派出所接到辖区群众刘某报警，刘某称前几天在网上买了一部手机，付款方式是货到付款。当天一个自称快递公司的工作人员来给刘某送货，当刘某查看货物时，发现一个小包裹被胶带缠了好多圈，刘某当即要开箱验货，快递员则表示还有很多货物需要配送，催促刘某付钱，刘某没有多想，支付750元。拆开包裹后，刘某发现里面装的居然是一个手机模型。可快递人员早已无影无踪了。刘某紧急联系网上卖家，卖家称货物还在途中，第二天才能到。

第二步：各组根据案例分配角色进行扮演练习。时间：20分钟。

第三步：讨论与分享。各组根据角色扮演的情况进行组内讨论分享。

时间：10分钟。

第四步：点评激励。导师根据各组角色扮演及分享表现进行总体点评，并给优秀者加分激励。时间：5分钟。

六、心得分享

（1）容易受骗的人群缺乏哪些防范意识？
（2）诈骗过程最终目的就是牵引式的骗取钱财，我们该如何防范？

活动三　网络诈骗识破与解救

一、活动概要

导师通过对活动一中的案例——黄老师网络遇骗的结局作为引导，让学员充分发挥想象遇见黄老师的结局，并在导师的指导下学会识破网络诈骗或解救陷入网络诈骗的亲友同伴。

二、活动目标

（1）学员认知诈骗形式的多样性和多变性。
（2）通过小组讨论，总结出防范诈骗的方法，提高网络防骗意识。
（3）培养学员学会观察、探究网络中的陷阱，提升自我保护意识、提高自我防骗技巧。
（4）学会遭遇网络诈骗后处理的方法。

三、活动材料及设备工具

活动材料：授课白板、活页纸、彩色卡纸。

四、活动时间

80分钟。

五、活动内容及过程组织

1. 活动的准备及要求
导师在正式开展活动前需要对活动一中的案例进行再次说明的讲解。

最好是制作成 PPT 进行播放或打印成纸质材料下发。

2. 活动的内容

（1）案例讲解。

（2）活动分组。

（3）角色及剧情讨论。

（4）角色扮演。

（5）讨论与分享。

（6）点评与激励。

3. 活动的过程组织

第一步：导师交代案例背景。时间：5 分钟。

第二步：活动分组：导师根据学员人数，按照随机方式分成小组，每组人数不超过 10 人，各组选出负责人。时间：5 分钟。

第三步：各组进行角色及剧情讨论，写出防范此类诈骗的方式和方法及关键字。完成角色分配。时间：15 分钟。

第四步：角色扮演，尽可能多地通过各组的演练找到答案。时间：25 分钟。

第五步：总结与分享。各组根据案例扮演的情况进行讨论总结，并与大家分享。时间：15 分钟。

第六步：导师点评并给予表现优秀的团队加分激励。时间：15 分钟。

六、心得分享

（1）你认为哪些资料是不应该随便告诉他人的？

（2）看到哪些"字眼"我们就应该提高警惕？

（3）如果意识到被诈骗了，应该怎么处理？

（4）如何提高自身防范意识？

【课程小结】

我们身边存在有很多不安全隐患，不仅仅是前面提到的传销、网络诈骗，很多不法分子为了牟取利益不择手段、想尽各种方法来达到目的，所以我们一定要提高警惕，不要想有天会突然掉馅饼的好事，知道如何防患于未然，注重自己的人身财产安全，谨记"一分耕耘一分收获"。本模块通过训练教会了我们识别防范传销和网络诈骗的实用方法。

【课后案例】

邵东传销——黑暗日子里的痛

2015 年 4 月 6 号一个自称汪老板的人以开挖掘机的名义叫我去邵东，为了工作于是我 4 月 9 号坐火车到达邵东，到邵东之后等了半个小时，就有一个叫邓伟的男人和另一个不知道名字的男人来接我并带我到了一个出租房。当走到出租房楼下时我有点察觉可能是传销，但是我的好奇心驱使我想进去看看传销到底是怎么弄的，当时我认为我若感觉情况不对要走一定能走得了，所以就跟他们上楼了。

进门后看到四个人在打牌，他们热情的问："你会玩儿不？"我说："不会。"邓伟给我介绍说他们有些是开挖机的，有些是开铲车的，等会儿老板来会接他们走，他们不跟我们住一块。接下来我就被拉着跟他们一块玩牌，他们开始套我的话：包括家庭情况、家庭成员、来过湖南没有？当时我就提高的警惕所以也一直没有讲真话。闲聊了半个小时候后邓伟一边打牌一边语气平和地说："兄弟呀，给你说个事，说了你不要生气哦，就是昨晚下雨，挖掘机被雷劈了，现在没有办法开工了，那我们就先搞个新兴的行业叫直销。"我当时火气就上来了骂了一句："就是传销嘛。"然后我直接站起来准备踹门逃跑，还没有走到门口就被按倒在地，接着他们的领导就进来了说："兄弟，讲道理不？"我顺口说："怎么不讲道理，讲！"领导说："讲道理就好，我们都是讲道理的人，兄弟有时间吗？"我说："没时间。"领导笑嘻嘻地说："知道什么人没时间吗？死人没时间，兄弟不知道你现在有没有时间？"当时在场的就坐着十几个人，原本心里就有点害怕一听这话，心瞬间提到嗓子眼，顿了一下说："有时间。"领导说："有时间就好，无非就耽搁兄弟你几天时间，考察清楚，考察明白之后该干嘛干嘛，到时候我买张票送你走也可以。"接着领导一边翻我手机一般问我家里情况，我和之前一样瞎编家里的情况，但是说一次谎就挨一次打，打过后他说："兄弟我怎么感觉你一点都不真诚？"接着领导拿着我的手机指着照片说："你家里条件不好，你住这么好的房子，还经常得跟朋友一起喝酒?"我只能沉默不说话,领导走之后我在那里坐了近半个小时,然后开始上课,上完课之后吃饭,我也没心思吃饭,一直在观察房间里的环境想办法逃跑,环顾四周都是防盗门、防盗窗,我只能放弃了。晚上洗漱完后聊了二十分钟就睡觉了。趟在地铺上,我想了一下今天来的经过,心里很后悔,为什么那么傻会被骗来,没进门之前就已经察觉是个坑了,还好奇心作祟想跳下来试试深浅,有不撞南墙不回头的想法,跳进来才发现坑太深,已经出不去了,翻来覆去睡不着。大约到了十二点左右他们又叫我起来给家里打个电话报平安。

接下来的两天每天上课,唱歌,不停的有人给我讲故事听,过着人不人鬼不鬼的生活,到第三天下午吃饭的时候感觉这样活着很累,越想越生气,我用力地摔了碗说:"我要回家,让我走。"没有人理我,里面的老业务员给领导打了电话,我情绪很激动闹着要走,他们就把我按到在地等领导过来,后来我反抗的时候与他们口角上起了争执,十个人就拥上来轮流扇我耳光,踩脸,我受伤很严重,有点儿失去意识,没过多久我被打晕过去了,晕过去后他们用冷水把我泼醒之后说:"想走是吧,想走的话得给我留点儿什么吧?"我直接问:"你要多少钱?"他说:"没有五万、八万你别想走!"我说:"那把手机给我,我打电话回去要"他不给说:"今天晚了,明天再打。"晚上他们让我给同寝的人洗脚,我不洗又跟他们吵了起来,他们就灌我洗脚水……

4月13号他们让我转市场到江西,让我打电话告诉家里说已经到了江西工作,我就知道我走不了了,我就开始慢慢配合,正常上课。到第十天(4月19日)领导找我谈话,大概的意思就是:我对家里人心狠不代表心黑,今天你用善意的谎言欺骗家里人,以后就会得到丰厚的回报。接下来给我看他们写好的说稿,看完后我就说:"我是不会用这种方式向我爸妈要钱的。"话还没说完有个人站起来就给了我两个耳光,后来只要我不配合他们就轮番上来打我,打了半个小时之后见我还是不屈服,然后就拿刀来威胁我……我已经受不住他们的折磨,恐吓,威胁的我被迫给家里打了电话,他们让我趴在被子上这样有点儿喘不过气,装得更真实,我跟爸妈通了几个电话后因为语气不配合,没有达到他们想要的结果,他们就找各种理由打我,木板连续打断了好几根,直到背上被打破皮流血还把小米辣椒切细加盐一层层的往我背上涂……

当时我承受着生不如死的折磨，钱一直没有到账，让我继续给家里施压让家里给我打钱，家里打电话的言语里透露出已经知道我进传销组织的事情并且家里也不知所措。他们听到后就更加重的折磨我，他们用木板，巴掌，各种方式打我，往我背上涂辣椒水，用针扎我，把我头按进水盆里，用脚踹我肚子……向家里要钱失败后，我的所有财产，一个iphon5s，一条黄金项链，一个白金戒指总价值六千以上的东西被全部拿走。于是接下来的日子我开始假意配合，搏取他们的信任，直到一个月以后5月26日他们终于带我出来透风，我拿出藏在鞋底的两百元打车到了公安局，借警察的手机给家里打电话，当知道家里一直在想办法找我的时候，我哭了，我挨打的时候都没有流过一滴眼泪。

亲情可贵，不要轻易相信天上掉馅饼的事，远离传销！

（资料来源：中国反传销救助中心网）

请分析以上案例。

【实际应用】

1. 受害者调查

在2017年移动支付安全大调查分析报告发布，对移动支付中或面临的风险进行了分析。报告指出，50岁以上的人群中，遭遇过网络诈骗的比例高达59%；20岁以下遭遇大额损失的比例是27%。20岁左右的人群，对于技术和安全的操作方式方面关注度偏低，在使用网络应用类账户时，信息泄露概率比其他人群高。

2. 深度认识传销

"传销是指组织者或者经营者发展人员，通过对被发展人员以其直接或者间接发展的人员数量或者销售业绩为依据计算和给付报酬，或者要求被发展人员以交纳一定费用为条件取得加入资格等方式牟取非法利益，扰乱经济秩序，影响社会稳定的行为。"多数的传销人员由于缺乏辨别真假的能力而上当受骗，传销犯罪组织大多采取上课洗脑、精神控制、强迫接受培训，甚至使用限制人身自由等非法手段。

3. 学会防范

传销与网络诈骗都涉及经济利益，所以一定要警惕短暂利益的诱惑，对于网络诈骗要谨记开设手机密码，以防手机丢失相当于个人信息及隐私的暴露；不要跳过应用软件用手机浏览器购物；要彻底关闭有些支付应用程序有小额免密功能；不要长期开启蓝牙功能，以免植入传播病毒和盗取信息；尽量不要蹭免费网络；不要为了小恩小利就轻易在街头、商家发来的二维码就"扫一扫"；不要随意点击短信链接，中病毒木马等，谨防上当受骗。

附录 深度分析

模块一 初入校园的素质转变

项目一 认知城市与职业教育

活动一 认知城市

一、发现

（1）由于教育资源的不平衡，以及贫困等原因，职业院校学生当中来自农村和边远地区的占大多数，中等职业学校就更加明显。

（2）农村学生见识世面的机会较少，对城市的认知很模糊。

（3）这类学生往往带着固有的思维来认知新的世界。

二、经验与故事

通过本项目活动，我们希望学生能够先从面上认知一座城，再从思想和行为习惯上融入一座城。

了解城市的行政划分。到一个陌生的城市，我们首先要知道的是这个城市的行政划分，因为这样我们可以对这个城市有一个全面的了解。建议大家到一个新的城市买一张地图，或者上网查查，好好研究一下它的行政划分，然后准备出门。

了解城市的主干道。建议可以先大致了解一下城市 5 到 6 条主干道，分别是不同方向的。

了解城市的火车站、汽车站。不仅仅要了解火车站和汽车站的地点，建议最好也了解一下分别有到哪些地方的车子。

了解城市的主要景点。这是和朋友的谈资，也便于相邀出去游玩。

了解城市的文化。这一点特别重要，只有了解了一个城市的文化，你才能更快地了解这个城市，融入这个城市。

了解城市的饮食。"民以食为天"，特别是处于青春期的孩子们，没有不爱吃的，所以了解当地的特色小吃、小吃街、饮食聚集地等对于爱吃的你来说是不容错过的事情。

了解城市的商业中心。大型商业圈是一个城市的标志，了解商圈，可以为将来你的择业、就业提供参考。

三、感悟

对城市的认知和了解，认识行政区划、街道、景观、饮食、商圈是最基本的工作。了解了这些就对一个城市有了最基本的了解，了解了这个城市的面貌与个性，为融入城市做了最基础的准备。

一个人要真正融入城市，特别是一个农村孩子要真正融入城市，走马观花地看是不够的。他们必须在这一走一看当中，领会到城市是工业化社会的产物，而工业与农耕是完全不同的两种社会形态，从农村到城市，最难转变的是人的生活、工作理念与习惯。认识并遵从城市里的行为规矩对于一个农村孩子今后的生活很重要。

乡镇农村生活是一种遵从自然的生活，日出而作日落而息，春种秋收，遵从自然勤奋劳作就会有所收获，而城市生活是一种遵从规则与制度的生活，红灯停绿灯行，打卡上班打卡下班，大家遵从制度和约束，整个社会就会具有最高的效率并获得最大的收益，而只要有人不守规矩就会极大地浪费社会资源。

活动二　认知职业

一、发现

（一）职业院校的学生大都不职业

初入职业院校的学生由于没有经过相应的学习和实践，其实并不职业，他们更多地是带着初中或者高中的学习习惯和心态进入职业院校的。

（二）对未来的职业没有明确认知

很多职业院校的学生是被父母或是亲戚长辈送进学校的，专业也不是自己选的，特别是进入中职学校的学生，由于年纪小对未来职业的认知更是趋向于零。

（三）进入职业院校的部分学生并没有准备好毕业就就业

有部分学生进入职业院校并没有计划毕业后就投入到工作，而是认为自己还小，想继续升学。这类学生对在职业院校的学习心态及需求与别人是不一样的。

（四）许多人对飞速发展的职业无所适从

由于信息科技的高速发展，当今的职业生态变化极其迅速，很多旧职业在改变或消亡，同时又出现了许多新的职业及工作形态，这使得职业院校和职业学生都压力巨大。

二、经验与故事

完成了活动中的测试，导师将根据你自己的兴趣类型建议选择对应的职业或专业如下。

兴趣类型1——愿与事物打交道。

这类人喜欢同事物打交道（比如：工具、器具或数字），而不喜欢从事与人和动物打交道的职业。相应的职业有：制图员、修理工、裁缝、木匠、建筑工、出纳员、记账员、会计等。

兴趣类型2——愿与人接触。

这类人喜欢与他人接触的工作，他们喜欢销售、采访、传递信息一类的活动。相应的职业有：记者、营业员、服务员、推销员等。

兴趣类型 3——愿干有规律的工作。

这类人喜欢常规的、有规律的活动，在预先安排的条件下做细致的工作。相应的职业有：邮件分捡员、图书馆管理员、办公室职员、档案管理员、打字员、统计员等。

兴趣类型 4——愿从事社会福利和助人的工作。

这类人乐意帮助别人，试图改善他人的状况，喜欢独自与人接触。相应的职业有：医生、律师、护士、咨询人员等。

兴趣类型 5——愿做领导和组织工作。

这类人喜欢管理工作，爱好掌握一些事情，他们在企事业单位中起着重要的作用。相应的职业有辅导员、行政人员、管理人员等。

兴趣类型 6——愿研究人的行为。

这类人喜欢谈论涉及人的主题，他们爱研究人的行为举止和心理动态。相应的专业有：心理学、政治学、人类学等。

兴趣类型 7——愿从事科学技术事业。

这类人喜欢分析的、推理的、测试的活动，长于理论分析，喜欢独立解决问题，也喜欢通过实验获得新发现。相应的专业有：生物、化学、工程学、物理学等。

兴趣类型 8——愿从事抽象性和创造性的工作。

这类人喜爱需要有想象力和创造力的工作，爱创造新的式样和概念。相应的职业有：演员、创作人员、设计人员、画家等。

兴趣类型 9——愿做操纵机器的技术工作。

这些人喜欢运用一定的技术，操纵各种机械，制造产品或完成其他任务。相应的职业有：机床工、驾驶员、飞行员等。

兴趣类型 10——愿从事具体的工作。

这类人喜欢制作看得见、摸得着的产品，希望很快看到自己的劳动成果，他们从完成的产品中得到自我满足。相应的职业有：厨师、园林工、理发师、美容师、室内装饰工、农民、工人等。

一个理想的职业生涯是最符合你的个性、最能发挥你的潜力、最使你感兴趣的，当然这几者并不总是一致的。那么，就应该尽量去寻找它们的切合点，在充分考虑这几种因素的前提下，找到你的最佳职业生涯定位。

三、感悟

（一）正确认知自己是从事职业的良好开端

从气势与态度上我们可以说人定胜天，但是，人不是万能的，由于人的个性与行为习惯的不同，在从事职业方面不可能什么职业都适合，正确地认知自己的特性可以为职业选择打下一个良好的基础。

（二）世界上没有好职业之说

我们往往世俗地认为哪些职业地位高、工资收入可观，哪些职业就是"好"职业，其实世间的职业没有好坏之分，只有适合与不适合之别。

（三）不要为了世俗违背自己意愿选择一项职业

很多父母或长辈会以过来人的身份帮你做选择，有时自己也会遵从世俗的影响违背自己的意愿做选择，为了这些在一个自己不喜欢不擅长的职业领域里工作，只会让自己难受一辈子。一但想清楚了，做自己喜欢的工作最长久，也最快乐。

活动三 认知职业教育与专业

一、发现

（一）进入职业教育的学生对职业教育的认识是懵懂的

目前绝大多数进入职业院校的学生是中考或高考的落榜生，他们的选择是被迫的，因此，他们进入职业院校时对职业教育到底是什么并没有清楚的认识。

（二）部分学生选择专业是因为好玩

部分学生选择专业并不是认真研究专业发展方向及未来就业的结果，而是觉得轻松好玩就选，比如自己喜欢玩电脑就选计算机，喜欢玩手机就选电子商务。

（三）很多人无法找到自己专业与对应职业岗位的有效连接

由于很多人对专业的选择并不理性，所以更不会关心与未来对应职业岗位的连接，他们只是觉得现在选的是专业，以后做什么到时再说，不知这是对自己青春岁月及资源的浪费。

二、经验与故事

（一）性质不同

专业更加注重的是一种学术性，是学习门类，而职业所强调的则是适用性，是工作门类，就拿土木工程专业的大学生和那些以砌墙修筑为生的民工来说，大学生们对于整栋房屋的设计和修筑肯定是了如指掌的，但是专业知识再硬又能怎样？又有哪个土木工程专业的高材生能够如民工那般砌砖筑墙？专业的理论知识是一回事，然而理论在现实中的应用就是另一回事了——民工什么专业知识都不懂，可现今城市中的哪一栋高楼大厦不是靠着他们的一双手？

（二）概念不同

在两者性质不同的前提条件下，专业所呈现出来的东西大多都是抽象化的，而职业却是直观可视化的——软件工程系的学生都说自己的专业是软件，可比起那些以软件为生的人绝对是有着天差地别的。

以下是一名软件高材生在实习期间与一名程序测试员的对话。

"你这样怎么行，两个程序绝对会起冲突的，赶紧改过来。"

"还没开始调试你就知道要起冲突了？"

"废话，真当我大学四年白读的？你赶紧的，别浪费时间。"

程序测试员作为一个只有小学文凭的人，默默地退到一旁任由那软件专业的高材生将程序代码中的某一段给改了个遍。

"咦，怎么会这样？"程序刚开始运行，高材生愣住了，情况不对，系统直接崩溃了？

本着不达目的誓不罢休的精神，高材生将整个程序代码从头到尾检查了一遍，然后再改，改了再运行，出错后又检查，又改，一直从早上折腾到天黑。

最终，老板将来之际，先前一直在旁边忙自己事儿的程序测试员一把将满头大汗的高材生推了开去，"看好了，别以为我这十多年是吃闲饭过来的。"

结果，不到十分钟，程序测试员就把一切都搞定了，刚好能够赶在老板走进办公室之前。

三、感悟

(一) 职业教育的核心是培养人的职业综合素质

职业教育的核心不是单纯的技能学习与训练。几年的学习中，工作技能只是其中的一部分，甚至是很小的一部分，更多的是在学习与训练工作技能时培养的职业素养，以及通过学校文化及各种活动修得的个人品格与素质。

(二) 每一项专业的核心技能都是与职业岗位要求对应的

我们可以通过职业岗位素质要求倒推出对应专业的核心技能项，这些核心技能项是我们从事该工作的必备，在学习与训练过程中是需要不折不扣地掌握的。

(三) 好玩确实不能当饭吃

找到自己兴趣与有发展前景相融合的职业是最理想的状态，但是，在现实中如果我们确实无法兼顾自己的爱好与兴趣时，我们需要先选择能够养活自己并能够照顾家庭，承担起相应责任的工作来做，即使学习这个专业不好玩也不轻松，但它可能是目前我们最合适的选择。

项目二　融入团队

活动一　相互认识

一、发现

(一) 表达不简练

在讨论和分享的过程中，有部分学员的语言表达不够简练，没能直接说出观点或者想法。

(二) 表达不具体

在讨论和分享的过程中，有部分学员仅仅说出自己的观点和想法，没能给出一些理由来支持自己的观点。

（三）语气引起的不快

在讨论的过程中，在有不同的意见和观点时，有个别学员的语气有些刻薄，容易引起同伴的不快，影响讨论的效果。没有能学会在表达自己的观点之前，先找到对方观点中值得肯定的地方，并表达出来。

二、经验与故事

在本项活动中导师人为地创造人与人亲密接触的机会，会产生两种完全不同的结果，一是对于心态相对开放的人来说，可以更高效地建立人与人之间的亲密感及团队的默契，但是，对于个别心态比较封闭的学员来说，容易直接将其"击"出圈外，一旦打上死结再次解开就很困难，所以，在做类似"人椅"这类亲密活动时，导师的观察与把控能力要很强，要对心态封闭的学员提前做好疏导工作。

三、感悟

（一）习惯于破冰

刚进入一个新的团队，如何在人际关系中成功"破冰"是很重要的，一个人能够主动打破陌生与心理距离的隔阂是建立良好团队关系的基础。这个阶段导师的鼓励很重要，团队队员相互的勉励很重要，自己对自己内心的突破也很重要。习惯于在陌生的环境中做主动"破冰"的那个人，终身有益。

（二）学会接纳别人主动融入团队

世界上没有两片完全相同的叶子，也不可能有两个完全一样的人，我们今后的职业工作都是在团队当中的，学会接纳不同性格不同工作及行为习惯的同事，可以使团队更融洽，使工作有更高的效率，也使自己更受人欢迎。善于学习别人的优点包容他人不足的人可以更主动地融入团队，也更受团队的认可。

（三）态度决定一切

心态是我们唯一能够把握的东西，学会控制心态，并且利用积极的因素来导引它，更容易使人成功。因此，在开展此项活动时，注意营造积极的环境，使学员们都能以归零、积极、乐观的心态参加活动，把精力集中在如何解决活动中出现的问题上。他们会认为是提升自己的契机。

（四）真诚的赞美别人

虽然这个世界上并不是每个人都会赞美别人，但是每个人都需要赞美。正如莎士比亚所说："赞美是照在人们心灵上的阳光。没有阳光，我们就不能生长。"在人际交往过程中，适当的赞美别人，能够营造一种积极愉悦的气氛，调整人们紧张消极的情绪，更有利于事业的成功。

当然对别人的赞美必须发自内心，而且要实事求是，这样才能显出你的真诚，也能使对方获得一种被承认的成就感。赞美犹如阳光雨露，滋润着人们的心灵，他能够激发人们内心深处的自信和更多的潜能，使人们创造出更多的奇迹。因此，在开展此项活动时，对组员优点的肯定和赞美必须发自内心，而且实事求是，这样才能更好地与人沟通，快速的融入团队。

活动二　行为表现

一、发现

（一）缺乏展现自我的勇气

在活动的过程中，有部分学员不敢展示自己的能力，造成人员的安排上不顺利，未能充分体现团队的实力。

（二）职责不清

在活动的过程中，有部分团队分工不合理、职责不清，没能发挥团队成员的特长，没有能够实现优势互补，产生协同效应。

（三）缺乏奉献精神

在活动的过程中，有个别学员虽参与的积极性很高，但是只从自己的兴趣出发，不服从团队的安排。

二、经验与故事

本项活动的目的是希望通过比上轮更困难的团队任务，让各位团队成员更深层次地暴露自己的潜意识及行为习惯，只有将每个人的行为表现充分地展现出来，才可能使团队磨合找到深埋在下面的问题，有效地发现和解决这些问题团队才可能上一个更高的层次。

在本轮活动的一次次激烈比拼中，某些学员表面上服从团队指挥的毛病暴露出来了，两个学员中的暗地不配合暴露出来了，个人的急躁暴露出来了，短时的不走心暴露出来了，遇到困难选择逃避与退却暴露出来了。

三、感悟

(一) 团队精神的基础——挥洒个性

团队效率的培养，团队精神的形成，其基础是尊重个人的兴趣和成就。团队中设置不同的岗位，选拔不同的人才，给予不同的待遇、培养和肯定，让每一个成员都拥有特长，都表现特长，这样的氛围越浓厚越有助于团队精神的形成。

(二) 团队精神的核心——协同合作

团队精神其核心在于要求发挥团队的优势，团队成员在工作中加强沟通，利用个性和能力差异，在团结协作中实现优势互补，发挥积极协同效应，带来"1+1>2"的绩效。

(三) 团队精神的最高境界——团结一致

团队成员的向心力、凝聚力是从松散的个人集合走向团队最重要的标志。向心力、凝聚力来自于团队成员自觉的内心动力，来自于共同的价值观，来自于一个共同的目标，来自于明确的协作意愿和协作方式。

(四) 团队精神的外在形式——奉献精神

具有团队精神的人，总是以一种强烈的责任感，充满活力和热情，为了确保完成团队赋予的使命，和同伴一起，努力奋斗、积极进取、创造性地工作。在团队成员对团队事务的态度上，团队成员应表现为在自己的岗位上"尽心尽力"，"主动"为了整体的和谐而甘当配角，"自愿"为团队的利益放弃自己的私利。

项目三　调适心理

活动一　寻人大作战

一、发现

（一）体验快乐

这一活动不论对陌生的群体还是已经相处一段时间的学员来说，都会有新的收获。通过游戏，不熟悉的人开始相互了解，已熟悉的人有了进一步的交流。这对融洽人际关系，增进团体交流有很好的促进作用。

（二）交流不足

活动中，一些同学在获得签名时，没有跟同学进行交流，只是互看卡片上自己填写的部分，是则互留签名，不是则直接离开，这背离了游戏的初衷，没有达到有效交流的目的。

（三）只找认识的人签名

部分同学由于性格较腼腆，一开始只找相识的同学要签名，害羞、胆怯会使自己局限于狭小的人际关系群中。

（四）无法克服心理障碍

活动过程中有些同学始终没办法突破自己的心理障碍，始终在角落，没有主动去参与活动，只是在一旁观看。

二、经验与故事

刚刚入学的一年级学生，他们之间还不是很了解，没办法说出对方的名字。如何做进一步的交流，特别是了解彼此的兴趣爱好和内心想法，为"寻人大作战"提供了一个很好的机会。

有一名叫小志的男生，他来自农村，不太会和同学交流，所以显得有些孤僻，缺乏自信。在"寻人大作战"活动中，起初小志并不敢主动去找同学签名，后来在导师的鼓励下，小志慢慢地去尝试找同学说话，一开始小志只找自己宿舍的同学要签名，导师继续鼓励他，希望他能找别的同学试试，并亲自带他去"寻人"，渐渐的，小志逐渐敞开心扉，终于敢于主动跟陌生人交流了。

小志在分享环节说道："我来自农村，我不太适应市里的同学的说话方式，跟他们的兴趣爱好也不同，我担心他们看不起我，我有点自卑，加上我腼腆的性格导致我害怕与同学们交谈。但是如果我不勇敢跨出第一步，奢望别人主动来找你是不可能的。于是我走到了第一个不认识的人身边。经过我们相互的沟通和交换，我发觉其实这并不很困难，于是有了第二个，第三个……看到"寻人信息卡"上的一个个签名，我心里有一种莫名的成就感，也感觉到一种友情的东西在发酵。"

三、感悟

（一）建立合理的信念

有些同学孤僻、自卑都是因为内心的不合理信念导致的，积极的信念产生好的结果，而消极的信念则导致不良的结果。所以，在我们想要交朋友时，要以积极的心态去面对，才能得到好的效果。

（二）主动

很多时候，恐惧来源于未知，只有勇于尝试，主动跨出第一步，才会知道事情并没有想象中的困难。

（三）自信

自信，对一个人是十分重要的，是一个人人格魅力的重要体现。自信是份正能量，大家都喜欢跟阳光、向上、积极、乐观的人交朋友。

（四）学会正确沟通

沟通是门艺术，在交朋友时，要学会正确的沟通，才能让别人了解你，有效地介绍自己，传递自己的信息，是交到朋友的重要方式。

活动二　戴高帽

一、发现

（一）促进学生自信心和自尊心的成长

这一活动对平时缺乏自信、甚至有些自卑的学员来说，会有很大的收获。通过游戏，学员们不仅了解到了别人眼中的自己，看到了自己的长处，促进了他们自信心的成长。同时，也学会了去挖掘别人的优点，看到别人的长处，促进学员之间的和谐相处。

（二）团队意识不够强

在团队制作"高帽的"环节中，有些学员团队意识不强，没有参与帽子的制作，专心做自己的事；有些性格内向，虽然想参与进去，但不知如何参与，所以只是在一边看着；有些过于强势，听不进别人的意见，导致团队沟通中矛盾的产生。

（三）开玩笑似的"赞美"

在戴高帽接受赞美的环节中，部分学员的赞美例如：头发很卷、唱歌好听，像鸟叫一样、走路很妖娆等。这种不真诚的赞美使的活动效果减弱。

（四）寻找优点只停留在表面

还有部分学员在寻找他人优点的时候，只是停留在表面的优点，例如比较会打扮、长得帅、头发黑、皮肤白等，没有挖掘他人深层次的优点。导师可以在活动过程中引导学员挖掘别人品质方面的优点。

二、经验与故事

有一名酒店服务管理专业的女生，叫萧梅，她个子比较矮小，左边额角有一块小胎记。萧梅看着班上那些高高的、漂亮的女生，自己总有些自卑，不敢参加一些文艺活动，总怕被别人说闲话。但通过"戴高帽"的活动，萧梅的人生轨迹发生了一些变化。

赞美的过程中，同学们说她："口才很好""为人很热情、跟你相处和舒服""很细心""唱歌很好听""善良""眼睛很大"等优点。萧梅分享时说："我从来没想过我有这么多优点，也没想到在同学们的眼中我是这样的，原来我并不是这么一无是处，很感谢大家的赞美。"

活动结束后，萧梅渐渐开朗起来，在校积极参加各种活动；在实习期间，还凭借自己热情、细心的特点，广受顾客好评，获得最佳实习员工的称号。

三、感悟

（一）主动参与很重要

主动参与团队活动，才能团结成员，增加让别人认识的渠道，促进交流。

（二）学会自我探索、提高自信很重要

缺乏自信大多是由于缺乏自我探索，缺乏对自己正确的认知，建立合理信念，学会探索自己的优点，建立自信很重要。

（三）学会发现别人的优点很重要

在现实生活中我们往往善于发现别人的缺点，很少注视到别人的长处、优点，这阻碍了我们与他人的交往，千万不要一叶障目，学会肯定他人很重要。

（四）学会团队合作

团队合作不仅能促进团队的发展，也能展示自己的魅力，让别人看到自己的闪光点，同时团队合作的过程中也能看到别人的优点，不仅能促进双方的了解，又能促进工作的快速完成，所以学会团队合作很重要。

（五）心理暗示是一种有效引导他人的途径

"戴高帽"是一个典型的心理暗示活动。由于比较神秘，我们往往忽视心理暗示对人的影响，一个高明的导师最擅长的就是通过各种各样的活动及环境，对受训者进行有效的心理干预，而心理暗示活动可以更彻底地改变一个人的行为习惯。

项目四　感恩父母

活动一　暗夜牵手

一、发现

刚开始的时候，有些学生不是很认真对待，觉得好玩，仅仅把它当作一场游戏，甚至于有个别学生忍不住讲话、嬉笑，个别扮演盲人的学员会摘除眼罩偷看，扮演引导者的学员自行降低难度，不按老师指定的路线行走。

返回后，导师在做引导的过程中，有学员根据自己的经历，否定导师的观点，说自己没有遇到过好老师，自己的父母对自己如何的不好，特别是单亲家庭的学生，往往都会有这样的看法。

二、经验与故事

选择晚上进行，一是更容易让学员的心安静下来，其次不论在室外还是在室内，即使有学员摘除眼罩偷看也看不清楚，避免学员作弊。

这是一个体验式培训，学员必须全身心地投入，认真体验才会达到效果。所以在出发前一定要讲清楚活动规则，严肃纪律。要求全体参与者庄严承诺，一定遵守规则，认真体验，决不中途退出。

可以在行走到一半的时候，让引导者戴上眼罩扮演盲人，戴好后再让原来扮演盲人的学员摘除眼罩扮演引导者，即让两人交换角色，完成剩下的路程。这样做的好处是让每个人都可以扮演不同的角色，都有机会体验到不同的感受。

碰到说没有遇到好老师，自己的父母如何不好的，一定要耐心引导。

三、感悟

"感恩"之心是一种美好的感情，没有一颗感恩的心，孩子永远不能真正懂得孝敬父母、理解帮助他人，更不会主动地帮助别人。

（一）托付是一种责任也是一种信任

在活动中的这种托付其实又何尝不是人生中的一种表现？我们刚出生时年幼无知，我们把生活及成长托付给了父母，当我们的父母年迈无力时又把自己的人生托付给了我们，被托付者身上背付着一份责任，托付者给予的是无限的信任。

（二）为对方着想首先要站在对方的立场

我们常常说"我是为你好""我是为你着想"，活动中带领者也是这种心态，但是，很多人在为对方着想时却是本能地站在自己的立场来思考问题，比如，过某个障碍时"我觉得你能够这样过去"，结果别人碰头了！

（三）不应该有没有功劳也有苦劳的思想

家庭生活中，单位工作中我们不应该有没有功劳也有苦劳的思想，不应该说我这么为你辛苦，你不感谢我还要抱怨我，其实，如果我们只是一味地按自己的意思行事，可能给对方带来的只是更大的困扰，而这时我们要求对方感恩是不太现实的。

（四）内心的挖掘很重要

不要说我不会感恩，不要说我对亲人、朋友、同事因为种种原因没有感情，人不是冷血动物，他之所以外表冷漠并不是他没有感情，而是因为过往岁月的不堪让他的心包上了一层厚厚的壳，导师通过活动把这些壳打碎的过程就是重新体会感恩的过程。

（五）不要认为一次就能成功

活动不是万能的，由于个人经历与境况不同，每个人在活动中接受与反馈的信息都会不一样，长期岁月的磨砺使得极个别学员不可能通过一次活动就能打开心扉，但是，请相信，就算他（她）表面仍然很抗拒，活动也依然会在心里留下映射。

活动二　人海分离

一、发现

刚开始教练让两个伙伴相互对视，记住对方的相貌和身体特征的时候，有些学生不认真，觉得好玩，甚至于有个别学生忍不住讲话、嬉笑。

有些学生在现场可能找不到自己的好伙伴，对教练安排的搭档没有亲切感。教练让他们把手握在一起，用心感受同班同学的情谊的时候，会扭捏，有不自然的感觉。

在寻找亲人的过程中，有个别学员不主动去寻找亲人，而是固定站在一个地方被动地等待。也有个别学员不遵守规则，忍不住摘除眼罩偷看。还有个别学员因为恐惧而全身发抖。

二、经验与故事

对于在现场找不到自己的好伙伴的学员，导师就让他们在剩下的学员当中尽量找一个比较熟悉一点的做搭档，或者允许他在已经组合好的团队中寻找他希望在一起的学员，让他加入其中成为三人组合。

活动开始以后，一定要让学员动起来，打乱大家站的位置，助教可以做适当的辅助。在寻找亲人的过程中，助教一定要保证大家的安全，不要让学员撞到墙壁，或者碰到拐角的地方导致受伤。如果发现有学员因为恐惧出现异常现象，助教应走过去拥抱他，悄悄告诉他你是助教，让他不要害怕。如果坚持不下去，就扶他到一个安全的地方坐下。

失去了才懂得珍惜，所以在活动进行中，如果让助教强行把一些已经寻找到亲人的伙伴分开，会让学员多一份失而复得的幸福感受，更加体会到亲人在一起的可贵，更加珍惜在一起的机会。导师这时候可以说："你们这么容易就分开了，你知道什么叫珍惜吗？"而对于那些停下来不主动寻找亲人的学员，导师要大声呵斥他们："你那么轻易的就放弃了你的亲人，你是一个懦夫，你是一个对亲人不负责任的人！一个不注重亲情的人，注定是要孤独一辈子的。"以此激励学员不抛弃，不放弃任何一个和亲人在一起的机会。

三、感悟

（一）常怀感恩之心

常怀感恩之心，才懂得生活的一切是那么的美好！只有懂得感恩，我们的生活才会充满希望；只有学会了感恩，我们才能学会珍惜。

（二）珍惜亲情

亲情，在你还没有来到这个世界前就先期而至，并时刻伴随你度过慢慢人生征程。

从小到大，父母、兄弟、姐妹播洒的是血缘亲情；老师、同学、同事、朋友传递的是友爱亲情；夫妻融合的是恩爱亲情。有了亲情，黑暗中的道路会被照亮；有了亲情，生命中的寒冬将充满温暖；有了亲情，你的人生总会蜂飞蝶舞、蓬勃向上。可在实际生活中，有的人偏偏不懂得珍惜那些无微不至的亲情，父母的苦口婆心被当成敌意的管教；把老师的谆谆教诲当作耳边风；朋友的无私关爱误解为虚情假意。

亲情，是人世间最珍贵的感情，拥有亲情是幸福的，珍惜亲情更是难能可贵的。"子欲孝而亲不在，恩欲报而人已去"者常留千古恨！请不要在失去之后，才懊悔自己当初为何没有好好珍惜和家人相聚的时光，为何没有好好的对待最亲的亲人。

（三）遗失的恐惧

我们在平常生活中并不能常常体会到亲情遗失的恐惧，本项活动给了我们一次体验的机会，我们应该更好地珍惜，并深刻地体会到如果在现实中我们真的一旦体会到这种恐惧，可能就意味着亲人的离去，珍惜与亲人相聚相伴的每时每刻，宽容别人的不足与缺点。

（四）相生相吸

亲人朋友间相生相吸很重要，在一起生活工作的过程我们要被对方的优点所吸引，受对方的特点所影响才能更好地相处与成长。

活动三　人生感悟

一、被动跟读者的改变

有一些学员开始时并不愿意朗读这篇文章，他们的行为是受大众的影响的，但是，只要他们一开始朗读，你就会发现他们身上轻微的变化，这种变化就是一种积极的信号，导师应该及时给予肯定与鼓励。

二、主动朗读者的变化

对于那些主动朗读的学员，在他们身上找到变化是很明显的，因为他们会主动投入情感，会积极引导自己的情绪去思考去感受，所以他们的收获也是较大的。

三、重复的强化有利于感恩的理念内化于心外化于形

一篇文章通过个人的诵读、团队及全班的集体朗读，一次次地重复就是一次次地将相关信念植入自己个人的内心，虽然有些明显一些，有些火候欠缺一些，但是，都是一个内化的过程，只有通过内化的巩固才能最终在外在行为中表现出来。

模块二　在学校期间的素质拓展训练

项目一　团队精神锤炼

活动一　团队展示

一、发现

（一）在进行分组环节，会有个别学员不愿意加入随机组合的团队，他们更希望能和自己熟悉的同学在一组。

（二）在活动过程中会有一些队员不愿参与。具体表现在讨论团队文化的过程中，不参与讨论，他们认为这些都是队长的事，由队长制定就可以了；在团队展示训练的时候不积极参加练习，认为没什么好练习的随便上去说两句就可以了，在给各团队评分的时候也不参与思考。

二、经验与故事

针对分组环节会有个别学员希望能和自己熟悉的同学在一组的心理。导师的做法应该是在分组前告诉大家：我们不可能永远都和自己的好朋友待在一起，未来我们会进入各自的企业，组建各自的家庭，每个人都会有属于自己的生活，所以我们需要学会适应新的环境，学会与不同类型的人和睦相处，所以不允许私自调换团队。

为了调动全体学员都积极参与活动，除了在培训前要求学员庄严承诺积极参与外，还要在每次课后对每一个学员参加培训的表现进行评分，采取队员之间互评和老师评价相结合的方式。

一个优秀的团队需要有优秀的领导，所以在各团队挑选队长的时候，培训老师要给予一定的引导，告诉队员们，挑选的这个队长应该有工作热情，有责任心，能够以身作则、身先士卒、凡是以团队利益重，具有较强的协调与激励他人的能力。

导师应该鼓励同学们大胆推荐自己，"机会是靠自己争取来的。"不为名不为利，为的是可以有更多机会展示自己的能力。

由于缺乏经验，练习少，态度不认真，第一次进行团队展示往往效果都很不理想，培训导师要在活动结束后加以点评，指出问题，对不认真练习的团队、不积极参与的个人要点名批评。即使是表现最好的团队，也没有拿到满分，说明还没有做到竭尽全力，没做到最好。每一个队员都应该问一下自己，有没有拖团队的后腿，有没有给团队做贡献。

如果时间充裕的话，可以让学员重新练习，再做一次团队展示，效果会明显改观。同学们从而更能体会"没有人可以随随便便成功"的道理。

三、感悟

21 世纪的舞台上少了战场上的硝烟，多了商场上的竞争，这是一个追求个人价值实现与团队绩效双赢的时代。

比尔盖茨讲，"大成功依靠团队，而个人只能取得小成功"。团队能够完成个人所不能完成的任务。

联想提出的口号赫然是"打造虎狼之师"，它塑造的员工是既要像兽中之王老虎那样拥有"以一当十"的王者风范、英雄气概、雄厚实力，又要有像群狼那样分工合作，精诚团结的"以十当一"的精神。把个人目标与团队共同目标合二为一。

从本项活动中我们感悟到如下几点。

（1）一个优秀团队一定要有一个领导者。只有有了领导者团队才会有凝聚的核心。

（2）团队应该有自己独特的标志。标志是一种团队特点外化的展现物，标志性的事物出现使团队明显区别于别人。

活动二　共挑重担

一、发现

在最开始的 5 到 10 分钟，团队会因为没有出现领导者或者忽视领导而意见很多，导致混乱和争吵，特别是在多次尝试都失败之后，经过培训导师引导之后情况会有改善。

在经过培训导师引导之后有些团队情况仍然没有好转，导致个别队员积极性受挫，这个时候培训导师一定要注意，多给予教导和鼓励。

二、经验与故事

这是一个团队管理体验：在制度不完善的情况下，团队里充满了无序的争执和过多的建议。这是一种体验，需要让其发生。所以在最开始的5到10分钟，培训导师要放任团队进行，不进行指导而仅仅观察，增加同学失败的次数，促使混乱发生。

在各小组充分经历混乱之后，让大家全部停下来，通过"关于多个诸葛亮和一个领导"的阐述，要求各团队选出指挥员，并宣布新增规则活动中只有指挥员可以说话，其他队员说话，或者任一队员手指离杆，宣布违规重来！

同学的专注状态是煅造出来的，所以，在同学没有全部进入这一状态时，毫不手软，一旦出现离杆或组员说话违规，马上要求重来！

如果团队内指挥员没有能够出现充分管理者行为，组员习惯性的七嘴八舌出谋划策，那么在出现有队员手指多次离杆后，培训导师应该提问该团队："我们团队谁是指挥员？有几个指挥员？"再次强调活动规则以后，要求重来。

三、感悟

（一）成功团队的特征

（1）有共同的目标；

（2）有一个好的领导；

（3）有明确的分工和责任；

（4）选择合适的成员，最大限度地表现每个队员的业绩；

（5）队员的在强项上得到发挥，在弱项上得到支持；

（6）致力于内部交流的有效性；

（7）维持纪律的有效性；

（8）保证质量，追求不断改进。

（二）不成功团队的特征

（1）没有领导；

（2）个人以自己的方式，追求个人的目标；

（3）分工和责任不清，导致重复的劳动；

（4）队员之间只有相互竞争而不是合作；

（5）队员的技能与性格特征没有得到平衡；

（6）低效的交流；

（7）队员没有真正融入团队；

（8）存在破坏团队绩效的工作方式，例如没有责任感，糟糕的时间管理，拒绝变革等。

活动三　翻树叶

一、发现

如果团队中既有男生又有女生，活动开始的时候，由于近距离地站在一起，往往会感到很不自然，总感觉有点扭捏。而有些身体强壮的男生会采取背同学的方法，减少落脚的面积，令人感动。

活动刚开始，因为没有经验，一时找不到窍门，往往不能顺利获得成功，甚至有队员质疑成功的可能性，培训导师这时候要多做鼓励。

二、经验与故事

活动开始前培训导师要和队员讲清楚团队合作的重要性。在这里没有男女之别，有的只是共同的目标。强化目标意识，消除男女之间的扭捏感。

开展此项活动之前，如果队员没有接受过其他的团队培训，活动开始的时候，会出现无领导的混乱情况，团队里充满了无序的争执和过多的建议。这是一种体验，需要让其发生。所以在最开始的 5 到 10 分钟，培训导师要放任团队进行，不进行指导而仅仅观察。过后，培训导师要求大家思考，一个优秀团队的特征有哪些？

团队经过多次尝试仍然屡屡失败，大多数是因为思路狭窄，不善于学习的结果。这时，我会给大家讲：清朝时期，我们国家一度非常强盛，以至于变得非常自大，闭关自守，骄傲自满，不屑于学习外国的先进技术。火药虽然是我们国家发明的，但是八国联军用洋枪洋炮告诉我们，我们的生产技术落后了，落后了就要挨打。这段历史告诉我们：一个优秀的民族一定是一个善于学习的民族，国家如此，团队亦如此。要做一个善于学习的团队，要走出去学习别人的成功经验，才能更快、更好地取得成功。

如果每个团队人数较多，允许指挥员站在塑料布外面指挥队员移动；如果每个团队人数较少，可以增加活动难度，让指挥员也站在塑料布上面进行指挥。

三、感悟

（一）一个团队就是一条船，一荣俱荣一损俱损

每一个队员都要有团队意识，为实现共同的目标贡献集体智慧，努力做最好的自己，同时要绝对信任领导、服从领导。

（二）这是不同的培训

拓展培训不同于普通的任何一种形式的培训，其他培训注重知识技能的积累，而拓展培训重视人的态度、意志力、心理状态的培养，使人们不必经历真实的艰险、紧张、自我怀疑、他人的嘲笑以及失败的挫折，就能领悟和发现真理。拓展培训并不是将知识直接灌输到学员脑中，而是经过一个个精心设计的游戏活动，让他们认识自己，激发潜能，领悟到团队合作的重要性，总之一句话，拓展培训改变人的态度，态度改变行为，行为改变命运。

（三）激发潜能

通过翻叶子拓展游戏，能够激发学员内在的潜能，强化个人的心理素质和应变能力，不断地认识自我和超越自我，同时让队员感受到个人与团队唇齿相依的关系，真正感觉到一个团队的力量，以达到增全队活力、凝聚力和创造力，进而提升团队竞争力的目的。

（四）绝对信任和服从领导

一个优秀团队一旦确定的自己的领导，就应该在任何时候，特别是一些突破关键的时刻绝对地信任和服从这个领导者，否则会带来团队整体效率的降低，甚至整个行动的失败。

（五）善于利用集体的智慧

当团队面对困难局面或者复杂问题时，团队的领导者要善于激发并利用大家的智慧，只有这样团队才能更快地突破难关。

活动四　心电图

一、发现

（一）活动过程中过于急躁，造成犯规

由于限制使用语言和道具传递信息，因此很多同学在活动过程中过于着急，从而导致屡屡犯规。有些同学为了争取时间，还没等对方表达清楚，就急于转身向下一个同学传达消息，导致一直出现错误的情况发生。

（二）注意力不集中

有些同学很容易受周围的同学影响，东张西望，以至于不能很好地理解对方传递的信息，这是在工作和学习中非常不可取的行为。一旦对自己负责的事情不上心，很容易造成工作失误。

（三）自我控制能力不强

这个活动主要考验的就是学员的自我控制能力，但有些学员为了让自己的团队获得胜利，偷偷转身偷看，或者小声向对方传递信息，这严重违反了活动规则，可是很多学员对此并不在意。许多好的习惯，例如做事有条理、准时、信守承诺、沉着冷静等是离不开良好的自控能力的。

二、经验与故事

一名叫王明的工科专业男生，他平时在班里比较调皮，上课时喜欢打断老师的讲话，而且与同学讲话的声音也很大。在这个活动中，他好几次都忍不住发出声音，从而整个小组被判犯规取消了资格。他非常的内疚，在分享的过程中，他要求给他们小组一次机会再来一次。

在最后一次的传递中，他排在第二个位置，他这次非常耐心和认真的完成比赛，并且还学会了反复与第一位同学确认信息，虽然信息不一定正确，但是他能耐心地完成比赛，这让他们小组终于顺利地完成了任务。他在分享时说："我从来没意识到认真听别人表达是这么的重要，平时在家我对父母的话不爱听，对老师的话也爱搭不理，对同学也是大呼小叫，现在我终于知道，只有尊重别人，才能得到别人的尊重，才能一起获得成功。"

活动结束后，王明有意识地加强自己礼貌和尊重他人方面培养，并且主动地加入了校学生会。

三、感悟

(一) 树立规则意识

规则意识，是指是发自内心的、以规则为自己行动准绳的意识。比如说遵守校规、法律、社会公德、游戏规则的意识。拿排队作个比方：排队的次序是法治，每个人都可以排队是民主，那么每个人都愿意排队就是规则意识。没有这个意识，民主和法治都是空的。这个最基本的意识和人性与良心有关和道德与信仰有关。如果一个人没有规则意识，那么就无法融入生活和未来的职场。

(二) 学会控制自己

自我控制是一个人对自身心理与行为的主动的掌握。它是人所特有的一种特殊的活动。人的活动就其针对性而言有两种：一种是针对客观世界的，人通过各种物质工具与技术手段改造客观世界，从而达到控制客观世界的目的，物质工具及技术手段越高级，人对客观世界的控制水平就越高；另一种则是针对主观世界的，人对主观世界的控制则是运用记号乃至词语、语言这些精神工具，通过自我意识而达到控制自身心理和行为的目的。自我控制水平的高低是与一个人的个性品质与自身锻炼密切联系着的。

在未来的职场中，会面对来自各方面的诱惑，比如学会计的同学会接触到很多现金，如果没有一个良好的自我控制能力，没有树立正确的价值观，就很容易走上歪路。

(三) 准确理解他人的意思，准确传达信息

此活动让学员了解到在平时沟通的过程中，我们都应该尊重每一个人，让别人充分表达自己的想法，而不要随意地打断或者用自己的方式去理解别人。在未来的工作中，经常需要传达领导的指示或任务，要做到不添油加醋，实事求是。

(四) 统一的规定象征着团队的文化

当我们在活动过程中统一规定一些数字或文字的手势如何表现时，就

相当于团队简单文化的产生，而团队文化是使整个团队在理念上统一，在行动上迅速的的基础。

活动五　超越极限

一、发现

（一）降低难度

在开展此项活动时，有部分小组会有意无意地降低完成任务的难度，比如在挑战过程中，会不知不觉把绳子的高度降低。

（二）成员之间容易发生埋怨

因为分组是随机的，因此有些组分到一些体重比较重的，或者分到女生比较多的，而这些学员无法跨越障碍，需要很多协助才能过或者根本就过不去，这时小组内部就会出现相互指责的现象。

（三）产生畏难情绪

此活动难度较大，需要很好的协调和配合，有些组在尝试了几次之后，组员士气低落，失去挑战的信心。

二、经验与故事

在参与活动的过程中，能顺利完成的团队很少。特别是刚刚入学的一年级同学，他们之间还不是很了解，因此在进行过程中大家都比较放不开。

有一名男生叫李强，他来自农村，不太会和同学交流，所以显得有些孤僻，缺乏自信。但是在活动的过程中，我发现他的弹跳力特别好，而且非常热心，虽然很腼腆，但是看得出来他很乐于帮助别人。于是我鼓励他说出他的长处和想法，经过几次实践，他的表现获得了队员的赞扬，也给大家很多信心，慢慢的，他开始带领小组一次次进行尝试，整个团队氛围都非常好。

三、感悟

（一）学会借力，充分挖掘潜力

每个人都是有潜力的，要善于发现别人的潜力，并且加以利用。在一个团队中，每个人都发挥了自己的专长，才能更好地进步。如弹跳好的学员可以自行越过障碍；体型壮的学员可以当垫脚石，帮助别人通过；力气大的学员可以抬着别人通过等。遇到问题应该想办法解决，而不是抱怨或者是放弃。

（二）热心帮助别人

每个人遇到困难的时候，最需要的是别人给予帮助。别人遇到困难，应该主动伸出援手，人多力量大，问题就会迎刃而解。

（三）学会协调

在一个团队中，队长显得尤为重要。作为队长或主管，如何协调团队分工，如何调动团队的气氛都是非常重要的。作为队员，当遇到困难的时候，当工作生活都不顺时，该如何面对？既然是团队的一份子，每个人都应该珍惜自己的伙伴，只有凝聚力强的团队才能走到最后。

（四）细节决定成败

在活动的过程中也许只是一个衣角、一缕头发等细节没有处理好，就会使前面的工作成果归零，所以，在团队的合作中细节决定成败。

（五）团队工作中计划很重要

在本项活动中，谁先谁后，哪位学员承接哪位学员都应该事先有周密的计划才有可能完成挑战任务，现实工作中也是如此，团队工作只有提前规划与计划才能高效开展。

活动六 百人跑

一、发现

（一）团队荣誉

这个项目对于锻炼身体、提高运动成绩是次要的，主要是培养整个团队队员之间的相互交流、探讨、跟进、统一的思想意识，每位成员认识到，只要有一位步调不一致，就会导致整个团队的失败。团队合作在这些项目里得到了充分的体现，力量使不到一处，形不成合力，力量大也不能赢得胜利。如果同伴没跟着节奏迈步，就都会摔跤。

（二）相互理解

此活动参加人数越多，能在规定时间内完成任务的成功率就越低。当几十个人绑在一起，需要共同走 50 米是非常困难的。不仅步伐要一致，身体的节奏和呼吸都要同步。团队中有男有女，男生需要迁就女生，女生需要配合男生，才能朝着共同的目标前进。

（三）害怕失败

在活动环节中，有些同学因害怕受伤，而不顾团队的步伐，导致整体步伐混乱。

二、经验与故事

成功抵达终点的团队都有一个共同的特点：每位团员的心都很齐。当导师讲解完注意事项和动作要领之后，该团队很快选出了一名组长，组长又指定了几个小组长，分成几个小组进行动作练习，待大家都比较熟悉动作要领之后，再进行合练，并由组长喊口号，通过口号让各位队员的步调一致。特别是在学校期间参加了市级和区级团体技能比赛，由于他们有组织的规划、默契的配合、不服输的性格，让他们在比赛中取得了优异的成绩。

可见，做任何事情都不能毫无组织和纪律性。

三、感悟

（一）增强集体荣誉感

集体荣誉感是一种热爱集体、关心集体、自觉地为集体尽义务、做贡献、争荣誉的道德情感。它是个人道德荣誉感的基础，是一种积极的心理品质，是激励人们奋发进取的精神力量。在集体生活中，个人将逐步体会到集体荣誉与自己的关系，体会到个人在集体中的地位。当集体受到赞扬、奖励的时候，就会产生欣慰、光荣、自豪的感情；当集体受到批评或惩罚的时候，就会产生不安、羞愧、自责的感情，这就是集体荣誉感，是有上进心的表现。

（二）学会相互理解

理解与知道不同，知道只是人们认识客观世界的途径，理解是人与人交流的一座桥，学会理解，人与人之间就有了沟通的纽带；学会理解，人与人之间的矛盾就会迎刃而解。

（三）培养不怕困难，知难向前的精神

一个人在努力向前去实现自己的目标时，总会遇到许多困难，经受许多挫折。其实，困难、挫折并不可怕，可怕的是在困难面前丧失信心，失去前进的动力。

活动七　信任背摔

一、发现

（一）体验信任

朋友之间、同学之间、同事之间，我们分别该如何对待？

相互的猜忌会给我们造成不必要的麻烦，信任对于我们完成任务非常重要。只有团队成员之间能够相互信任，才能够提升团队的凝聚力，提高团队的战斗力，提升团队的绩效。信任对于个人以及团队来说都是非常重要的，缺乏对自己的信任会对自己造成很大的负面影响，同样，团队缺乏信任也会对团队造成伤害。

（二）学会换位思考

固有的思维模式会阻碍我们的前进，不论是工作中还是生活中，当有矛盾产生的时候，试着站在别人的角度去思考问题。背摔中背摔队员倒下之前，你在想什么？保护队员接人的时候，你是怎么想的？换位思考以诚信为基础，以沟通为桥梁，是一种先进的管理理念和有效的管理手段，而且一直被人们广泛应用。

正确地进行换位思考，应注意以下几点："换位思考"只宜律己，不宜律他；只宜行动，不宜宣传；只宜上对下，不宜下对上；应当形成一种氛围，深入人心而不能只有少数人换位思考。

（三）责任心不够强

在背摔的环节中，有些同学团队意识不强，行动缓慢，没有紧迫感；有些同学不善于沟通，不知如何参与，所以只是在一边看着，参与感不强；有些同学过于强势，听不进别人的意见，导致团队沟通中矛盾的产生。

二、经验与故事

该活动对条件的要求不高，基本能让所有同学都能参与其中，因此非常受学员欢迎，同时由于参与的学员多，组内容易出现意见不同。强有力的队长组织、协调、沟通、分工，促使整组较为顺利地完成任务。反之，一些小组由于无人组织，处于较为混乱的状态。

三、感悟

（一）主动参与很重要

主动参与团队活动，才能团结成员，增加让别人认识的渠道，促进学员间的交流。认真投入活动才会有所收获。

（二）信任是团队合作的基础

团队是由许多各式各样的人组成的，相互之间的信任是合作的基础。通过充分的沟通，可以相互了解、相互尊重，增强信心，建立信任关系。

（三）学会团队合作

学会与他人合作，发挥团队精神在具体生活中的运用，可以使我们收到事半功倍的效果，可以使我们的工作更加良好地向前发展。

（四）重担在肩责任在心

负责接人的队员应该在活动中深刻体会到，自己的伙伴把命运交付给了自己，每个人都要主动分担一份重担，每个人都要牢记责任在心，团队才能成功。

项目二　职业礼仪与职业素养

活动一　职业礼仪、职业素养认知

一、发现

（一）缺乏认识

有些同学会认为作为职业人在职场上完成岗位职责以及上级领导安排

的工作任务就可以了，自己的仪容、仪表，与同事、他人甚至职场交往不必讲究细节，比如工作场合自己喜欢穿什么就什么，没有必要在意别人的眼光、看法，自己舒服就好了。

（二）参与不主动、积极

活动过程中部分组员不自己积极主动地去发现问题、发表自己的见解，而是组长点名了，提出问题了，才犹犹豫豫地回答。

（三）无法理解职业礼仪与职业素养的关系

该活动最大的难度是透过人物的外在形象认识到职业礼仪与职业素养的关系，所以组员里大部分都只是从人物的穿衣打扮、动作等去表述，没有更进一步发现这些外在的形象反映更深层的关系——职业礼仪与职业素养的问题。

二、经验与故事

一个人的职业素养将决定你是否可以获得更好的工作机会。工作技能将不再是企业录用员工的唯一标准，甚至不是主要标准，一个优质的企业更看重的是员工的整体职业素养。

同样的工作岗位将决定你是否比别人获得更高的工资和收益。一个具有良好职业素养的员工，在工作时会有更高的执行力和团队合作精神，因此也会有更高的工作效率。

同样的企业将决定你是否比别人获得更快的晋升机会。全面综合的职业素养使得你在与别人的竞争中脱颖而出。

三、感悟

（一）职业素养>职业礼仪

职业素养是人类在职业活动中需要遵守的行为规范，它包括职业思想、职业道德、职业行为习惯、职业技能。职业礼仪就是在职业活动中以一定的、约定俗成的程序、方式来表现的律己、敬人的过程。

（二）职业礼仪体现职业素养

职业礼仪是在职场中表现为尊重各种规范，是可以操作的外在表现，职业素养通过职业礼仪来体现。

（三）规范职业礼仪，提升职业素养

提升职业礼仪修养，打造出良好的职业形象，全面提升职业素养。

（四）从大处着眼，从小事做起

职业礼仪与职业素养要从身边事做起，从小事做起，随时随地用上，做小事有高标准。

活动二　基本素养及礼仪

一、发现

（一）基本掌握基本礼仪动作要点

在开展此项活动过程时，大多数学员对基本礼仪动作要点都熟知一二，在训练过程都能按要求完成基本动作练习。

（二）基本礼仪动作不够自然

虽然大多数学员熟悉动作要点，但在训练过程中动作僵硬，配合的表情、语言不够自然。

（三）无法突破自我

该活动最大的难度是突破原有的动作模式，在导师的指引下完成标准动作的练习。

二、经验与故事

小超是市场营销专业的学员，他是一位非常认真的学员，每一个动作他都会把导师的动作要点编成简单的口诀，肢体动作加以配上口诀，练了四五遍后，对照镜子在自己检查动作，自己觉得满意后，再找组员帮助把关，力求每个基本礼仪动作规范、标准。

三、感悟

（一）规范自己的言行

该活动目标任务就是掌握基本礼仪，自觉执行礼仪规范。

（二）美化自身

规范的行为，处处彰显自身修养。

（三）第一印象很重要

当我们初次进入顾客的办公室时，或者初次介绍跟别人认识时，对方刚开始看到你的那十几秒，时间虽然短暂但留下的印象却会影响到他对你的判断。

（四）你的形象价值百万

一个人的基础素养及礼仪行为可以使你在别人眼中有好的形象，而这个好的形象给你带来的价值却是常人常常低估的，我们一定要有这样一个理念，一个良好的形象会给你带来工作的自信，会让你有更好的朋友圈和工作环境，你的形象也许价值百万。

活动三 公共场所素养及礼仪

一、发现

（一）参与积极性高涨

此次活动通过问题导入、具有强烈视觉冲击的视频，激发了学员的参与度，学员纷纷把自己在公共场所遭遇的不文明的行为以及在公共场所经历的暖心行为进行分享，每个学员都参与活动。

（二）拓展新时期公共礼仪

本次活动，学员们讨论了影剧院、图书馆、乘坐交通工具、旅游观光等公共场所的传统礼仪规范，但随着新时期社会的发展、变迁，一些新的公共场所出现许多情况也应该注意，比如在高铁（动车）上是否可以食用味道重的食物。

（三）自我反思不够

活动过程中大部分学员分享在公共场所看到别人不文明的、不道德的行为，自己在公共场所是否做过不符合公共场所道德规范、礼仪标准的行为却反思较少。

二、经验与故事

一次，张玫因出差乘坐由北京到武汉的高铁，高铁上一对中年夫妻坐在位置上津津有味地吃着泡面，但其他旅客眉头紧皱，甚至有些旅客用手捂住鼻子，眉头紧锁。

小组讨论这一故事时，有些学员说"高铁上没有禁止不给吃泡面"，有些学员说"泡面味道重，影响他人，需要吃就餐厅吃"，组员里分成了两派，赞成派和反对派各执一词，在导师的引导下才得以暂停。

三、感悟

（一）公共礼仪的基础就是不影响他人

通过活动大家都意识到在公共场所的任何言行都是以不影响他人为基础。

（二）具备良好的公共礼仪展示自我修养

良好的自我修养通过良好的礼仪行为表现，良好公共礼仪的展示更加促进自我道德修养的提升。

（三）良好的公共礼仪使社会更和谐

良好的公共礼仪可以赢得陌生人的友善，人与人之间更加有爱，环境更加美好，社会更加和谐。

（四）公共场所素养及礼仪容易让人忽视

国人经常把小事随便当成个性豪放的表现，这是大错特错的。城市生活是工业化的表现，许多的规则与规矩与农村生活差别巨大，由于城市生活与工作人与人之间的距离密集，每个人与人相处时尽量"减少自己的势力范围"就是对别人最大的尊重；而遵守次序是一个个人和社会文明程度及效率的重要表现！是进入工业化社会的表现！

活动四　公务（办公）职业素养及礼仪

一、发现

（一）基本掌握办公室礼仪涵盖内容

在开展情景剧的设计、编排环节，每个小组都能针对新人入职碰到的如何与新同事打交道、如何融入新环境等问题设计了情景，讨论、设计了解决此类问题的方法、技巧，各小组讨论总结出很多办公室常用礼仪注意事宜。

（二）参与的积极性高涨

活动过程中大多数学员积极主动地参与设计、讨论，为情景剧的设计编排献计献策，有些学员更是把自己的经历跟组员分享。

（三）忽视细节

办公礼仪包含电话、接待、会议、网络、公务、公关、沟通等，涵盖了办公场所的方方面面，此次活动虽然每组组员都在尽力思考，但还是忽视办公礼仪的细节，比如语言礼仪，有些说话过于谨慎，有些过于莽撞。

二、经验与故事

在此次活动中，特别在情景剧的设计、编排环节，各组的学员七嘴八舌地道出自己的职场经历，非常丰富，但有位名叫李涛的学员的经历让我印象深刻：李涛入职没多久，就到公司财务部门报账，在等待财务部门核对单据的时候，他把之前填错的单子随手扔到了地上，其他部门的同事看见了，瞟了他一眼，摇摇头，当时他还没意识到什么，恰巧生产部门经理带着几个大顾客到财务科，刚好看到李涛扔垃圾的一幕，直接对生产经理说："你们公司员工都是这样随性吗？你们公司的产品不会这样随性吧？"，后来听说因为此事，公司险些失去这次订单。

三、感悟

（一）尊重是对办公礼仪最大的践行

办公礼仪涵盖的内容很多，或许不是每一方面都能做到得体、精致，但时刻保持着对同事、领导、服务对象等与工作相关联人的尊重，就会自觉地践行办公礼仪。

（二）时时、处处留意细节

工作中面对不一样的对象、不一样的背景、不一样的事件，都应该留心接人待物的细节，设身处地为他人着想，自身教养体现在细节，细节展示自身职业素质。

（三）办公形象关系单位形象

职场上个人代表整体，个人办公形象代表所在单位的形象，个人的所作所为决定了他人对本单位看法。所以说，个人拥有良好的办公礼仪是单位形象的窗口。

（四）良好的办公礼仪是个人职业发展的助推器

一个拥有良好办公礼仪的人，在工作上处处受人尊重、敬重，甚至"得道多助"，成就更美好的事业。

活动五 通讯职业素养及礼仪

一、发现

通讯礼仪包含很多方面，此次活动虽然每组组员都在尽力思考，但还是忽视电话礼仪的细节，比如微笑、在接电话过程中分心、一次接两个电话等，更没有想到一些新通讯手段应该注重的礼仪。

二、经验与故事

某人下午5点多在报摊上买了份招聘类报纸，查阅到了一个心仪职位。为在第一时间与招聘方联系，就立刻拨通了对方电话："喂，请问是××公司吗？我看了报纸，想来应聘……"还没等她说完，对方就表示人力资源部负责人正在开会，且下班时间快到没空细聊，但还是记下了她的手机号码，表示第二天会联系她。

经验：这位求职者打电话没有选择合适的时间找到合适的人，主动致电变为了被动等候，是一次很失败的电话应聘。职场上打电话应该注意以下几点：

（1）选择恰当的通话时间。一般来说，应该在公司工作时间打电话，一般来说，上午9：30—11：00以及下午1：30-4：30之间较为合适。此外，在刚上班的时段内，对方会比较繁忙，而临近下班时又会归心似箭，无心工作，应该避开这些敏感时段。

（2）找到合适的人。

（3）找到安静的环境。不要在喧嚣的马路或吵闹的环境下打电话。

（4）准备通话要点。打电话以前需要准备好问题，以免遗漏。

三、感悟

通讯礼仪不仅仅反映了一个人的情绪、文化修养和礼貌礼节，同时也反映了整个企业的职员素质，因此无论是打电话还是接电话抑或是一段短短的QQ、微信聊天，都不可太随便，都应做到语调热情、用语准确、大方自然、声量适中、表达清楚、简明扼要、文明礼貌。

（一）微笑是电话礼仪的先驱者

用清晰而愉快的语调接电话能显示出说话人的职业风度和蔼可亲的性格。虽然对方无法看到你的面容，但你的喜悦或烦躁仍会通过语调流露出来。

（二）时时、处处留意细节

接打电话中面对不一样的对象、不一样的背景、不一样的事件，都应该留心接人待物的细节，设身处地为他人着想。

（三）电话礼仪直接代表企业的形象，直接影响宾客的满意度，影响到员工之间的关系，是另一种重要的服务方式。

（四）尊重是最好的礼仪

拥有一种由衷的尊重他人的意识，是对礼仪的最好的理解。

（五）即时聊天要与对方同频

随着科技的发展，即时聊天出现了多种多样的方式，从最早的短信到后来的QQ、微信等，每个人的习惯不同，用的种类也不同，但是，你一定要与你的领导、同事或是主要客户在同一个"频道"，而不是强调自己的个人习惯。

（六）注意录入文字的礼仪

如果我们使用短信、QQ、微信等的文字沟通功能，由于对方看不到我们的表情，听不到我们的声音，更无法直观地体会到我们的情感，我们使用的文字就更需要注意表达的方式。

活动六　访客职业素养及礼仪

一、发现

（一）日常习惯很难改变

很多学员平时养成了一些不规范的行为习惯很难通过一两次的训练改

变，比如，在门口跟人打招呼时习惯性地扬起右手做敬礼状，敲门声不对，站在别人的办公桌前随手翻弄对方的桌上物品等。

（二）语言动作"紧"不起来

在角色扮演时没有把对方当作真正的被访者，在语言礼仪方面，认为拜访的客人很熟悉，有些说话过于随意，不注意场合。

二、经验与故事

职场故事：李阳是梁周的上司，两人私人感情很好，李阳喜欢喝茶。有一次梁周出差到外地发现了一套茶具很精美，于是就买下来想送给李阳，出差回来的第一天上班梁周就兴高彩烈地拿着礼品到李阳的办公室送给他，刚好办公室里有好几个同事也在，梁周发现李阳的脸色不太好看，也没有对他所买的茶具表示很欣赏，这让梁周百思不得其解。

送礼体现的是一门为人处世的艺术和哲学，也是一门较难掌握的学问，需要掌握技巧，不然容易弄巧成拙。

（1）按照受礼者的不同和礼物的价值进行送礼；

（2）按照受礼者的兴趣爱好进行筹备礼物；

（3）送礼的时间和场所选择以给受礼者留下印象；

（4）赠送礼物要考虑到面子、品味；

（5）礼物需要注意包装，不能随随便便的一个包装就了事；

（6）礼物的用途考虑和对应送礼场所。

故事中的梁周上门赠送礼品时，在时机、场合、环境等方面欠缺考虑。

三、感悟

（一）人无礼不生，事无礼不成，国无礼不宁

"有备而来"的成功率会比随意而访的成功率大得多。能够恰当地选择礼品，掌握赠送礼品的礼仪对于所做的事起着事半功倍的效果。

（二）访客礼仪不起眼但很重要

良好的访客礼仪在很大程度上影响到商务活动的成败，是个人职业发展的助推器。

（三）预约是最首要的礼仪

有预约的到访是对对方的最大尊重，也是节省双方时间提高工作效率的最好方式，所以，我们一定要习惯于访前预约，不要怕拒绝，不要认为多此一举。

（四）留下"光辉"的背影

我们拜访对方往往是有事相商或有事相求，结果会有好有坏，当有好的结果时双方皆大欢喜，但如果结果不如人意时，很多人会气急败坏地离开，给对方留下一个"灰暗"的背影，这是拜访最大的败笔。

活动七　就餐职业素养及礼仪

一、发现

（一）就餐无小事

很多学员认为，不就是吃饭嘛，我从小吃到大，谁不会吃饭？结果在进行练习时到处出错，比如，容易忽视一些民风民俗，我们知道尊重他人的风俗习惯是懂礼的表现。想要加强对外交往，入乡随俗是需要铭记在心的，体贴地照顾到他人的民族宗教风俗习惯，能给人以亲切贴心的形象。

（二）被过往经验所影响

在如何就座时很多学员由于没有学习过标准的就餐礼仪，往往按照平时家人或朋友吃饭时的就座习惯来进行，而且还坚定地认为是正确的。

（三）不懂装懂的敬酒礼仪

不懂长幼尊卑不顾先后顺序地乱敬酒，敬酒时口无遮拦地乱说话，还把这些当作自己豪放的性格表现。

二、经验与故事

看一个人的有无修养，从言行就可能知道。中国人大多喜欢在吃饭的时候联络感情，考验对方。一个人的吃相，反映了这个家庭的家教，一个人如果被人家说没家教，这个人是很难有所成就的，没文化和没家教一样是被人看不起的。下面这个故事很能说明问题：

某企业老板请客人吃饭，叫两个新来公司的女大学生陪同。客人是南方人，吃菜的口味比较清淡，所以点的菜都比较符合客人的口味，但是新来的女大学生都是四川人，喜欢吃辣的，于是就不断地抱怨着没有他们喜欢吃的菜。

老板心中虽然不高兴，但也不好发作，就又点了两道辣一点的菜。结果这两道菜上来以后，就被这两个女大学生"霸"在自己面前，自顾自地边聊边吃，旁若无人。吃罢，还赞叹道"就这两个菜还不错"。回公司后老板没做任何解释，就立即将这两个女大学生解雇了。

三、感悟

在商务交往中，餐饮礼仪以其能打开人心的特性而被人们所重视。

通晓理解餐饮礼仪的要义，掌握餐饮礼仪的要点不仅是对自身素质才华的展现，也是实现交流沟通的方式，一个礼貌健谈、贴心幽默的人总能比粗俗无礼的人更受人欢迎。

餐饮礼仪是打开沟通之路的敲门砖。宴会和餐桌可以为每位参与者提供和谐宽松的信息交流的环境，扩大视野。通过就餐认识不同的人，良好的礼仪可以让人更容易融入新的陌生交际圈，发展人脉，对增长人生阅历有很大帮助。

活动八　面试职业素养及礼仪

一、发现

（一）忽视细节

细节折射出人的本质，言行堪称最好的"介绍信"，面试礼仪包含坐、站、眼神、手势、仪态、仪容仪表、沟通等。面试后表示感谢是十分重要的，因为这不仅是礼貌之举，也会使主考官在作决定之时对你有印象，据调查，十个求职者往往有九个人不回感谢信。

（二）往往把表现不佳归于自己情绪紧张

在面试演练过程中多数学员把自己忘词，表达不顺等表现归结于紧张，其实，这是在找心理安慰，这种表现的真正原因只有一个，就是训练不够，准备不充分。

（三）过于被动

很多初入职场的人在面试时始终处于一种被动的状态，越没有经验的人越是面试官问一句答一句，他们不知道这对他们的面试表现是很丢分的。

二、经验与故事

职场故事：在上海某单位组织的一次面试中，主考官先后向两位毕业生提出了同样的问题："我们单位是全国数一数二的大集团公司，下面有很多子公司，凡被录用的人员都要到基层去锻炼，基层条件比较艰苦，请问你们是否有思想准备？"毕业生 A 说："吃苦对我来说不成问题，因为我从小在农村长大，父亲早逝，母亲年迈，我很乐意到基层去，只有在基层摸爬滚打才能积累丰富的工作经验，为今后发展打下基础。"毕业生 B 则回答："到基层去锻炼我认为很有必要，我会尽一切努力克服困难，好好工作，但作为年轻人总希望有发展的机会，不知贵公司安排我们下去的时间多长？还有可能上来吗？"结果前一学生被录用，后一学生被淘汰。

分析：在面试过程中，回答问题的技巧非常重要。对有些问题的回答，表面上看来合情合理，无可厚非，但却令考官反感。这是因为：考官并不在乎你回答内容的多少，而在于考察你对问题本身的态度，进而了解你对职业的态度等。显然，这一案例中，毕业生 A 对下基层态度端正、诚恳，令主考官欣赏；而毕业生 B 思想上明显有顾虑，尽管是人之常情，但这种场合下他的回答显然不合时宜。

让面试官相信的原则是：准时守约、感谢、加强沟通交流、不回避责任、态度认真。

三、感悟

（一）良好的面试礼仪能让个人通过面试的机会大大增加

面试是希望入职的员工与就职企业的第一次见面，礼仪是个人修养素质的综合体现，新员工良好的礼仪素养能为企业在形象塑造、文化表达添光加彩。

（二）时时、处处留意细节

一个人于别人心目中的印象，一般在 15 秒内形成。那么，那些 15 秒的礼仪你做到了吗？你在适当的时候微笑了吗？你的微笑是真诚的吗？你的身体姿势适当吗？你是否注意不交叉双臂摆出防卫姿势？你是否注意将身体倾向讲话者而不是后仰了？你的声音是否充满了热情？你表示出对别人讲话的兴趣了吗？你是否做到在百分之八十的时间里眼睛在看着讲话者？你有没有不停地转移视线或死死盯住讲话的人？你是否做到过一段时间就点点头或露出赞同的表情？所以面试时的细节往往会决定你的成败。

（三）面试者要主动获得信息

面试者除了在面试前要做大量的功课，多方面了解企业的信息外，在面试过程中也要主动了解更多的信息，面试过程的主动性也会给面试官留下积极印象，同时，这些信息的交流也会增加双方的了解，减少今后工作存在的误会。

项目三　晨会（班组会）组织

活动一　晨会（班组会）的认知

一、发现

（一）见过不等于理解

部分学员在日常生活中见识过晨会（班组会），但是，并不确切地知道对方在干嘛？为什么？

（二）觉得很傻

学员经常看到一些低质量的晨会，没有什么实质内容，参与晨会的人也没有激情，动作做作，认为开晨会很傻。

二、经验与故事

我们中职学生在实习乃至就业的初期，将作为一线业务人员，很多时候都要硬着头皮面对各种各样的困难。久而久之意志很容易松懈，造成公司士气不振，也对自己人生产生疲惫，晨会使人释放激情，鼓舞士气，凝聚团队，激发团队的战斗力和凝聚力，提高团队成绩。所以晨会是一个店面的文化，是一个团队的灵魂，高质量的晨会就是生产力！所以我们要学会通过开晨会来强化奋斗意识、拼搏意识。

三、感悟

（一）一天之计在于晨

晨会是一天工作生活的开端，其意义远大于简单的工作总结和安排。开晨会也是调整一天状态的重要方式。在实际工作中，企业员工每一天都有既定的计划任务，每一天都处于很大的压力之中。

（二）深度理解

晨会（班组会）并不是一帮人聚在一起训训话、跳跳舞。晨会就是早晨的聚会，英语叫"morning call"。它源自日本，是指利用上午上班的前5~10分钟的时间，全体员工集合在一起，互相问候，交流信息和安排工作的一种管理方式。

（三）提前介入的必要

中职学校在校内可以借鉴企业晨会的形式，让同学在其间养成良好的企业行为习惯从而能迅速地适应未来的职场生活，更有效地减少就业准备时间。

活动二　高质量晨会（班组会）组织

一、发现

（一）部分学员在晨会过程中只是随大流

这些学员不太重视晨会，也不理解晨会的重要性，只是盲目地跟着大家进行相关的流程，身心参与程度较低。

（二）现实中很多企业只是为了开晨会而开晨会

我们看到过街边很多企业或门店都会开晨会（班组会），但是从整个组织的质量来说效果很差。

（三）晨会（班组会）要开得别开生面不容易

很多的晨会或是班组会都开得千篇一律，没有新意，不抓住新问题新特点，让参与者感到很无聊，也没有收获。

二、经验与故事

（一）职业院校学生的晨会容易开成另一个班会

由于很多职业院校的学员在校学习期间并没有真正参与企业工作，也没有生产性实训基地，所以，很容易把晨会开成了一个在"露天场地的班会"。

（二）应该强调在晨会（班组会）中的注意事项

（1）加强晨会（班组会）纪律管理。晨会中要认真听讲，不准接打手机，发短信，不准出现交头接耳，谈论与晨会无关的事情。

（2）加强晨会（班组会）时间控制，现实中的真正晨会一般控制在10~15分钟。

（3）前天下班前要将次日晨会准备完毕。

三、感悟

（一）从晨会看职业表现

一个学员在晨会中的表现可以较为真实地反映他到了企业后的工作态度。

（二）从晨会活动中锻炼组织能力

我们的晨会都是由学员自己组织的，导师只是在旁边做指导，所以一个学员如果能够较好地组织一次晨会必定是对他组织能力的一次提升。

（三）职业院校的晨会是班级文化的一部分

晨会（班组会）是一个班级的文化，必定是积极向上的。要通过晨会（班组会）提高团队的战斗力、凝聚力，将晨会（班组会）最终转化为凝聚力和班级管理业绩。

（四）好的晨会激励人心

一个好的晨会能够起到树立团队形象激励人心的作用，它能够让团队成员面对困难敢于亮剑！它绝不是花拳秀腿的花架子。

活动三　晨会（班组会）存在疑难问题解决

一、发现

（一）对问题不重视

很多学员认为晨会活动中的问题不重要，影响也不大，没必要大惊小怪。

（二）找到的问题不深入

在进行讨论分析时，由于学员的经验与经历等原因，最初大家能够找到的问题都是很表面的，不能触及问题的本质。

二、经验与故事

我们必须让学员认识到，晨会是加强团队管理的有效手段，如何把晨会经营成学员的加油站、充电器，首先是晨会经营者主观上要对晨会有一个正确的认识，其次，还要围绕主题、解析现有问题，在不断推陈出新的基础上开好丰富多彩的晨会。

晨会（班组会）的经营要做到五不要，即不要盲目无计划，不要匆忙、囫囵吞枣，不要空洞苍白，不要肤浅点到为止，不能切实解决问题，不要拖延时间，影响效率。这五点是晨会的误区，应该避免。

三、感悟

（一）盲目无计划

晨会（班组会）的组织者，对会议所要达到的目的不明确，为了开会而开会。在没有明确的工作目的的情况下，照套晨会流程，不能很好地为团队的经营主题服务，失去了晨会的意义。因此，晨会的组织者要了解团队的发展方向和目标，以及本月本周团队工作任务的主题，围绕主题在早会中安排相应的内容来达成主题目标。

（二）囫囵吞枣

晨会的中心是围绕着扩展团队建设效果来进行的，如日常管理效率、学习技巧、实习实践经验等，如果内容安排得过于紧或是执行者的表达不清晰就会影响沟通和学习，其结果往往是让人一知半解，还是不能摆脱"粗放式"管理的模式，不利于培养专业化、知识化的未来职场精兵强将。

（三）空洞苍白

有些团队晨会天天开，但会议形式没有为内容服务，没有充实内容的晨会无法引起参与者的兴趣和共鸣。

（四）肤浅点到为止

主要表现为晨会往往形式活泼，内容较多，但不能提供学员所需要的解决内容和技巧，有形而无神，没有深度。建议多利用现有团队资源，积极发现人才，同时多收集对团队管理活动有帮助的资讯来充实晨会的内容。

（四）拖延时间

一般晨会的时间应控制在 20 分钟，超出这个时间就容易让人生厌不耐烦，特别是当内容针对性、趣味性不强，形式不灵活，气氛不够活跃时。从时间的计划上来说，晨会结束后，组织者习惯上会召集组员碰头，针对自己团队的实际情况进行辅导，解决一些实际问题，这就是所谓的二次晨会。如果前面的晨会时间过长就会影响后面内容的安排。另外，晨会的时间拖延，效果不能保证，也不利于学员养成严格的时间观念和守时、惜时的习惯。

（五）职业院校的晨会（班组会）与企业实际脱离较大

职业院校的学员如果不参与企业实践或在生产性实训基地工作，他们的晨会很容易开成另一场班会，光有晨会的形而没有晨会的神，抓不到企业举行晨会时现场解决生产经营疑难问题的关键。

项目四　自信与魅力展示

活动一　成功的心理暗示

一、发现

（一）外壳包裹

在实际的活动过程中，我们会发现其实每个人的心理都会有一层"外壳"包裹着，只是有的人包裹得厚些，有些人包裹得薄些，这层包裹的"原材料"包罗万象，但是最多的成分是童年家庭对自己的影响，而且这些影响大多是潜意识的，当事人甚至都无法察觉到它们的存在，外在的表现只是冰山浮出水面的那一小部分，真正的大头深藏于海平面之下不为人知。

（二）否定语句居多

我们面对较多的一些培训人群在认识自己评价自己时，使用的否定句所占的比重偏大，比如一些企业事业单位的中下层员工、职业院校的学员等，他们敏感而又缺乏应有的自信，他们甚至在开始说"我很棒"这类的语言时，是无法真正找到内心的支撑的，是空洞的。

（三）少数人仍然无法真正突破自己的内核

在这个活动中采取由浅入深的方式层层递进，打开每个人的心理包裹，解放天性、开放自我，通过心理暗示找到自信，学会规划一个正面、积极的自己，大多数人随着活动的深入会有较大的收获，但也有极少部分人仍然无法真正突破自己的内核，而这些人需要更专业的心理咨询辅导，甚至较长时间的心理治疗才会有好转。

（四）一些人无法找到美

与前面所说的对自己的否定一样，这些人对周围也是持否定的态度的，同样的场景心态积极的人看到的是美好的一面，而心态消极的人看到却是坏的一面，因此，当活动让他们寻找并发现周围的美时他们常常是看不到的，或者远低于平均水平，在培训中导师应该更关注这部分人。

二、经验与故事

这个活动有两次关键的冥想，导师引导学员开展冥想的效果可以说直接关系到整个活动的成败。从以往的经验来看，进入冥想前的准备是很重要的，一般的我们会谨慎地选择培训地点，一个封闭的远离市井嘈杂源的环境为最优，最好有舒适的座位，如果要直接坐在地上，地面温度不应该太凉，窗帘要完全能够自如地遮避室外的光线，室内的灯光应该能够比较容易控制明暗，冥想过程中播放轻缓优美的音乐是必须的。

冥想的过程中，由于情绪的导入触碰到人最柔软的内心，很多人都会勾起伤心或让人感动的往事，难过流泪无法控制情绪是最常见的，这时导师要适时地鼓励大家不要顾忌周围，不要压抑，大胆表露一切，只有彻底放开了自己，才会产生新的自己。

在活动的过程中，导师要特别关注那些在描述自己时有过多的否定词，在"发现美"这个环节中持负面态度较重的学员，对这一类的学员进行心理干预更有必要。

三、感悟

（一）每个人都有一个隐藏的过往这很正常

从心理学的角度讲，每个人不管生活于什么样的环境，都会如影随形地隐藏着一段不为人知的过往，这是极其正常的一件事，在培训的过程中导师首先要明白这一点，也要让学员明白这一点，只有大家都坦然地接受了这一点，活动才会产生应有的效果。

（二）让学员信任导师相信环境很重要

心理调整类的活动信任感很重要，导师在活动时试图在学员对自己以及周围环境产生必要的信任感前，强行推进活动是不可取的，而且不会取得好的效果甚至会产生不可逆的后果。导师要深记一点——亲其师才会信其道，跟学员之间处于同样一个平台，多鼓励学员，把自己放在对方的角度思考问题，不急于求成，让学员能够感觉到与自己的亲近，我们的后续活动才可能产生预想的结果。

（三）有一批人先表现出来很重要

坦露自己的内心是一个很困难的过程，但是我们这个活动要通过心理暗示调整学员的心态，解剖自己的内心又是必需的，人们有从众跟随的心理，只要有一批人先开始了，后续就会有人跟上。一个有经验的导师会根据自己的观察，提前发现这样一些"领头羊"。

（四）导师自己首先要相信相像的力量

活动试图通过打破过去的自己，通过心理引导重塑一个开放、包容、自信、心态积极的自己，一个重要的步骤是设立一个具象化的自己，然后鼓励自己往这样的一个目标前进，具象化的前提是充分的相像，相像看不见摸不着但是却有无穷的力量，它能够激发人类的潜能，我们带领学员通过活动激励自己，但是如果连导师自己对相像能够产生的力量都心存怀疑，学员也是不可能相信的。

（五）关键要记住这一刻的自己

通过整个完整的活动，学员已经产生一个新的自己的，过去的已经或多或少地放下，心门已经逐渐打开，相像中新的自己已经产生，导师在这一刻就要提醒学员在内心印下这时的记忆和感觉，鼓励他们从此以后以这样的心态面对工作和生活，不要培训过后一切又打回了原样。

活动二　认识陌生人

一、发现

（一）降低难度

在开展此项活动时，有部分小组会有意无意地降低完成任务难度，比如在与对方沟通时会假借自己是某培训班的学员，现在正在做活动希望对方配合；或者只是在与对方交流时乘着对方不注意快速抱一下对方，然后"落荒而逃"就算完成任务。还有一个小组找到了一家幼儿园，去跟小朋友拥抱，这个不知是夸奖他们有创意呢？还是人为降低难度？

（二）假借别人

活动过程中部分学员不自己积极主动地去寻找目标沟通建立和谐关系，而是跟随大部队、成功者，等别人与对方沟通好了跟在后面"蹭"拥抱。

（三）无法突破自我

该活动最大的难度是突破自我心理锁闭，所以团队中大部分成员都不会分开去自己完成任务，而是三五成群的象无头苍蝇一样到处乱转耗费时间，但是这种"抱团取暖"式的动作根本无助于该活动对自己的锻炼。

二、经验与故事

本人参加过类似的培训，当时被选为其中一个小组的组长，由于时间设置不合理，导师宣布该活动开始后已经是晚上的十点钟，我尝试了一下无法找到合适的沟通目标，只好选择先回家休息，可见这类对方抗拒性比较强的活动放在晚上进行是不合适的。第二天早上培训继续进行后，果然头天晚上没有一个小组也没有一个人能够完成任务，导师就宣布再给大家一段时间外出完成任务。

我那个组一共九个人，大家商量后走出了培训大楼来到了附近的街道，我当时下定决心一定要完成任务，而且我相信我能够完成任务，所以，当我走到一家店面看到里面有一位姑娘正在守店，就大大方方地走进去主动与对方聊天，取得对方信任与好感，经过十多分钟的聊天双方已经气氛融洽，我果断提出拥抱对方，这位姑娘没有拒绝，成功了！后来我又找到一家粉店，夫妻两人在店里，同样也成功了！反观我们小组的其他成员，他们只是一路跟着我，大部分人不敢有任何的行动，只有一两个人当我成功后跟在后面"蹭"拥抱。

这样，再加上我当天早上进入培训大楼之前，自己有意识地早到，观察了大楼上班的人员，寻找任务目标，找到一位正在忙于清洁工作的阿姨，主动与她问好给她送出拥抱，我的与三个陌生异性沟通并拥抱的任务终于全部完成了！

我们这个训练营当时有九个小组，总计近百人，整个活动下来完成任务的个人不足10%，完成一个拥抱任务的总计也不到20%，甚至有些小组成员在公共汽车上拥抱别人被别人抓住打了110，有些人去拥抱店面老板娘被别人拿着扫把当作流氓一路追出来。

三、感悟

（一）让自己开始行动很重要

该活动完成任务最大的障碍是自己内心的恐惧，其实当你一旦上路了，困难与阻碍并没有你想象中的强大。

（二）坚定成功的意念很重要

相信自己能够成功比方法更重要，只有自己给了自己强大的信心就一定能够促进自己的行动。

（三）找对目标很重要

寻找一个需要关爱的人，一个渴望别人认可的人，一个对别人的关心抗拒心较弱的人，很重要。

（四）达成和谐沟通的气氛很重要

当两人的沟通还没有达成和谐的气氛前一定不能急于求成，只有当对方完全认可你、接纳你，你完成任务才有可能，这样的完成任务才会给你的后续行动增加信心。

（五）相信自己很重要

如果你自己都不相信自己是一个正直的人，一个友爱的人，一个值得信任的人，一个心无邪念的人，一个乐于助人的人，一个送给别人送去鼓励温暖的人，别人又怎能相信你呢？

活动三　路演展示

一、发现

（一）把无赖当自信

在实际活动过程中我们发现不少的学员在个人上台演讲或集体表演环节，都有把无赖当自信的现象，也就是说他的自信并不是建立在自己好的训练和准备之上的，而是故意以一种我"无所谓""厚脸皮"表现出来，这时导师一定要适时适当地指出这种表现并非自信，反而是掩盖内心的自卑的典型表现。

（二）陷入创意僵局

个别小组在进行第一轮集体路演展示后，导师指出了他们在表现上不足，进行第二轮展示讨论、创意时，会进入创意的"瓶颈期"，特别是小组当中如果有一些学员热情不高、能与性不强时，这种情况会更严重，小组的创意会停滞，会认为我们没有更好的创意了，算了，就这样了，这时导师一定要及时地介入，鼓励他们一定要动起来，那怕改进一点点都是创意的成功，都是改变的开始，只要一开始创意就有可能源源不断！

（三）开放自我的恐惧

热场游戏——"啦啦歌"是一种开放自我的最浅尝试，而活动预备游戏——"最丑的自己"则是开放自我的加持，由于个人经历、家庭背景、心理历程的不同，每一个学员对开放自我都会存在着或多或少的恐惧，顾虑越多越不自信的人恐惧感就会越强，而这种恐惧的力量是十分强大的，它随着时间的推移不断消逝掉人们的勇气，最终阻碍一个人继续去完成任务达到目标。

二、经验与故事

在这个活动中借助现代影像设备是一个非常有效的成功手段，所以在活动开展时导师本人必须熟练使用摄影摄像设备，或者安排助手完成录相任务。每一次展示结束，现场马上播放录像或照片并进行时时点评，能够十分有效地将导师对个人形象及展示的要求清晰地传递给学员。

这个项目实际上是一个梯级自信训练及展示活动，从热场游戏"啦啦歌"就开始一步一步地让学员放开自己，由浅入深，"啦啦歌"只需要学员在集体场合跟着大家一起唱出来动起来，难度并不大，而"最丑的自己"则需要学员进一步解放自己的天性，自信的建立上了一个台阶，但仍然只是在相对封闭的场合完成的，个人演讲让自己脱离了团队的"保护"，切断了个人内心对别人依赖，集体的路演展示不光要表现自己静止说话的能力，还需要有表演和肢体语言的展示，需要学员准确找到自己在集体中的位置以及学会在公开展示的场合与团队进行有效的配合，这是更高层次的自信。

由于个人心理承受能力的不同，个别学员在"最丑的自己"游戏阶段就是会出现心理抗拒状态，如果导师这个时候引导得不好，或者过于强迫这些学员跟着大家一起完成游戏，会出现反效果，我的建议是针对这类学员导师可以装着看不见，然后在后面进行适当地鼓励就可以了。

在实际活动的过程中，会出现少部分学员无法完成个人演讲任务的局面，这时作为导师必须适当掌握活动的进程，决定把这部分学员的个人演讲放到最后，还是坚决要求每个学员必须完成个人演讲才进行下一个环节，学员在进行心理自信锻炼时导师的"逼"是很重要的一种手段，但是，如果这个度掌握不好一些学员在心理上会完全崩溃，造成不可逆的后果。带有实物的集体表演展示，路人是不可控因素，包括旁观者人数的多少、参与程度、反应等都不可控，所以，导师在评判各组表现时要灵活掌握各队成功完成任务的结果，同时在观察各队表现时一定要注意团队成员在展示中的均衡表现，对那些在展示过程中表现不充分的学员可以另外"加餐"。

三、感悟

(一) 恐惧是一种正常现象

正常的人都会有恐惧的心理，恐惧是个人对未知现象及坏结果的一种自我保护，由于这种自我保护机制的存在使得我们在自然和社会中免受伤害。

(二) 天性的解放就是自信最好的表现

可以说人在婴幼儿时期心理是最健康的，也是最自信的，他们不担心别人的看法，不担心自己在别人眼中的形象，高兴就开心地笑，手舞足蹈，难过就放声地哭，鼻涕眼泪一起下，随着人们在社会中的成长，出于自我保护的心理需要，开始把自己一层层越来越紧越来越密地包裹起来，这时候，作为导师如果我们能够引导学员重新解放自己的天性，让他们敢于在众人面前展示自己真实的一面，就是自信的最好表现。

(三) 开口的第一句和第三句都很重要

我们要克服心理恐惧当众说话，努力说出第一句很重要，人们之所以恐惧是因为对事物未知，未知就会使我们把结果无限放大，特别是认为不好的结果，所以，当导师鼓励学员努力说出第一句话后，他（她）会觉得原来当众演讲也并没有什么可怕的，也不过如此，他（她）的第一步自信就已经建立起来了。但是，请注意第三句（这里只是说一个大概，根据个人情况可能出现得会有早晚）陷阱，一些不够自信的学员在鼓足勇气上台讲出前面的一两句话后，会出现脑子空白、紧张冒汗、不知所措的现象，无法继续进行后面的演讲，所以，需要指导他们在场下进行大量的练习，形成习惯，突破第三句陷阱。

(四) 团队路演好的创意有助于建立个人自信

个人的自信是与环境分不开的，如果我们建立了一个适合自信展示的环境，每个人的自信就会更充分地展现出来。路演让所有的学员都暴露在公众眼皮底下，所以它无形中是对个人自信的一种压迫，但是，如果这个团队在路演展示中有一个好的创意，能够放松团队成员的心情，同时适当的角色分配也能够让团队成员中充分展现每一个人的自信。

模块三 顶岗实习前素质拓展训练

项目一 顶岗实习认知

活动一 顶岗实习的角色认知

一、发现

（一）角色认识不清

很多的职业院校学员对自己的身份角色认识模糊，本能地仍然把自己当成纯粹的在校学生。

（二）没有做好角色跨越的准备

本能的不想跨越和客观认识不清无法跨越，使得这些职业院校的学生在校期间没有提前做好从"学校人"到"职业人"的跨越准备。

（三）对职业人的想象过于影视化

很多学员对于职业人的想象更多地来自于影视，而充斥荧屏的帅哥靓女式职业剧呈现出来职业人形象与实际相去甚远。

二、经验与故事

所谓的学校人是指还处于校园环境下，参与学习、进行生活和参加校内外活动具有学生身份的人。而职业人是指除校园环境外，一切参与或者参加学习、工作和社会活动的群体或个人。

在组织本项活动时，导师一定要在事先不说明的情况下让学员自己通过讨论找到正确的答案。让他们深刻地认识到人生就是一个大舞台，现在扮演着"学校人"的同学们，不久后就要扮演"职业人"的角色，身份的转变是成长的需要，在这个竞争与合作的社会，若转变不慎，将会影响这个人的生活与工作，更严重的还会涉及家庭和个人的生涯。

比如有一位小丽同学，在顶岗实习期间还是像以前在学校一样，一味自顾自地感受，从来不热心帮助同事也不跟同事们打招呼，后来受到同事们的排挤，在工作单位立足不下，给班主任打电话哭喊说大家都不理她，她实在不想在这个公司了，不想实习了。

三、感悟

从"学校人"转变为"职业人"，应注意以下五点内容。

第一，角色的转变。我们不能一味地认为自己是学生，用学生的行为举止来处理我们工作上遇到的事情。

第二，承担责任。参加顶岗实习，就应该努力地工作，换取相应的报酬，并承担起分担家庭负担的责任。

第三，人际关系的处理。在学校，我们的人际关系表现在与同学、老师和家人三点一线上，具有局限性。在社会中，我们就会面临与领导、上级、同事、同学、朋友、家人，甚至还有小心眼的人之间的关系，具有复杂性。

第四，适应环境。校园环境与职业环境，显然是很不一样的，所以就要适应这种转变。努力去适应自己所处的环境。学校为了服务学生提供了许多的生活便利，但是企业可能就提供不了，是不是企业没有舒适的生活环境就不去工作了呢？这肯定是行不通的。

最后，学会学习。在学校学习专业知识，要竭尽全力地学扎实，牢固。即使踏入职场，从事的职业与专业无关，如果我们原来养成了良好的学习习惯，对职业提升也是有很大帮助的。

总之，面对变迁的社会，我们只有快速地转变角色定位，才能在行业中干得出色。

活动二 顶岗实习的企业认知

一、发现

（一）去企业是为了好玩

很多参加培训的学员，特别是职业院校学生认为去企业参观是好玩，也就是说他们是带着一种玩乐的心态去参加这次活动的。

（二）没有明确目的

由于没有经验，或者团队队长在分配任务时布置不清晰，很多学员在参观企业时没有明确的目的，大多是走马观花。

（三）扎堆前往

没有独立作战的能力，害怕与陌生人打交道，致使很多学员在完成任务的过程中随大流，总是跟在别人的后面扎堆做事。

二、经验与故事

导师在带领学员完成此项活动时，可以指导他们重点了解一个企业的以下几个方面。

（1）可以通过招聘简章、公司简介、营业执照或复印件、互联网等资源了解到企业的名称、注册时间、经营内容、所有制形式等。

（2）了解企业的业务：范围、类型、区域、业绩等。重点搞清楚这个企业的主要业务或者主要产品是什么。

（3）了解企业的内部情况：包括员工人数、部门设置。对企业的管理层次有一个基本的了解，以便在一定程度上推断企业规模、管理水平和提高自己的工作效率。

（4）了解企业的文化。在纸上看到的企业文化只是企业的一种诉求，真实的企业文化大多需要你深入企业后才能感受到，良好的经济效益来源于良好的企业形象，良好的企业形象则是依赖于优秀的企业文化。

三、感悟

（一）企业与学校最大的不同是压力不一样

企业给你的是职业压力，而这种压力是在学校时无法体会的，也是任何实训基地都无法完全模仿的，所以，我们去参观企业更多的是希望能够感受到这种压力。

（二）企业与学校对问题的处理是不一样的

企业对员工在工作中的问题处理更直接也更"无情"，因为企业是创造效益的地方，出了问题没有什么情面可以讲，企业也没有这么多的时间和精力给员工做思想工作。

（三）优质的企业一定有优秀的文化

优秀的企业文化能够让一个企业在生产经营过程中更有竞争力，让员工更有归属感和工作热情，企业会更加优秀。

活动三 顶岗实习的岗位认知

一、发现

刚走出校园的同学们，大都有着"天高任鸟飞，海阔任鱼跃"的宏伟抱负。但是，随着高校教育的普及，就业难成为一个大众化的社会问题，由此我们一定要应先调整心态，正视、接纳现实，恰当地评价自己，放低姿态，一切从零开始。要知道世上没有最好的工作，只有最合适的工作；没有一劳永逸的工作，只有不断接受挑战的工作，这样才能找到自己的就业之路，实现人生价值。

很多学员在培训前对岗位的认知并不明确，他们通常认为岗位职责是挂在墙上的制度与自己没有多大关系，也不会深入地去思考自己的专业学习是否能够满足岗位工作能力的要求。

二、经验与故事

这是一个已经毕业三年的学生小芳的故事，她在学校就是一名比较优秀的学生。

她刚一开始进公司做的是业务助理，主要工作是秘书兼打杂。当时进来的一批人当中，有很多人觉得公司的安排不对自己的胃口，要么当场走了，要么没干多长时间也另谋高就了。而她留了下来。因为她知道，自己刚刚踏入社会工作经验欠缺，去找新的工作岗位是非常困难的。于是她留在自己的岗位上勤恳工作，有时候老总们要加班开会，她就留下来进行会议记录，整理资料，端茶送水，最后将各个老总的要求和安排的任务记下来，次日完成后再交上去。在忙碌的日子里，她一点也不比老总们轻松。每次开会她都会预先准备好老总们有可能会需要的资料，在他们需要这些材料的时候，及时地交到他们手里。半年后公司逐步让她接手了一个小的餐饮团队的管理。

经过一年的基础工作，公司有意要她同时监管公司旗下几个餐饮团队，但是她谢绝了，她大胆地提出自己承包一个便利店。

再次从头做起，自己承包便利店比做助理要辛苦得多，因为对便利店的管理和知识要求更精更细。为此她时常与同行交流，也经常深入到便利店附近社区去调查人们的需求，并从交流中得到了许多启示，开创了便民的代运营服务，为附近居民提供了更多的便捷服务，所以她承包的便利店比旁边几家都经营得好。

导师可以在培训中把此案例深刻地融入，引起学员的思考。

三、感悟

（一）专业不等于职业

我们在职业院校里学习了很多的专业知识，但是，这些专业知识不能直接等同于职业能力，需要我们通过更多的生产性实践或是顶岗实习进行转换。

（二）岗位需要由低到高地晋阶

不要看低你刚开始做的低职岗位，它应该是你的工作能力提升的基础，也是你完成树立工作自信的必要途径，同时，也是你的工作能力得到同事认可，树立工作威信的最好办法。

（三）入职时一定要认真熟悉岗位职责要求

很多人带着"摸着石头过河"，希望遇到问题时才随机应变的心态去工作，这是大错特错的，这种工作态度只会使你的第一次犯错提前到来，使你工作出错的概率大大增加，正确的做法是入职前就认真熟悉岗位工作要求，了解岗位工作能力与自己实际能力的差距，并及时补上，提前熟悉并操练相关的工作流程等。

职场中有很多法则，不是写在公司员工手册里的，而是需要自己去亲历才能悟出的。从"学校人"到"职业人"角色的转变并不是很难，就看你怎么迈出这第一步。

项目二　顶岗实习工作流程

活动一　顶岗实习的校内工作流程

一、发现

（一）分不清顶岗实习方式的区别

很多学生在进入到顶岗实习阶段时分不清"统一实习""零星实习"和"创业实习"的区别，特别是前两者，其实，就许多学校来说，"统一实习"就是订单实习，也是由学校统一安排到企业的实习，即使到这个企业的学生只有三两个人也叫"统一实习"。

（二）忽略家长意见

学生在选择实习方式时往往过于忽略家长意见，认为应该是自己做主，殊不知自己的实习能否顺利完成，家庭的支持也是很重要的。

（三）对学校部门职能不熟悉

由于顶岗实习工作平时并不接触，很多学生也不关注，所以使得很多人对办理这些手续的职能部门并不熟悉。

二、经验与故事

导师在活动期间让学生认识什么是实习，以及顶岗实习对职业院校学员的意义很重要。

顶岗实习的意义在于：

（1）培养吃苦耐劳精神和良好职业道德的养成；

（2）增加对社会的全面了解，丰富学员社会实际经验，提高学员综合素质；

（3）培养综合运用知识解决实际问题的能力，培养实事求是，严肃认真的科学工作态度；

（4）强化动手能力，提高学员专业基本技能，掌握相关专业技术知识，以达到零距离上岗之目的。

三、感悟

（一）重视很重要

很多学员认为实习就是脱离学校，就是放飞自己，没有真正认识到自己必须从内心重视这件事。

我们要知道每一位学生都是要参加顶岗实习，顶岗实习结束后要提交相关资料到学校才能取得顶岗实习的分数，所以请各位学生根据自己的情况认真对待顶岗实习校内各项手续的办理，并明确顶岗实习期间的注意事项。

（二）严谨的工作流程培养我们具有规范的行事作风

我们做这样的活动除了让学生熟悉办理顶岗实习手续的校内工作流程及要求外，更重要的是希望他们从这些活动中体会到做事严谨、手续规范的重要性。

活动二　顶岗实习的企业工作流程

一、发现

（一）没有做好入职的心理准备

很多学员直到进入企业了，还没有提前做好入职的心理和生理准备，心理还是在校学生，生理还是在家或在校的生活习惯与状态。

（二）没有想到节奏这么快

学员初次到了企业第一感受就是没有想到企业的工作节奏是这么的快，他们往往会手忙脚乱，不知所措。

二、经验与故事

导师应该引导学员：第一天上班，就要注意转变形象了，一定要注意不能把自己当成学生，而是职场中人了，因此需要锻炼自己的职业气质。如果认为自己还是学生就意味着你可以不承担责任，也意味着你失去独当一面的机会，在专业上的长进自然也就少了很多。

第一天上班要带些什么？进入公司后有那些需要注意哪些方面呢？下面大家可以进行参考。

（1）第一天上班保持愉快的心情，面带笑容，记得遇到每一位同事都要亲切地跟他们打招呼，并介绍一下自己，留给别人的第一印象很重要。

（2）上班第一天的穿着也很重要。一定选择一套适合自己的肤色、身高、体形，得体，整洁，庄重，符合职业需要的服装。

（3）待人接物要礼貌点、谦虚点、诚实点。

（4）最好事先熟悉公司的环境以及你所任职的工作职责，这样可以迅速让自己熟悉工作。先了解公司文化也很重要。

（5）尽快熟悉新业务，不懂就问，不要不懂装懂，这样害的是自己。

（6）工作一定要积极主动，要有争先恐后的精神，就是脏活累活抢着干，庆功的时候把自己放在最后面。

（7）手机设成振铃，工作期间最好不要接听与工作无关的手机电话。

三、感悟

（一）进入企业要有打仗的心态

职业就是战斗，进入公司就要有一种打仗，特别是打硬仗的心态，不要认为到时还会有人帮着你让着你，只有抱着这样一种心态你才会快速成长，当然，这种成长也是痛苦的，要有心理准备。

（二）人际关系很重要

你的工作效率取决于你融入团队的速度，取决于你与你的同事，你的同事与你的响应速度。

（三）让别人认为你是一个干活麻利的人

入职后迅速熟悉工作岗位的每一个流程，熟悉相关联岗位的衔接程序，熟悉关联人物的工作习惯和性格，有计划按流程地迅速完成每一单工作。

项目三　顶岗实习突出问题解决

活动一　提前离职如何处理

一、发现

（一）不以为然

现在的很多年轻人，特别是处于实习阶段的学生对于提前离职是很随意的，他们会认为我是来给老板打工的，不舒服就走人，至于其他的无所谓，公司拿他也没有什么办法。

（二）导火索普遍很小

一般而言，对于顶岗实习的学生由于仍然属于学生的身份，所以实习单位不会像对待社会招工员工一样约束他们，造成离职的门槛比较低，因此，很多的学生会因为一点点不如意就想到要离开这个单位。

（三）只是为了离开而离开

很多年轻人的离职其实并没有很确切的原因，由于他们成长的经历与父辈的不同，形成了有偏颇的自由观，他们认为想离开就离开，不需要任何理由，殊不知他们的这种行为给整个社会带来了极大的运行成本。

（四）心理上的习惯性退却

这些年轻人随意地离职表面上看是他们崇尚自由的心性使然，是年轻人很酷的一种人生态度，其实，究其最根本的原因是现在的大多数年轻人生活在过于顺利的环境，稍微遇到一点小挫折就习惯性地"逃跑"的缘故。

二、经验与故事

这个活动看似很简单的活动，但是却需要解决一个普遍且根深地固的问题。顶岗实习的学员提前离职，乃至人们的突然看似无征兆离职是一个较为普遍的现象，而且对当事人和所工作单位往往后患无穷。

本次活动中的热场游戏——歌曲连连唱，除了预热活动现场的作用外，还希望通过活动激发各团队急智的能力，显示团队的力量。

在玩预备游戏——拆车轮时，所有的团队都会在"拆车轮"口令发出后，队长撤离队伍时倒塌，这时，导师要注意管控学员的受伤现象发生。而且，有的学员会埋怨导师为什么会发出这样的口令，认为队长离开后队伍怎么可能不倒？这个时候，导师不必急于向学员解释，而是让他们议论或争相把自己的想法说出来，从而加深他们的印象及思考，为正式活动打下观念转变的基础。

在正式活动中，当他们重玩这个游戏时就会思考有没有使队伍不倒塌的办法。考察讨论过程中队长与队员是如何交流改进方法的，以及队伍在经过调整后，当队长撤离时，哪个团队衔接得最快最好，能够迅速恢复前行的速度是导师活动点评及加分的重点。

"如果我离开"中的角色扮演，在现实培训中很多团队会只表演出更趋向于 B 的情景，这个时候需要导师把状况表演出更"糟糕"的程度，以刺激学员在认识中的反差。

而表演 C 的作法也是最困难的，没有单一的团队可以表现到最佳，常常是综合几个团队的表现才是最好的结果。

三、感悟

(一) 随意的提前离职是潜意识的习惯性心理退却

所谓提前离职就意味着双方的工作时限是有协议约定的，而顶岗实习学员没有按照协议约定的时限进行工作，表现看似遇到了影响他继续工作的某个困难，而这个困难一时半会儿自己还无法解决，所以被迫选择了离职，其实，我们研究了众多的案例发现，事实并非如此，对于这些提前随意离职的学员更多原因来自于他们的心理问题，我们把这种问题称之为潜意识的习惯性心理退却，这种心理退却是一种面对困难和障碍的主动"逃跑"，主要形成于他们在青少年时期而不自知，主要表现为只要遇到一点困难第一反应不是想办法解决问题，而是选择躲避和离开。

(二) 应该认识到协议既是对自己的约束也是对自己权利的保护

现实工作中我们会签署各种各样的协议，包括我们去顶岗实习时学校和用人单位，个人和用人单位都会有一些相关协议，我们通常只是把这种协议看作是对自己行为的约束，实际上协议的约束都是针对双方的，因此，协议对方都具有约束和保护作用，除非一些非正常协议。

（三）提前的离职是个人缺乏契约精神的表现

协议就是一种契约，我们在没有遇到无法克服的困难情况下，没有按协议要求完成服务期限，就是个人缺乏契约精神的一种表现，因为，在我们的心目中对于这些所谓的困难协议无足轻重的，本人不需要考虑是否遵守，或者不遵守会有什么后果。

（四）如果确实需要离职可以通过预先工作使双方的影响降到最小

我们应该养成一种行为习惯，那就是如果确实遇到困难需要通过离职来解决，那么我们也要主动把自己的这种行为对双方造成的不良后果降到最低，这才是具有高职业素质的表现，而且提前做好相关的准备，比如，设计好离职后的工作方向，或提前为下一步做好各方面准备等也可以将离职给自己造成的影响降到最小。

（五）个人的行为影响到整个团队的效率

现今的社会是一个人与人大融合的环境，每个人都在相应的团队中工作，而且也只有团队才能发挥自己的全部聪明才智，因此，每个人的行为都会或多或少地影响到团队的其他成员，如果我们没有管控好自己的行为就有可能影响整个团队的工作效率。

活动二　与面试承诺条件有差别

一、发现

（一）对报酬与工作条件的认知差异是一种普遍现象

由于每个人所处的位置不同，看问题的角度也不同，从心理分析上说人们都会不自主地把问题往有利于自己的那方面想象。如果一些招聘单位出于某种目的，在面试时将一些条件或承诺使用比较模糊的表述，这种情况就会更明显。

（二）个人容易在没有完全弄清情况下匆忙入职

很多人由于各种压力所迫，或者抱着一种美好的想象容易在没有完全弄清楚情况下接受入职，而一旦入职后才发现很多东西并非自己想象的那样如意，或者才发现事情的真相是这样子的。

（三）指责对方欺骗是一种本能

绝大多数人遇到这种情况的第一反应是"我又上当受骗了""公司是骗子""一切都是骗人的""初为了招我进来什么都说得好好的，一旦进来什么都变了"等，而不会思考当时答应入职时自己是否已经把情况了解清楚了。

（四）规避招聘陷阱也一种职业能力

在现实中确实也存在着某些招聘单位为了企业利益，在招聘过程中人为设置一些陷阱，一般主要集中在工作条件和工作报酬方面，需要应聘者，特别是初入职场的年轻人加以重视，并且通过认真阅读文件材料或提问了解加以识破，同时一定不能相信那些普遍超过同行业标准的优惠条件，不要天真地认为也许别人觉得自己的才华值得给出这些条件，天上没有掉馅饼这种好事。

二、经验与故事

在玩预备游戏时，为了测试不同的结果对学员心理的影响，虽然在开始时导师宣布只要各组按要求完成任务，就可以获得2块肉、一篮子水果、一袋大米、一筐蔬菜和休息20分钟的权力。但是，在实际过程中，当各组完成任务后，导师会给自己心中内定的对比组跟原承诺一样的东西，但是，却会给其他测试组根据不同的理由，给出高于或低于原承诺的东西。这时，我们就会发现对比组会因为如数得到了当初导师承诺给出的奖励而满足，测试组中获得少的会有意见，而获得多的会特别高兴。反映出同样的心理期待不同的获得而出现的心理反应。

而在进行"说话不算数"这个正式活动时，学员最会表演的就是出于本能的反应，他们会认为受到了公司的欺骗，所以在表演过程中表现出来的就是要"讨个说法"，认为一定要跟公司据理力争，而部分人的心态是"天下乌鸦一样黑"，这些公司都是骗人的，就算认可了心中也是不舒服的，始终带着对公司不好印象的负面情绪工作。

而当导师引导他们思考"如果情况确实如此，会有什么原因"时，他们会从最初的"会有什么原因？就是骗人！"到"好像还真可能有其他的原因"的逐渐转变，而这种转变正是我们所需要的。

三、感悟

（一）我们要学会如何使承诺具有法律意义

用人单位表示某种承诺时，学员应懂得在有相应的文件公布，或合同、协议书的情况下，承诺才会有法律效应。如果只是口头表达，甚至只是一种愿望，是无法追究的。

（二）如果用人单位是在公众面前口头表达，可争取协商解决

如果有关工作条件或工作报酬，用人单位在公众面前有表述，虽然没有文字材料的证明，但是这是一种公开承诺，只要当事人找到利益不相关的证明人，就有利于在协商解决。

（三）当我们抱着一种好的心态去看问题，去与公司沟通时，问题往往会往好的方向发展，反之只会越来越糟！

心态不同，表现出来的行为方式就不同，最终导致结果的不同。遇到这种情况如果我们一开始就抱着"公司在骗人，我们又上当受骗了，要找公司理论"的想法，那么我们表现出来的肯定是气势汹汹地找到人力资源部经理，然后大声地责问他（她）为什么当初答应得好好的，现在一切都变卦了？面对这种情况，人力资源部经理自然也不会有好态度，肯定是将你在工作中的不足来放大，对你留下更不好的印象，整个事情就会往更坏的方向发展。

反之，如果我们是抱着一种积极的心态去面对，结果可能就会往好的方面发展。

因此，当你抱着不同的心态去找公司相关负责人，就会有不同的口头语言和肢体语言表达，自然就会出现不同结果。

（四）当我们在冒失地去找对方理论前能够冷静地预想出更多的可能原因，我们的心态会更好

一般情况下我们在争论时都预设一个前提，如果我们在争论前没有很好地了解事情的全面情况，而且是抱着一种被骗的负面心理状态去处理，在过程中往往先入为主地采取对抗的姿态，如果我们能够冷静地预想是否事出有因，我们的心态就会更平和，更有利于事情的解决。

（五）遇到事情时多与相关部门联系了解情况越多越有利

个人所获得的信息都相对欠缺的，特别是涉及两个单位合作时，在这

种情况下如果是职业院校顶岗实习的学员，第一步就应该联系学校主管部门或带队导师，听取导师的意见和建议会更有利于问题的解决，也可向公司其他部门员工了解情况，以获得更全面的信息。

活动三 刚入职就想换"更轻松"的岗位

一、发现

（一）现在的年轻人喊苦喊累是一种更常见的现象

由于现在的年轻人生长环境的不同，他们从小到大在一种衣食无忧，不需要为家庭和自己的生活有丝毫的付出，从未干过任何的苦活累活的环境中长大，到了工作岗位，脱离了家人的保护，稍微工作辛苦一些就会大喊大叫受不了。

（二）企业由于经营的需要不太顾及员工的情绪也是一种常见现象

企业以赢利为首要目的，领导由于业绩的压力，在安排员工工作时不太顾及他们的工作强度和情绪也是一种常见现象。甚至他们会认为你们加班是辛苦，但是，企业也付出加班费了呀，确实员工除了加班补贴更需要的是人文关怀。

（三）当学员有问题时导师是他们觉得可依赖的对象

由于学校与企业的关系紧密，而导师又是学生认为在专业上，工作上更可信的人，所以，一旦在实习或工作过程中出现问题，学员首先希望得到的是导师的帮助，这时，导师就应该做好对学生生理和心理上关心。

（四）很多人在讲故事和扮演故事中的人物时是两种不同的心态

讲故事时本能地认为这是在讲别人的事，与自己没有什么关系，所以讲的时候会比较轻松，甚至表现得高大上，但是，在表演故事时他们就会有强烈的带入感，认为我就是这个人，事情就发生在我身上，我应该表现出我的真实感受，说出我的真心话。

二、经验与故事

在玩预备游戏时，由于没有事先的准备，很多时候各小组并不会马上就能够想到并讲得出有关坚持的故事，这个时候导师要提前预先准备好更多的故事，一旦确实由于学员讲不出而冷场时，继续讲故事来启发大家。而且在这个环节不必追求每个小组都能讲出故事，导师可以给讲出故事的团队加分，达到引出正式活动，启发大家的目的就行了。

由于已经给出了规定情境，所以各团队在扮演朱家光时问题不大，主要是观察他们给出朱家光这种表现的心理依据，与别的组相比有没有什么更有说服力的理由。

而当让他们扮演班主任处理此事时，困难就会大很多，他们常常只会一味地要求对方按学校要求和企业要求继续进行实习，或者表达出企业的实际工作就是这样的，去到哪里都一样等。

三、感悟

（一）当我们向公司提条件时先考虑我们有资格吗

遇到不满意时首先想到的就是向别人提条件，是许多人的本能反应，但是，我们并没有思考自己可以向公司向别人提条件，公司是不是也可以根据工作的需要向自己提条件？或者当我们本着自己的想法，站在自己的角度向别人提条件时，我们具备相应的资格吗？我们是否有充足的理由？足够的分量？

（二）在校和在企我们的生活和工作环境是十分不同的

虽然现在很多的职业院校进行了比较成功的人才培养模式改革，在校内建设了许多仿真的实训基地，但是，不管学员在这些实训基地中进行再多的实训，企业的真实环境和工作压力也是无法模仿的。

在企业实际工作中，由于顾客尚未离开或工作没有完成以及年节将近的原因，会耽误工作的结束，延长工作时间。如果只是短期或偶然的，就当是对自己的一种锻炼不宜过于计较，而且请相信这种历炼都将在你未来的人生中得到回报；如果是长期的存在的，需要学校出面协商。

其实，为了弥补员工的付出，多数企业对此会有相应的补贴。

（三）一个新的陌生环境与一个熟悉的环境给人的心理感觉是不一样的

在学员初到工作岗位时，由于在适应期，从心理的角度上会觉得工作时间较长，也比较难挺过去。一般情况是工作的头三个月是一个坎，一旦坚持挺过头三个月，后面感觉就会好很多。大约 70% 的逃避的人是在头三个月内跑走的。

（四）坚持一个岗位有利于今后更好地工作

新员工到企业，岗位在较长时间都可能是固定的，不建议大家随意地换岗位，这时候你更需要的是从一个岗位起开始熟悉企业熟悉职场工作。

（五）对于劝导者我们建设给出如下话术

你只是一个实习生，连毕业证都没有，你有什么资格与公司讲条件？刚开始实习的头三个月是最难的，顶过三个月就会好很多；年底企业缺人，让你干一些看似不相干的工作也是正常的，而我已经工作十年了还经常加班到晚上十一二点甚至一两点。

这是一个真实的案例，这位小朱刚开始一个月几乎每天晚上都会准时打来述苦电话，两个月后逐渐少了。一年后实习结束的他由于能吃苦被老总派到另一个城市新开的分店当上了主管，在当地幸福地结婚生子。假如当时他退却了逃跑了，会是什么后果？

活动四　骂人的主管

一、发现

（一）在某些企业或岗位"骂与被骂"似乎是一种常见现象

在现实工作中，某些行业、企业或岗位比较集中地出现"骂人"的现象，比如说一些员工素质普遍较低的地方，用粗俗的话骂人似乎是一种正常现象，"骂人者"和"被骂者"都习以为常。而在一些主管处于绝对权威，工作强度和工作压力比较大的岗位，也比较容易产生"骂人"现象。

（二）初入职场的学员抗骂力降低

由于现在初入职场的学员大多数都是独生子女，从小在被保护和宠爱的环境中长大，受不了委曲，他们的抗"骂"力是比上一辈人差得比较远的，甚至主管稍微责备一两句他就认为是主管骂他了。

（三）被骂者往往会采用超过必须的力度或方式来回应

如果没有经过相应的训练，大部分人都不可能有很好的情商，不会对自己的情绪有更好地管理，所以，在处理事情应对时会有过激的反应，特别是应对被别人"骂"这种负情绪的事情时，反应过度或处理方式失当是最常见的现象。

（四）其他"骂"以多种形态在职场中普遍存在

我们在这里讨论的主要是口头语言的"骂"，其实，"骂"只是主管人员表达不满，希望尽快纠错，管理下属的一种方式，在职场中为了达到此目的，其他类型的"骂"其实是普遍存在的，甚至有些比口头语言的骂还让人难受。

二、经验与故事

在玩预备游戏时，当讨论到在工作岗位中被"骂"时，学员的反应都异常地热烈。他们往往会举出很多行业、岗位在日常工作中，被主管或者负责人奇葩地"骂"的例子，而且他们会对就种被骂的经历恨之入骨且记忆犹新，如果对此处理不好将一直会影响他们参与工作的态度与热情，因此，这个看似普遍的职场被骂现象不能轻视。

虽然对被骂很痛恨，但是大部分人对此却不去积极地寻找解决的办法，而只是简单地安慰自己说"主管都是这样子的了"，显得十分的无耐。所以，他们在表演最恶劣的应对时往往得心应手，而在导师引导他们思考有没有好一点的应对方式时，各组能够给出的答案十分有限。

所以当导师在正式活动中引导学员采用分析的方式，一步步寻找问题的根源及解决的办法时，他们是十分感兴趣的。

三、感悟

（一）我们无法改变别人但是我们可以改变自己

在工作岗位中被"骂"这种事表面看起来是主管管理人、处理事的工作方法问题，实则上是一种人际关系的处理问题。它隐含的是自己跟主管跟同事的人际关系，主管与同事就像是我们的顾客一样，我们常常无法要求顾客怎样，同样我们也无法要求主管怎样，也就是说我们无法改变主管，但是，我们可以通过改变自己从而影响主管。

当然，如果确实"骂人"是由于主管个人素质问题，而自己确实又受不了，申请调岗或辞职就行了，没有必要硬碰硬地对着干。

（二）反过来关心你的主管

在一些行业或岗位主管由于周边环境的影响或者工作压力的巨大，"骂"人是一种常态，如果我们能够认识这一点，不但不对抗主管的"骂"，而是理解主管的"骂"，反过来主动关心主管，你觉得会产生怎样的效果呢？

（三）刚参加工作也许挨"骂"是一种必然

刚参加工作由于对岗位要求、工作流程、工作内容等不熟，工作熟练程度上不来，处理问题不及时，工作时出现错误或效率不高，这样，被主管"骂"就是常事，这个阶段没有捷径，新员工只有尽快度过这个时期才能使自己少挨"骂"，毕竟，自己的出错将影响的是整个团队的效率。

（四）遇事先分析再行动实际上也是一个冷静的过程

我们最不提倡一但被"骂"就认定是主管什么事都冲自己，不加思考地顶撞回去。当我们被"骂"时先忍着，象前面的活动一样分析一下自己被"骂"的原因，在分析的过程中自己也冷静了下来，冷静的心态更有利于正确的思维及问题的处理。

（五）从被"骂"者需要努力做出改变的角度思考

（1）多熟悉岗位要求。初到一个新的岗位熟悉岗位职业与工作要求，以及一些基本的工作流程是最基本的，只有尽快熟悉了才可能减少做错事的概率，从而降低被骂的可能。

（2）认真做事避免出错。许多做错的事往往是因为粗心和想当然造成的，事情往往就错在"我以为"上，考虑事情与处理工作时少用"我以为"的思维习惯，多用"我确认"的行为方式。

（3）注意说话技巧。其实在工作中有些"骂"是我们自己不当的表达方式引出来的，比如说推脱责任的表达"这跟我没有关系，都是小陈他们那个组硬要这样处理"，后知后觉的表达"原来我们也没有细想，谁知道会这样"，惹恼主管的表达"你们领导又不说清楚"等。

（4）多征求领班、主管的意见。其实很多时候并不是你真的做错了什么事，或者你错得有多严重，而是你没有体现出对领导的足够尊重，特别是现在年轻的这一代最欠缺这一点，其实这与拍马屁没有半毛钱关系。

（5）有事及时上报。每个人所处的岗位和层级不同，获得的资源与信息量也会不一样，所以当我们遇到一些事情确实无法处理时，或者该事情看似能够处理但是我们判断比较重大或影响其他部门时，就不要盲目处理而应该及时上报上级领导，听取他们的处理意见。

（6）转变观念，学会感谢，"凶"意味是"严"，严师才能出高徒！

被"骂"的心情是不舒服的，但是有一句话说"骂是爱"，主管因为关注工作，关注你才会骂你，否则他可以根本不管你，任由你一直做错事情直到被企业调岗甚至辞退。

活动五 "偏心"的主管

一、发现

（一）这种情况很常见

不管是大公司还是小公司，国营还是外企，这种情况都是不可避免的。一般来说领导喜欢会干活，听话，有眼色，积极聪明的员工。

（二）也许更多的是自我感觉

在同一个企业有多个学校的实习生，每个学校的实习生所做的工作不同，表现也各异，有的实习生就会自我感觉不被重视。

二、经验与故事

实习生不能只凭印象，先要全面客观地去看，了解事情真相，不能只看到自己"亏"。

我们要明白顶岗实习的目的是什么，就算感觉到了自己在企业中受到了不同的对待，也要意识到最关键的是自己是否有所收获（金钱，知识等），而这些对于你来说，很大程度上都是与自己的努力和能力紧密相关的。

三、感悟

（一）提升自己是首要

更多地注重自己能力的提高，尽最大的努力让自己升值。每当你为某些事情感到气愤的时候想想这样的一句话来勉励自己吧："你不可以改变天气，但是你可以改变自己的心情!"

（二）专心做好本职工作，同时让领导知道你在努力

员工虽然应该避免"把自己埋没在"工作中，但是，也要尽心尽力把自己的工作做到最好。关于你工作成绩的细节让上级知道得越多，别人把你的努力据为己有的可能性就越小。当你埋没自己时，你就让别人脱颖而出了。

（三）打理人际关系

感到自己被忽视的员工可以设法打理一下与上级的关系。建议找人帮你说说话，向公司说明你的成绩和价值。相信自己，只要努力，你一定会找到让你的"顶头上司"喜欢你的方法!

我们应该有这样一种心态：这种现象是正常的，任何人都会有与自己相似或相同的东西产生亲近感心理，我们无法改变别人，但是我们可以改变自己从而影响别人，人际关系是我们走向社会最重要的一课，这一课在学校是很难学到的，学好了这一课今后我们一定会成功!

活动六　无法融入部门人际关系

一、发现

（一）来自农村的人更容易碰到融入困难

由于带有自卑心态，或者是生活习惯不同，见识差异，来自农村和边远地区的人在进入一个新企业工作时，更容易碰到融入整体团队的困难。

（二）很多时候是自己人为设障

这种困难的局面很多时候是我们想当然，自己人为设障造成的，也许其他同事并没有这样看待自己。

二、经验与故事

一个新员工如何快速融入团队，建议如下。

（1）保持平常心，少说多做。别过分在意自己平时的"缺点"，没缺点的人通常都不可爱。去了单位多听少说，先当几个月老黄牛苦干实干，用心把分配到的工作做好，年轻人只有本职工作做得好，大家才能认同你，才愿意跟你交往。与同事相处时，主动交往，真诚热情，主动向同事请教，经常性的互致问候等，加强情感沟通。

（2）推己及人，宽容待人。掌握与人为善的处世之道，善于发现对方的优点和独特魅力，以真诚的赞美引起情感共鸣。一旦有意见冲突，不要固执己见，当众批评或指责对方，而是要暂时避其锋芒，冷静分析，以婉转灵活的方式表达自己的观点。求同存异，世界才会更精彩。

（3）展示自我，自信从容。勇于剖析自己的缺陷与不足，敞开心扉，适当地表达出喜怒哀乐，避免不良情绪发酵膨胀。

（4）亲密有间，保持距离。每个人都需要一个自我私密的小空间，有属于自己的秘密和思想的自由，就像寒冬里的一群刺猬，太近了刺着，远了又孤独和寒冷。所以，与人交往要亲密而有距离，开放而有节制，通力合作、互惠互利又保持独立、互不干涉。与同事之间互相欣赏，不热衷于挖掘、打听、传播小道消息。

（5）善于观察，帮助他人。一个人掌握的信息多、技能多，能帮助别人的地方也多，帮助别人多了，别人也愿意帮助你，而你的人脉也广了，掌握的信息也越来越多。这样就形成一个良性循环。

三、感悟

（一）没人能够帮你只有你自己能够解决自己的问题

每个人的出身不同，性格各异，生活工作习惯也会很一样，但是，当我们要融入一个团队时，就不能过分强调自己的差异，希望别人来包容自己，这是不现实的，你只有自己开始改变自己了，别人才有可能更好地接纳你。

（二）求同存异

寻找自己与别人，特别是团队中大多数人的共同点，如果这种共同点很少，那就主动创造这些"共同点"，请相信，你与别人的共同点越多，就越受别人欢迎。

活动七　不小心损坏公司财物

一、发现

（一）学员在碰到这种情况时会比较慌张

很多学员，特别是女性学员在实际工作中如果碰到这种情况会比较慌张，如果是财物比较贵重就更加六神无主。

（二）公司处理这类情况通常也会比较粗暴无理

很多的公司由于没有过多的时间浪费在这类问题上，所以，主管处理起这类事情时通常也比较粗暴无理，多是不分青红皂白地赔偿了事，而刚入职的新员工，特别是顶岗实习的学员就更不敢分辩什么。

二、经验与故事

一般的我们认为，对于这类事情需要具体问题具体分析。

（一）如果是故意损坏公司财物，应当赔偿

损坏财物，照价赔偿。经济损失的赔偿，可从劳动者本人的工资中扣除。但每月扣除的部分不得超过劳动者当月工资的20%。若扣除后的剩余工资部分低于当地月最低工资标准，则按最低工资标准支付。

（二）如果是不小心碰坏的，可以协商处理

小陈可以与主管的领导协商，项链只是一个小地方损坏，并不是全损，而且小陈所在的企业是珠宝生产加工及销售的企业，项链本就是公司自己生产加工出来的，只要重新加工一下项链的接口处，就可以恢复如新，并不影响销售，在这个事情是小陈只需要负责重新加工的费用就可以了。

（三）一定要让学校出面帮助自己

如果接到了初步的处理意见，自己又很难接受时，涉事学员应该一边向公司申诉（不能闹，更不能与多人去闹），一边向自己的学校反映真实情况；而学校应向单位、当事人、同学了解情况，分别与学员和企业协商解决。

三、感悟

（一）不是一赔了事

我们设计此活动的目的并不是让受训者一赔了事，更多的是培养学员在遇到突然变故的事情，特别是事情似乎还不在自己能够掌控的范围内时，应该具有的沉着、冷静、有条理处理事情的心态。

（二）学会怎样让坏事往好的方向转化

此处的核心是不推脱责任，表明自己也是为了做得更好而无意犯错，巧妙地了解物品的实际价值，以弱者的身份出现，争取原谅并表示今后努力工作。

活动八　实习单位条件差又得不到导师安慰

一、发现

（一）凭直觉认定事情

一般遇到这种情况，我们很多的学员第一反应就是凭自己的直觉认定事情，认为自己"又被学校和实习单位骗了"，而且是"又"，这是一种十分不好的心态。

（二）把吃住放在了一个不太合理的高度

现在的小孩由于从小生活的条件较好，家里比较溺爱，在学校里的条件也比较好，自己解决吃和住等方面的能力几乎没有，因此，初到社会和企业也处处片面地与家里和学校比，特别是把住宿条件和吃饭问题放在了一个不太合理的高度。

二、经验与故事

对于此类情况，导师建议如下。

1. 学校方面

顶岗实习，不只是学员的事情，学校也要密切关注学员实习动态，加强对实习生的管理。不要将对实习生的考核简单停留在实习报告上，要选派导师具体深入到实习单位考察实习生的思想、工作、生活动态，以便实习生能够更好、更快地适应工作环境。同时要加强与企业的联系，随时了解实习生的动态，及时处理好实习过程中的问题，为学员排忧解惑，做好学员最后一站的导师。

在学校经费和工作允许的情况下，尽可能多地安排专业导师到学员实习企业看望、指导学员，助他们度过刚开始比较难适应的那几个月。

2. 学员方面

学员来到新的环境，不要因客观事物造成的心理落差而忘掉初心，锻炼和学习。在恶劣的条件和不如意的环境中磨练自己的意志并顽强的汲取养分，才是明智之举。

学会自己给自己断奶。虽然职业院校的学员参加工作的年龄普遍较轻，特别是中职学员，他们就应该抱着这样一种心态，自己选择了这样一种人生道路就应该"早断奶早当家"，尽快学会适应身边没有家人、没有导师陪伴的日子。

三、感悟

（一）天降大任于斯人

职业院校的学员虽然大多从事车间、店面一线的工作，但是，我们更要有一种"天将降大任于斯人"的豪情，不但不要抱怨条件而且还要认为这是老天给自己难得的锻炼。

（二）适应"差"的环境是为了今后享受好的待遇

虽然我们刚开始所处的环境不尽如人意，但是，既然不是自己一个受着，别人也同样在，就表明它并没有差到无法忍受，当我们调整心态适应了下来，你就会发现往后一切都会往好的方面发展，因为，每一点变化你都会感觉情况在变好，你的心情与心态就会不一样。如果你一开始去到了一个条件较好的环境，说不定就会相反。

（三）结合自身专业与兴趣选择实习单位

在具体的选择中，学员首先要摆正心态，抛开自身荣誉、学校背景，客观分析自己的专业知识、沟通技能、思维能力以及自身性格、兴趣等方面的优缺点。分析实习机会带来哪些能力和素质的方面的提高。其次在实习单位方面，一般成熟的企业会有完备的管理流程和鲜明的企业文化，可以提升实习者的职业素养。而一些中小型的公司虽然在管理方面不成熟，但是实习者可以在职业能力上得到较大地提升。对于实习报酬要具体情况具体分析，如果实习机会难得，可考虑不要报酬。但也不要盲目追求实习单位的名气和规模。

（四）在实习中提高自己综合能力

进入到企业实习后身份和思路都要进行转变。除了专业技能的锻炼之外，其他方面对于学员来说也是考验。首先要清楚工作都是结果导向，要明白结果的重要性才会找到合适的方法。

活动九　永远的退却与逃避

一、发现

在近几年中等职业学校顶岗实习过程中，特别是大力推行校企合作的订单班的学校，都出现许多类似的实习管理问题。学生、家长对开展实习的目的、意义认识不清，对实习不重视。一部分学生、家长将实习等同于自己外出打工，不服从学校管理。一部分学生、家长则无法认识到实习生即是学员又是企业实习员工的双重身份，不按企业实习生管理要求。形成了学校、企业对实习生管理难的问题。

实习生管理问题的解决一方面依靠学校、企业共同制订更合理的管理方案。另一方面就是要从学生、家长方面着手，提高学生、家长对实习的认识，形成家校合力，通过引导、帮助辅助学员完成度过实习的迷茫适应期，顺利完成实习。

二、经验与故事

（一）对于本案例的学习，导师在引导学员讨论实习前，需要认识到案例中的几个细节

（1）理清小王同学辞职的真实原因是什么？预防学员出现认识偏差。误解为实习期间家里突发特殊情况，又无法申请暂停实习或更换实习企

业，误认为学校不近人情，引发埋怨情绪。

（2）角色扮演的效果直接取决于活动一的案例分享，小组讨论学习主要关注小王如何处理实习中的不适应心理，如何正确对待实习。

（二）如何解决学员初入职场出现的畏难情绪

建议如下。

（1）实习前召开主题班会。

召开题目"我是谁""世界那么大，我想去看看"的主题班会，通过回顾以往班级在顶岗实习中的工作，生活图片降低学员外出实习的恐惧心理！

（2）与学员进行谈话沟通，逐一分析学员的优势，让学员建立起强大的自信心，坚定的想法，并愿意为改变自己的命运、改变家庭的命运而努力奋斗。

（3）加强与家长沟通，了解家长的意愿，阐述顶岗实习的意义与重要性，告诉家长这是小孩踏入社会的第一步，取得家长支持与配合。

（4）与实习企业的导师加强沟通，了解每个岗位的要求，做到人职匹配，缩短学员实习的过渡期。

（5）定期到实习单位去慰问、关怀学员，学员在实习期内还是很渴望学校，以及自己熟悉的导师去探望他们，给予他们心理上的支持！

三、感悟

（一）深层次的问题是心理问题

当初她们选择来企业时家里就已经是同样的情况，而她们仍然选择来就说明这并不是她们现在要离开的真实原因，可以看得出她们从小就形成了一旦遇到点困难就逃避与退却的行为习惯，这种心理习惯一旦形成对她们今后的人生是灾难性的，今后她们不可能完成任何工作。

（二）实习是在校学习的延续

实习是打工时有组织的行为，它是职业院校学生专业学习的延续，实习没有完成是不能毕业的。

（三）家长起了不好的作用

学员在逃避而家长在找理由帮他们逃避，学员自己害自己，家长在帮助他们害自己。

活动十　对公司的做法不理解不认同

一、发现

（一）很多时候我们的不理解不认同是因为缺乏沟通造成的

沟通是人生存很重要的一课，说话谁都会，但是如何把话说得艺术，如何跟他人进行很好的沟通，建立良好的人际关系，就不是每个人都能做好的。在与学员交往过程中，我们遇到过许许多多因为不会沟通而苦恼的孩子。

（二）不知道如何与老员工相处

很多刚参加顶岗实习的人年纪都比较小，也没有什么社会经验，由于年龄差，阅历差，个性习惯差，兴趣也不同，很多实习生不知道如何与老员工相处。

二、经验与故事

曾经在一次放学后，我在班级里收拾教具准备离开时，发现一位女孩趴在桌上突然就抽泣起来。把我吓坏了，担心孩子家里是否突发事件。在向孩子询问情况后得知，这位女孩入学 1 个月后，仍然没有交到一个朋友，任何事都独来独往，但是内心却期望着加入其他女孩的小团体、小活动，无奈没有女孩找她。类似这样的情况还不在少数。如果在学校期间无法解决沟通问题，而直接进入实习期，沟通问题将成为这类孩子顺利工作的最主要障碍。

导师可以把此案例作为引导分析案例。

三、感悟

（一）本项目的学习，导师要体现引导的作用

让学员参与案例分享从而发现很多问题无法解决原因在于沟通。而沟通的技巧并不难，让学员们进入沟通训练的场景，以角色扮演的学习方法，感受如何沟通更有效，自我寻找答案。导师并不需要过多告诉学员们

沟通的技巧，这没有经过内化的答案对学员来说是无用的大道理。

（二）存在即合理

这是入职企业后面对各种公司规定和做法应该抱有的心理态度，理解也执行不理解也执行，当我们先用开放的心态接纳问题时，我们会逐渐找到问题的答案。

活动十一　别把自己当成永远的"普工"

一、发现

在离职人员调查中，我们发现离职的几大理由之一：没有发展前景。但是发展前景是相对性的，机会总是留给有准备的人，只有有准备的人才会拥有更多的发展前景。

二、经验与故事

导师建议如下。

（1）正确而明智的职业规划，带你冲出职业瓶颈期。

学生在工作 2~3 年遇到职业的瓶颈局面，是非常普遍的，如何冲出工作瓶颈期，就要制订正确而明智的职业规划。

另外，职业走出瓶颈期的关键，还需要突破自我，不做"安乐死"。

（2）学员在遭遇工作瓶颈期心态调整，还可以试试以下几招。

第一，学会让自己安静。

第二，学会关爱自己。

第三，遇到心情烦躁的时候。

你喝一杯白水，放一曲舒缓的轻音乐，闭眼，回味身边的人与事，对新的未来可以慢慢的疏理，既是一种休息，也是一种冷静的前进思考。

第四，多和自己竞争。

为自己的每一次进步而开心，事是不分大与小的，复杂的事情简单做，简单的事情认真做，认真的事情反复做，争取做到最好。

第五，广泛阅读。

三、感悟

（1）对专业有系统的学习，不但能直接地、规范地参与操作，还能独立处理相应的问题。

（2）起点高，适应快，能承担更为重要的工作，也应该主动寻找并承担更重要的工作；正因为有以上条件，会表现出更高的整体素质，因此升职也快。

（3）我们不能把自己等同于农民工，第一份工作、第一个岗位只是我们为了适应社会、适应工作的第一个落脚点而已，我们是中专学员，应该在做好本职工作的前提下多学习和观察周围，寻找上升发展的机会。

（4）学会在工作瓶颈期如何进行心态调整及修正职业生涯规划。

活动十二　觉得在企业没有成长空间

一、发现

中职生顶岗实习时的年龄大多在 18 岁左右，没有社会经验，缺乏对社会的认识。将实习等同于在校学习，将师傅等同于导师。在实习之初，在心理上容易出现反差而导致情绪低落。

同时，他们还会本能地反感企业的工作环境，认为很多东西很简单，没什么可以学的，也没有什么可以做的，对很多东西都提不起兴趣，玩心比较重。

二、经验与故事

在社会中有过经历后，我们都会有人在"江湖"，全靠自己拼的无奈。对于社会新人，只能自我心理建设。

（1）企业中的上级（包括师傅）不是你在校时的导师。实习中需要学员通过观察、了解、提问等方式来查找答案，不能要求师傅是否耐心、是否直接告知你怎样做。

（2）在实习中会遇到的问题，解决的过程就是学习。对很多学员来说，实习中会遇到从未遇到的问题，通过观察别人处理，或咨询别人，可以找出解决问题的方案。办法总比困难多，所有问题的解决方法至少有三个以上。

三、感悟

（一）主动学习很重要

要树立良好的心态，摆正自己的姿态，虚心向企业的各位同事学习，遇到问题要主动积极的思考，要在实践中不断学习，填补自己操作能力的空缺。

（二）保持积极心态很重要

因为没有对在实习中遇到的的问题解决及改进的经验，所以一定会有挫折和失败，这种时候不能消极，要学会总结和自我调节，积极主动去请教、观察、同时要乐观地面对工作。

（三）提升自己的能力很重要

实习生在平时的工作和学习中要注重实践，培养自己各方面的能力，争取把自己培养成全方位的人才。平时，可以加强交流，提升自己的人际交往能力、表达沟通能力等，为以后的工作和学习打下良好的基础。

（四）当你认为没有空间时是因为你处于井底

你的潜意识及过往习惯局限了你的眼界，你常以"我以为"来观察世界，所以，这时候你可能处于一个狭小的环境而不自觉，却因此认为周围就这么大，自己没有什么可以成长的空间，别人也没有什么可以教你的。

模块四　反传销反网络诈骗

项目一　反传销

活动一　传销认知

（略）

活动二　传销体验

（略）

活动三　传销解救

一、发现

中职学校的学员，缺少社会阅历，在做活动回答问题的时候，往往都比较简单化，也比较肤浅，但是也不乏想象力，有很多创造性。

二、经验与故事

为了让大家学会防范传销，导师根据传销组织内部培训学习资料整理出来相关参考答案，供大家参考。

（一）关于活动二的参考答案

问题一

1. 最容易被骗进传销组织的人

工作失利，或者工作收入不满意，想要换高薪工作却没有这方面的工作的能力，这时刚好有人介绍。

亲戚朋友邀请去做赚钱的大生意。

征婚、交友的人群。

2. 最容易被传销洗脑的人

虚荣心强，思想简单，戒备心低，对新鲜事物感兴趣，容易被蛊惑。

有一夜暴富心理，总以为有快速发财的路子。

担心自身安全想不到办法离开的人。

问题二

1. 怎么说这里都算是个 4A 级旅游城市，既然你都来了，我也得带你去玩玩，放松一下。

2. 你放心，来这里不用担心没事情做，就怕你没这个能力，我先带你去熟悉熟悉这个城市再说。

3. 你放心，生意跑不了，钱是赚不完的，你是客人，让我尽一下地主之谊，明天再去看生意，今天的安排就全交给我。

问题三

1. 你是来做事的还是来享清福的？这点阳光都怕了，还说做什么事业？（激将法）

2. 找生意做还要看天气吗？走，出去！（强硬派）

3. 你不会到这里就打算待着吧？我带你去好好逛逛这座城市，不要让自己白来一趟。（讲"道理"）

4. 一个大男人怕什么晒。晒黑点不是更有男人味？（仅限于男士）

5. 现在这个社会最怕的不是冷（或晒），最怕的是口袋里没有钱！（金钱诱惑）

问题四

1. 我之前也听说过（或在网上看过），还说这里很乱，那你现在在这个城市了，你感觉这个城市像有传销的城市吗？

2. 不会吧？我看这里的人很文明，如果传销多的地方肯定很乱，但这边的治安非常好，不信你自己体会。

3. 你看，这个城市开发的这么好，会给人家在这里做传销吗？

4. 传销？你怕不怕呀？那你看看这个城市是不是靠外面传说的传销来支撑的？

问题五

1. 可能开发商是个傻子吧？有钱可没有地方投资，要拿到北海当泡沫。

2. 没人住没人买？你看好多不都在建第二期、第三期吗？这说明需求很大。

3. 你怎么会想到没人居住呢？用心去看一下，这个楼的特点，等下带你去中介或售楼部了解一下。

4. 这都被你看出来了？这就是这个城市的特点，你跟着我，三天后你就知道，这些房产是否是泡沫。

5. 我这套房子找了一个月左右才找到，你想这里的房地产会成为泡沫吗？

问题六

1. 这里都是一次性付款，你敢来炒吗？

（这个答案我也思考了很久，应该只能骗那些真不了解北海的人，毕竟哪里的房子是不能贷款的呢？）

2. 这里是一个"三无"城市，你敢来炒房吗？如果你不知道这个城市的经济支撑点，你敢下手吗？

3. 有人炒房，就说明这个城市的发展前景很大，你多看几天，就知道这个城市到底是谁在这里卖房了。

问题七

1. 如果我直接告诉你的话，在家里或者电话里就说了，还用你来这里吗？如果我和你说会直接影响你的思维。

2. 我可以直接告诉你，但会影响你的分析能力，如果一个陌生人给你分析，你是不是不会相信他，这样你才会判断真与假。

3. 凭我们的关系，我知道你相信我，但我现在不需要你相信我，也不要你去相信别人，我只是传递一个信息给你而已，需要的是你冷静的去分析一件事情的真与假。

对于有些新人实在不想去了解了，你可以带他出去再逛一下环境，散一下心，补充一下环境，去书店看看政策书，等新人情绪缓解以后，再继续进入工作，不能强迫，要懂得灵活变通。

问题八

1. 我在做什么生意并不重要，重要的是你要弄清楚我是不是在骗你，你很快就知道了。

（目的就是能多拖你一天是一天，有时间就不怕骗不到你。）

2. 我为什么要骗你？你有什么好给我骗？我骗你什么？我骗你的人、还是骗你的财……你用心去了解，你就清楚是为了什么，不要那么快下定论。

（一连串的反问足以问蒙圈你，要是再加上"狗咬吕洞宾，不识好人心"的失望之情，分分钟摧垮你的心理防线。)

问题九

1. 现在关键的不是投资多少钱的问题，而是这件事到底值不值得去投资。

2. 现在并不是投资多少钱的问题，而且你根本还不知道这个项目是不是国家行为，是不是合法。这样的情况下，你敢投资吗？

3. 现在你知道投资多少钱也没用，你没了解清楚，就是拿多少钱来也没有用，想知道就花点时间和耐心，饭也要一口一口吃，跟着我很快就知道了。

问题十

1. 是吗？真没想到你现在的看法和我当时一样（同化）编自己的故事，让他自己有平衡点（同化、同理，站在他的角度去思考）。

2. 你有这种想法是正常的，我相信这几十万人，包括我也有过这种想法。如果真的是传销，国家会提供国有银行和电信给我们做传销吗？

3. 你才了解那么一点就说它是传销，等你了解完了再下结论也不迟，如果是传销，我们就把钱拿回去，我也跟你回去。(这个回答仅对于对你有信任度的人，有责任感的人有效)

问题十一

1. 你说这种话就不地道了，我知道你认为这个东西就是传销，是骗下面人的钱，那么更要看清楚了，可不要侮辱我的人格。(此处理直气壮)

2. 首先不能跟他辩论，要把他心里的话套出来，套出来后就可以直接"踩他"。

3. 你这样说不如直接说我在做传销，如果真是好赚钱，你还不做，难道你和钱有仇啊？现在我不是要你做，也别想着自己做，是要你看清楚这笔钱合不合法再去讨论。(委屈之余再带点生气，只要对方对你还有点感情，就不至于再攻击你了)

4. 赚钱又合法的生意，你会不会不做，你有这样的想法，是因为你觉得不合法，走吧，了解清楚你再做决定。(说到你心坎里，却又强行继续带你了解)

5. 这东西是赚钱，那么请问这钱是怎么赚的？钱是哪里来的？我赚的是否心安理得？相信你回答的不是真心话，走，出去玩玩，再去了解透彻些。

问题十二

1. 我不相信一个人看到有钱赚的生意不做，你不如直接说这个行业不合法，你在找借口难道我不知道吗？以你的能力再多看两天，我相信你的看法和现在肯定不一样。

2. 如果你考察完七天你就知道了，国家放在这里的政策是面对大众，而不是面对个人，这是一个扶贫政策。

3. 这里能力比你差的人很多，为什么别人可以你就不行呢？有没有能力，要用心去做才能有答案。

问题十三

1. 我知道你对我最好了，你不会真的以为我被洗脑了吧？洗脑也不会找我来洗吧？去找一些有钱人洗不是更好吗？你说是不是？就因为你是我的好朋友，我就想你帮我看清楚一点，是好的你心里祝福我就好了，是坏的我们一起回去。

2. 我也当你是好朋友才让你过来，你是不是怕我也洗你的脑，你这么聪明，见识也挺广，咋就这么怕呢？你要真当我是好朋友，搞清楚以后再带我走。

3. 就是因为我们是好朋友，我才把这个信息传递给你，不想你在外面那么差，你还真相信人的脑会被洗吗？估计没有谁会那么厉害！

问题十四

1. 我们每天都在做资本运作，都在做消费投资，这你还用问吗？

2. 你说国家会利用政策培养些没用的人嘛？

3. 你别想得那么复杂，首先看清楚这个项目是不是国家的，合不合法，如果是合法，是个国家项目，那你感觉我们会不会那么闲啊？到那个时候你就会明白。

问题十五

1. 是吗？银行会和骗子合伙吗？中国移动会和骗子合伙吗？新华书店是谁开的，会和骗子合伙吗？如果没有这个行业，会有这个环境吗？

2. 行骗？骗你一个人可以，10 个人可以，100 个人，10 000 个人呢？

那么容易骗吗？你好好想想。

3. 既然你说这里有这个政策，它是不是骗人只有完全了解后才知道。因为真的东西越看越真，假的东西越看越假。

问题十六

1. 因为你还不清楚这个钱是怎样来的，等你知道这个钱是怎么来的了以后，我相信你会觉得这个问题很好笑，多看两天你就知道有没有人赚到这笔钱了。

2. （表现出半认可状态）这个行业已经运作14年了，你想象一下如果没有人赚到这笔钱，还会留到今天让你来考察吗？不是看到谁赚到钱我们就做，最重要的是要弄清楚他是不是国家在做，并且是否保障每个人都能赚到这笔钱。

3. 我知道你没钱，你是什么底子我不是不知道，如果你很有钱，我才不把这个机会给你，现在想钱是不是太早了？现在你有没有这个资格还不知道。

4. 钱不是你现在考虑的问题，先看清楚是怎么做的，你要是没看清楚，有多少钱都是没用的，都没有那个资格。

问题十七

1. 我家人都明白、肯定了这件事，只是钱还没到位，正在筹钱，很快就能借到，过来了。这么好的事情我不会在这里等任何人的。

2. 肯定会叫我家人的，只是因为你是我最好的朋友，并且知道你是个做大事、有冲劲的人，我才先让你过来看看。

3. 你没看到吗？我带你去见过的朋友，很多都是一家老少都在这里，我家人是迟早要过来的。

问题十八

1. 这个是国家政策，如果大家都像你那样担心的话，还会有人敢来做吗？

2. 当然有你这种想法的人多得很，不只你才会想到这些问题，现在你看他们还担心吗？

3. 你现在担心这个问题，也有一点对，这说明你想问题想得很周全，这就需要你深入去了解这个行业。（然后把问题反映给讲师）

4. 你肯定你了解清楚了吗？你说这么好的事会没有人来嘛？有谁不愿意赚钱。

（二）关于活动三的参考答案

问题一　如何确定一个人是否被骗入传销组织

1. 你的一个很久没有联系你的朋友，可是他最近忽然又找到了你的电话号码，并主动打电话找你，并且给予你的感觉是：他是通过很多人才找到你的联系方式的。

2. 凭你和他朋友或亲属多年的感觉，你认为他是很难找到他所说的这么好的工作，过上这么风光生活的。（难以想象）

3. 他一直说他的工作或事业很赚钱，并且最重要的是他一直在透露希望你与他一起创业或工作的想法，这个时候，请你小心。（有福同享）

4. 自从你的朋友去了外地后，你发现他改变了很大，特别是说话变了，爱说事业心之类的话题，甚至有时会说100万之类的话，如果他以前不是爱吹牛的人的话，这个时候，请你小心。（改头换面）

5. 传销人员在刚去的时候是不让打电话的，他到达后的当天会给家人打电话报平安，以后除非他接受并认可了传销事业，他才开始给你打电话，接受行业一般是7~10天，允许打电话要半个月左右。（平安电话）

6、当你透露出你感觉他那里还可以的时候，他给你打电话的频率更高了，这个时候，请你小心。（步步为营）

7. 一般经常用公用电话给你打电话，当你打回去时，对方说是公用电话或者是其他人接听，一般来说，尾号为"4"的多是公用电话，其他人接听可能是他们同一寝室的人。（电话邀约）

8. 对方给你留电话和公司名称，但并没有留具体的公司地址和其居住的准确地址，你说要去找他玩，他说要去接你。（火车站接站）

9. 传销团伙打电话的原则是3分钟，掌握主动权和激情。（电话技巧）

10. 给你寄的照片中，男生多为白衬衣西服类的较正统的衣服，头发一般是短发，因为他们不让留长发，一般看起来比你认识的要消瘦一点，因为在他们那里的饮食不是很好。

问题二　如何识别传销窝点

在当前社会复杂的情况下，要一眼看出传销窝点还是有一定难度的，但我们可以从以下一些特征来辨别。

1. 看位置：传销人员一般喜欢把传销窝点选在偏僻居民房、城中村、无保安小区、旧城改造区。

2. 听声音：传销窝点平时听到集体喊口号、唱歌等吵闹声，这是很容易被发觉的。

3. 听谈话：他们的语言是很混杂的，各地口音都有，谈论的话题都是跟创业，吃苦，理想，金钱，老总等传销内部专业术语有关系。

4. 辨出行：由于传销人员经济原因，他们买不起汽车，所以他们多以自行车或者电瓶车为交通工具。凡是有传销窝点楼下都会停着很多自行车、电动车。

5. 看穿着：男性以平头、短发、牛仔裤为主，女子不穿高跟鞋及靴子，禁止穿裙子，以运动鞋为主。

6. 知菜谱：传销窝点里人员的饮食也很简单，他们每天吃的基本上是土豆炖白菜，一星期只能吃一次肉。

7. 观面色：因为吃得不好，传销窝点里的人面色憔悴，长期营养不良，而且操着外地口音。

8. 数人头：传销窝点的出租房里基本上是群居，一般一套住房7至10人左右，大多男女混居。

问题三 陷入传销自救法

传销如癌症般，肆虐几十年，当我们有一天误入传销叫天不应，叫地不灵时，求人不与求己，此时懂得一些自救的方法尤其显得重要。以下10个自救法供大家借鉴。

1. 保管好手机、身份证、银行卡等物品，尽量不让它们落入对方手中。

2. 记住地址，伺机报警。观察附近有无标志性建筑记住路线，留意自己所处的具体位置，楼栋号、门牌号等。

3. 利用上街和考察时机，突然挣脱求救，抓住任何逃生的可能性。

4. 装病。尽可能地折腾对方，让他们不得安宁，最终同意外出就医。

5. 在上厕所时偷偷写好求救纸条，趁人不备从窗户扔纸条求救。

6. 如果被看得很紧，想办法伪装，骗取对方信任，等他们放松警惕

293

时，再伺机逃离。

7. 发短信给亲人或者好友等。短信信息切不可直白，可用一些暗语，比如，9595，即救我救我。

8. 被洗脑时一定要保持清醒冷静。可采用开小差等，不被其内容引诱。

9. 无论何时何地，何人跟你说教，你一定要装作不懂，使其放松对你的警惕，但是不能装得太假。

10. 如果让你拉人进来，表现你的反常，夸大你的处境，让亲朋好友能够意识到你在传销窝里。

记住：传销组织的人都比较有素质，千万别被他们的外表蒙蔽了，但也不排除有暴力的，不要与其硬碰硬，注意保护自己人身安全，再寻求逃离的机会。

三、感悟

现今社会，太多的诱惑使我们无法阻挡。我们一定要坚信一分耕耘，才会有一分收获；要相信，财富不是凭空而来的，而是靠勤劳的双手和智慧的头脑得来的。我们要反对传销，最重要的是我们需要有明辨是非的心境和健康向上的人生目标。青年学员面临就业问题的时候，要摸清对方的底细，全面考虑问题，多听取导师以及家人的意见，不要一意孤行，增强防范传销意识，抵制传销，远离传销。好好学习专业知识，作对社会有用的人，为自己的未来创造一片广阔的天地。

最后真诚希望每一个青年学员不要被传销组织坑害了自己的前程，避免悲剧的发生。

项目二　反对网络诈骗

活动一　网络诈骗认知

（略）

活动二　网络诈骗体验

目前，我国网络安全形势十分严峻，各种网络威胁层出不穷且花样翻新，网络安全问题已成为侵害人民群众切身利益的社会公害。诈骗人员从非法渠道获取到受害人的隐私信息，从而采用精准诈骗形式，常常通过电话、短信方式及网络方式，编造虚假信息，设置骗局，对受害人实施远程、非接触式诈骗，诱使受害人给其打款或转账。

诈骗人员的骗术层出不穷，这里只是指出了一部分的诈骗内容，防范诈骗，我们都要多加留意，不要相信天上会掉下馅饼，便宜莫贪！

遇事不要慌张，涉及验证码信息、账号、密码、动态验证码之类的敏感字眼就要提高警惕，不要泄露给第三方，坚决不给陌生人转账。希望本次体验活动能够让同学们近距离地了解和体验网络诈骗手段，养成良好的网络安全习惯。

活动三　网络诈骗识破与解救

随着科技的进步、社会的发展，网络已经成为生活中不可或缺的一部分。网络的普及给人们的生活带来了便利的同时，也让一些狡诈的骗子有机可乘，随之而来的各种网购诈骗也越来越频繁。为此我们更要提醒自己注意以下问题。

1. 身份信息防泄露。注意个人重要信息的保护，不要轻易透露给他人，也不要在不熟悉的网站上录入，更不要把手机上收到的验证码透露给对方，以免信息泄露，造成财产损失。

2. 一旦接到"账户异常""订单异常""误收服务费、加盟费""办理退款"之类的电话，要联系网店的卖家和正规的客服进行相关的咨询与核实。

3. 当你接到亲戚和朋友称更换了号码，有急事需要借钱的电话，需要你通过转账来完成，请提高警惕，因为这很有可能是网络诈骗。一定要及时回拨亲戚或朋友的原电话号码进行确认，防止被骗。

4. 在网上购物前，要留意商家信誉，尽量选择合法的网购网站和商家。付款时尽量选择货到付款或者交易平台提供的带有第三方保障功能的支付方式。

5. 坚决不在惊慌中转账：学习了解银行卡常识，保证自己银行卡内资金安全，决不向陌生人汇款、转账。另外，公安机关是不会通过电话方式进行办案的，如有调查肯定会当面进行。如果确需冻结当事人银行账户，会通过银行等金融机构进行，即使需要采取保护措施，也会让当事人到当地的金融机构办理，而不会让当事人将款转移至所谓的"安全账户"上。

6. 树立正确态度，不害怕，不慌张，相信依法办案。法院通知当事人参加诉讼活动一般采取书面形式，送达相关法律文书。送达途径包括：由案件承办法官或书记员电话通知当事人直接到法院签收；直接上门送达法律文书；或者通过邮寄方式送达。对于其他诸如接到此类电话，一定要引起警惕，切勿上当。

7. 所谓的退税是一种诈骗方式，骗子一般会将自己的账号截成几段，分别说成是退税号、登记号，指挥受骗者在 ATM 上操作。遇到"退税""发放补贴"等"好事"，切勿盲目相信，应电话联系或直接去税务局、财政局、车管所等部门咨询辨别。

8. 不要轻易泄露自己的电视、网络等购物信息。对于货到付款的网购，不要怕麻烦，务必当场验货后再付款，防止上当受骗。

9. 不要轻信陌生号码发来的短信，即使对好友号码发来的短信，也要认真鉴别。在任何信息中看到陌生网址都不要随意点击，因为这些钓鱼网址都设计的与其要模仿的官方网站很像，用户很难分辨真假。

10. 建议从官方的应用商店安装手机杀毒软件，不仅可以拦截各类诈骗短信、识别伪基站发来的信息，还能在扫描安装发现病毒 App 时做出预警，避免受骗产生财产损失。同时要注意安装软件时尽可能不安装捆绑软件。

11. 公共 wifi 也存在安全隐患，当你连接了一个陷阱 wifi 时，你发出和接收的信息都是通过别人的路由器转换的，信息肯定是泄露了。如果你在手机上使用了聊天软件、淘宝网银、支付宝等的账号、密码都会被知晓，很有可能面临被改被盗的风险。涉及网银支付、收发邮件等敏感操作时，务必使用手机数据流量操作。

如果被骗了那么我们就要做以下操作。

1. 第一时间你应该去公安机关报案，提供被骗过程，这时候可以要求警察陪同你去银行办理冻结被害人银行卡的手续，以防诈骗犯对你的银行进行转账操作。

2. 如果你是因为被骗转账，那么你可以向警方提供诈骗犯的银行卡号，通过卡号可以查询到该卡的开户点并且可以查询到资金流向，警方也可以通过银行卡号获取到诈骗犯的个人信息。

3. 如果你的银行卡号密码被诈骗犯获取了，那么你可以立刻登录银行官网，输入 3 次错误的密码，然后再去 ATM 进行相同的操作，这样你的银行账号就会被冻结，诈骗犯也就没办法对你的银行卡进行操作了。

4. 如果我们看到了别人疑似被骗的情况要积极主动地介入，比如阻止他的取钱或给钱行为，阻止他的转账行为，及时联系他的家人，及时报警或通知银行工作人员等。

网络诈骗的报案没有达到 2 000 元，尚不构成诈骗罪，但是已经违反了社会治安，根据《中华人民共和国治安管理处罚法》的规定，处 5～15 日拘留，可并处 1 000 元以下罚款。

报案地点：可以向案发地、诈骗行为实施地、诈骗结果发生地、嫌疑人住所地报案，也就是可以选择在你的住所地，也可以选择在犯罪嫌疑人地报案，两地警方任何一方接到报案后均应受理。

参考文献

［1］颜苏勤. 团体心理辅导主题活动方案. 北京：高等教育出版社，2015.

［2］刘新绍. 教育心理学与德育工作基础知识. 北京：人民日报出版社，2012.

［3］保护自我，远离传销（反传销知识宣传资料）. 百度文库. https://wenku.baidu.com/view/6ebc34090740be1e650e9acd.html?from＝search.

［4］揭露：传销洗脑的 20 条套路，分分钟钟让人蒙圈. 百度百家号. https://baijiahao.baidu.com/s? id ＝ 1581535829927456900&wfr ＝ spider&for ＝pc.

［5］现在听说传销很多，一个人到外地见一个朋友怎样可以看出他是不是做传销的. 百度知道. https://zhidao.baidu.com/question/1691135586739703908.html.

［6］如何识别传销窝点？警察蜀黍教你"绝招"！. 搜狐网. http://www.sohu.com/a/167305539_ 674903.

［7］误入传销组织怎么办，让无数人自救成功的 10 个方法！. 360doc 个人图书馆. http://www. 360doc. com/content/17/0816/07/116554 _ 679531352.shtml.

［8］中学生职业兴趣测试. 百度文库. https://wenku.baidu.com.

［9］扫厕所的清洁工成为麦当劳总裁. 天涯社区. http://bbs.tianya.cn/post-no20-228866-1.shtml.